# 中国过程研究

## China Process Research

第四辑

赵　成　姜德刚　王治河　主编

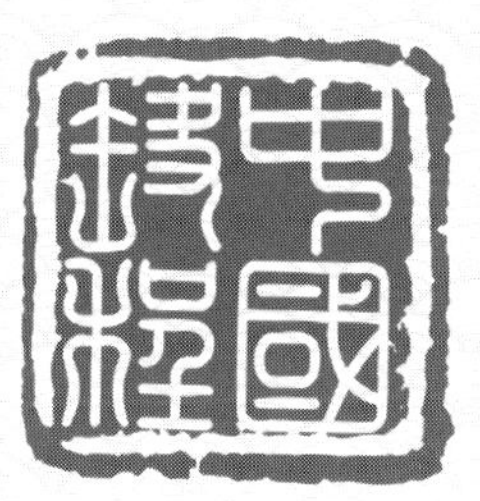

中国社会科学出版社

**图书在版编目(CIP)数据**

中国过程研究. 第四辑 / 赵成，姜德刚，王治河主编. —北京：中国社会科学出版社，2016. 5

ISBN 978-7-5161-8211-6

Ⅰ. ①中… Ⅱ. ①赵…②姜…③王… Ⅲ. ①过程哲学—研究 Ⅳ. ①B089

中国版本图书馆 CIP 数据核字(2016)第 109516 号

出 版 人 赵剑英
责任编辑 冯春凤
责任校对 张爱华
责任印制 张雪娇

出　　版 中国社会科学出版社
社　　址 北京鼓楼西大街甲 158 号
邮　　编 100720
网　　址 http://www.csspw.cn
发 行 部 010-84083685
门 市 部 010-84029450
经　　销 新华书店及其他书店

印　　刷 北京君升印刷有限公司
装　　订 廊坊市广阳区广增装订厂
版　　次 2016 年 5 月第 1 版
印　　次 2016 年 5 月第 1 次印刷

开　　本 710×1000　1/16
印　　张 19.5
插　　页 2
字　　数 316 千字
定　　价 69.00 元

# 《中国过程研究》编辑委员会

# 目　录

## 过程思想与生态文明

生态文明建设的战略定位与生产方式的生态化转向 ……… 赵　成（3）
生态文明呼唤超越"学科崇拜"
——基于有机马克思主义的视角 …… 王治河　樊美筠　高淮微（19）
面向生态文明的建设性后现代主义
——兼论建设性后现代的逻辑进程 ………… 史　巍　韩秋红（35）
消费主义的批判与超越
——从建设性后现代主义的视角看 ……………………… 陈勇军（44）
全球视野下的生态文明"榕树理论"与"潘多树理论"
——基于后现代主义的生态文明理论模型 …………… 张修玉（54）

## 过程思想与教育问题

怀特海与后现代教育 ……………………………………… 俞懿娴（59）
怀特海的认识论及其对中国教育学发展的启示 … 杨　丽　温恒福（79）
建设性后现代教育思维简论 ……………………………… 温恒福（93）
家庭教育、学校教育和社会教育应克服的几种倾向
——从过程哲学的视角看 ……………………………… 曲跃厚（104）
怀特海教育节奏学说的模式化研究 ……………………… 卢建筠（113）
建设性后现代视域下的青少年堕胎问题研究 …… 董玉卓　王治河（120）

## 过程哲学的原理

论怀特海的哲学观 ……………………………………………… 杨富斌（137）

怀特海的“摄入”概念 …………………………………… 王立志（150）
怀特海的价值论 ………………………………………… 陈伟功（161）
怀特海有机美学初探 …………………………………… 樊美筠（171）

## 过程哲学与中国

东圣西圣、心同理同
——兼谈熊十力、怀特海及中西文化融摄会通的
新契机 ………………………………………… 郭海鹏（191）
儒家的“生生”与柯布“大写的生命”之比较研究……… 柯进华（207）
建设性后现代主义在中国 ……………………………… 吴伟赋（222）

## 海外来稿与访谈

伦理学与宇宙的结构 ………………………… ［美］大卫·R. 格里芬（235）
过程哲学与系统管理 ………………………… ［美］菲利普·克莱顿（244）
中国与西方过程思维中的内在超越性 ……… ［荷兰］扬·恩伯茨（254）
如何做一名后现代家长 ……………………… ［美］杰伊·迈克丹尼尔（262）
寻求超越西方现代文明的新途径
——访美国建设性后现代哲学家柯布博士……… 柯布/杨富斌（268）
走出现代性的雾霾
——对话美国过程哲学家斯蒂芬·劳尔教授…… 劳尔/樊美筠（284）

## 过程哲学书评

《怀特海与中国哲学的第一次握手》序 …… ［美］小约翰·B. 柯布（295）
现代化困境的破局之匙
——评王治河、樊美筠博士的《第二次启蒙》 ……… 闫 艳（297）
《科学与哲学论文集》校后记 ………………………… 曲跃厚（301）

# 过程思想与生态文明

# 生态文明建设的战略定位与生产方式的生态化转向*

赵　成

随着当代全球性生态危机的出现以及对人类生存与可持续发展的威胁，人们逐渐认识到生态危机的出现是由于工业文明的固有缺陷，使人们在改造自然的过程中产生了不利于人类生存与发展的环境成果的结果。为解决危机、消除工业文明的固有缺陷，人们从人类文明发展的高度提出了生态文明的建设要求，以期为消除危机、实现人与自然的和谐指出一条正确的文明发展之路。中国共产党第十八次全国代表大会提出了全面建成小康社会的“五位一体”总体战略布局，明确将生态文明建设纳入全面建成小康社会的总体战略布局，使生态文明建设具有了与经济建设、政治建设、文化建设、社会建设同等的战略地位，从而形成了建设中国特色社会主义的完善战略体系，这不仅体现着中国政府对生态文明建设战略定位的新认识，也体现着中国对解决生态环境问题和走生态文明发展道路的决心。特别是，生态危机作为工业化生产方式基础上产生的消极环境成果，其最终解决必然有赖于对工业化生产方式的变革，以实现其生态化转向，也是生态文明建设的根本要求。为此，了解“五位一体”发展战略的意义，从生产方式的生态化转向探讨生态文明建设的发展要求和实践基础，对于深入理解生态文明作为一种新的文明形式的理论内涵、推动生态文明建设的实践发展具有重要意义。

* 本文系国家社科基金重点项目“‘五位一体’视域下的生态文明制度建设研究”（14AKS012）和辽宁省社会科学基金项目“生态文明建设的战略定位与全面建成小康社会研究”（L12DKS018）的阶段性研究成果。

## 一 生态文明建设的战略定位及意义

改革开放以来，中国政府对生态环境问题及其解决途径的认识经历了一个不断发展的过程。从 20 世纪 80 年代的环境保护思想到 90 年代的可持续发展思想再到 21 世纪的生态文明建设思想，都体现着其思想认识的不断升华。特别是在党的十八大报告中对生态文明建设的战略定位，首次明确提出了“五位一体”的总体布局和发展战略，科学阐述了生态文明建设与经济建设、政治建设、文化建设、社会建设的关系，大大提升了人们对生态文明建设及其在全面建成小康社会中重要意义的认识，由此也开创了中国特色社会主义生态文明建设的新时代。

在党的十八大报告中，中国共产党不仅确立了全面建成小康社会的奋斗目标，而且提出了中国特色社会主义事业“五位一体”的总体布局即“必须更加自觉地把全面协调可持续作为深入贯彻落实科学发展观的基本要求，全面落实经济建设、政治建设、文化建设、社会建设、生态文明建设五位一体总体布局，促进现代化建设各方面相协调，促进生产关系与生产力、上层建筑与经济基础相协调，不断开拓生产发展、生活富裕、生态良好的文明发展道路”。[1] 明确地将生态文明建设纳入中国特色社会主义的总体布局和发展战略中，从而丰富了中国特色社会主义道路的基本内涵，即“中国特色社会主义道路，就是在中国共产党领导下，立足基本国情，以经济建设为中心，坚持四项基本原则，坚持改革开放，解放和发展社会生产力，建设社会主义市场经济、社会主义民主政治、社会主义先进文化、社会主义和谐社会、社会主义生态文明，促进人的全面发展，逐步实现全体人民共同富裕，建设富强民主文明和谐的社会主义现代化国家”[2]，并且，在 2020 年实现全面建成小康社会和全面深化改革开放以及按“五位一体”总体布局所确立的五个方面的目标中，将生态文明建设的目标确立为“资源节约型、环境友好型社会建设取得重大进展”。[3] 这不仅体现了中国共产党对生态文明建设战略地位的科学定位和对中国特色社会主义道路的新探索，也体现了中国共产党对十七大以来建设“资源节约型、环境友好型社会”思想的不断丰富。

特别是将“大力推进生态文明建设”作为全面建成小康社会的重要

内容之一，强调“把生态文明建设放在突出地位，融入经济建设、政治建设、文化建设、社会建设各方面和全过程，努力建设美丽中国，实现中华民族永续发展”。这不仅重申了建设生态文明的重要意义，而且首次说明了生态文明建设在“五位一体”总体布局中的重要地位及其关系，从而为建设生态文明的战略布局与实践指明了方向。这就是：要实现生态文明建设和全面建成小康社会的发展目标，就必须从国家总体发展的高度，对我国的资源、环境空间进行科学的规划、保护和合理利用；而要实现这一点就必须对传统的产业结构、生产方式和生活方式进行彻底改造，以实现绿色发展、循环发展和低碳发展，并使节约资源和保护环境的生活方式得以形成；这又需要不断完善和加强包括法律法规和社会管理制度在内的生态文明制度建设和生态文化建设，以便为生态文明建设提供制度保障和文化支撑；只有这样，生态文明建设才能真正融入经济建设、政治建设、文化建设、社会建设各方面和全过程，才能实现建设美丽中国和中华民族永续发展的美好目标。而且在中国共产党第十八届三中全会上通过的《中共中央关于全面深化改革若干重大问题的决定》中，又将“加快生态文明制度建设”[4]、建立系统完整的生态文明制度体系作为生态文明建设的重大问题，进一步明确了建设生态文明的基本实践途径。可见，生态文明建设的战略定位其实质体现着对传统工业文明发展道路的否定和改造，是对生态文明这种新的文明发展道路追求。其意义就在于：

首先，将生态文明建设纳入“五位一体”的总体布局和发展战略中，不仅是实现全面建成小康社会发展目标的必然要求，也是对生态文明建设本质、特征及其建设途径科学认识的必然结果。因为全面建成小康社会发展目标的提出，是对中国未来几年整体发展的一种基本要求，这种整体发展不仅包括经济、政治、文化、社会方面的全面协调发展，也包括以可持续发展为特征、以解决生态环境问题和实现人与自然和谐为目标的生态文明的发展；否则，即使在经济、政治、文化、社会方面取得了多么重大的发展，而生态环境持续恶化的趋势若没有得到有效遏制和根本改善，也不能说我们就全面建成了小康社会。更何况中国 30 多年的快速发展也充分证明，若不有效地控制和解决资源环境问题，不仅无法满足广大人民群众日益增长的环境需求，而且中国的经济也是不可能持续发展的。

从改革开放以来中国环境保护思想的发展和实践来看，尽管也在不断强调资源环境保护和可持续发展的重要性，并为此作出了不懈努力，但我国资源环境问题恶化的趋势却没有得到根本性改变。虽然中国生态环境问题表象于生态环境的持续恶化，但从它产生的原因和本质特征来看，则是与中国改革开放以来的工业化发展并未摆脱西方工业化的老路和对经济增长的片面追求密切相关。随着国力的增强和人们物质生活水平的不断提高，人们对环境质量的要求也越来越高，而生态环境问题是影响环境质量的核心问题，因而解决生态环境问题、建设生态文明就成为改善和提高环境质量的必由之路。特别是人们对环境的利益需求，已与经济的、政治的、文化的、社会生活的利益要求越来越具有同等重要的情况下，提升生态文明建设的战略地位、建设美丽中国就成为我国现阶段全面建成小康社会的必然选择。而生态文明的发展要求和特征决定了生态文明建设必然产生与生态文明相适应的环境的、经济的、政治的、文化的和社会生活的成果，这些成果也必然会对经济建设、政治建设、文化建设、社会建设各方面提出新的要求并渗透于这些建设的全过程，从而对传统工业文明进行改造，促使其发生生态化的转向。因而将生态文明建设提升为与经济建设、政治建设、文化建设、社会建设同等的战略地位，不仅符合生态文明的发展要求和基本特征，而且还能为生态文明建设提供有效的社会保障，有利于生态文明建设目标的实现。

其次，强调生态文明建设在“五位一体”总体战略中的突出地位并要求将它“融入经济建设、政治建设、文化建设、社会建设各方面和全过程”，充分展现了中国共产党对解决生态环境问题复杂性、艰巨性和长期性的认识，说明了生态文明建设战略目标的实现不仅有赖于对资源环境本身的规划、保护和治理，更需要来自经济、政治、文化和社会各方面的支撑，否则，其建设目标即“建设美丽中国，实现中华民族永续发展”的愿望就难以实现。为此，就需要从“五位一体”总体布局的战略高度以及它们之间的内在关系上，进一步确立生态文明建设在各个领域的发展要求和目标体系，从而为实施生态文明建设的发展战略提供有效的实践途径。

生态文明的研究表明，生态环境问题的出现，本质上体现为人与自然关系的冲突和矛盾，它是由人对待自然的错误态度和行为造成的，即表现为传统工业化生产方式和生活方式对自然资源的过度开发、浪费以及对生态环境的污染和破坏，这种行为结果不仅威胁着人类赖以生存的整个生态系统的稳定与和谐，也威胁着人类自身文明的延续和发展，是一种偏离人类文明发展方向和目标的不可持续之路，也是对待人类的生命母体（地球自然）的不文明之路。因而，资源环境问题并非是一种单一性问题，而是一种渗透性的综合性问题，即并非局限于生态环境领域，而是以生态环境领域为外在表象，以经济发展模式、政治法律管理、文化观念和社会行为方式为根源，广泛渗透于社会各个领域中的综合性问题。因而其解决途径，不仅需要进行“末端治理”即针对已有或阻止环境污染、破坏等所采取的经济的、技术的、法律的、行政的、宣传教育的等一系列治理活动，而且更需要将这种“末端治理”最终转化为“源头治理”即从整个社会发展的经济基础、政治基础、文化基础和社会生活基础上对原有“基础”进行改造，以培育符合生态文明发展要求的生态经济（循环经济）、生态政治、生态文化和生态生活方式，从社会发展的内在基础和源头上解决生态环境问题、实现人与自然的和谐。正如十八大报告所指出的，要“坚持节约资源和保护环境的基本国策，坚持节约优先、保护优先、自然恢复为主的方针，着力推进绿色发展、循环发展、低碳发展，形成节约资源和保护环境的空间格局、产业结构、生产方式、生活方式，从源头上扭转生态环境恶化趋势，为人民创造良好生产生活环境，为全球生态安全作出贡献”。[5]然而，要真正实现“源头治理”，就需要在制定国家发展战略和目标时，以生态文明的发展要求去制定相应的经济的、政治法律管理的、文化的和社会生活行为的目标体系，以指导各个领域的发展，并使其具有实践操作性。否则，就不可能将生态文明建设“融入经济建设、政治建设、文化建设、社会建设各方面和全过程”，以实现其发展目标。

再次，强调加快生态文明制度建设和建立系统完整的生态文明制度体系，也体现了中国共产党“保护生态环境必须依靠制度”[6]的建设理念以及对建设生态文明现实途径和核心问题的科学把握，这必将为中国生态文明建设的实践提供重要的制度保障。从中国环境保护、生态文明建设的实际状况来看，始终存在着保护与建设实践落后于国家政治要求、战略要求以及政策要求的情况，其原因之一就是还没有建立起系统完整的生态文明制度体系，使国家保护环境、建设生态文明的各项理念、方针政策以及战略规划通过其有效的生态文明制度体系得到贯彻执行，因而生态文明的制度建设是生态文明建设由政治理念、战略规划走向社会实践的基本途径和关键。为此，就需要依据生态文明制度建设的内在要求和全面建成小康社会的“五位一体”总体布局以及在现有制度体系的基础上，不仅从国家和省域两个基本层面上，对现行环保管理体制进行改革，构建以环保制度（如政府监管、市场交易和责任追究损害赔偿等）为核心的生态文明制度体系；而且还应从政治、经济、文化和社会四个维度去构建生态文明建设的支撑制度体系，即培育与生态文明发展相适应的生态政治制度、生态经济制度、生态文化制度和生态社会制度，以制度建设为主线来凸显生态文明建设的重要地位，为实现其融入社会建设各方面和全过程以及“建设美丽中国，实现中华民族永续发展”目标提供制度保障。也就说，要在坚持中国特色社会主义基本道路的基础上，对原有的、以工业化生产方式和生活方式为基础所建立起来的整个社会的制度体系进行改造。

最后，将生态文明建设上升为国家总体战略，也必将对全球生态危机的解决作出应有的贡献。中国的发展越来越受到全球瞩目，其原因是多方面的，但中国经济的快速发展以及对全球资源环境的影响是其重要原因之一。由于中国庞大的人口基数和发展需求，以及位居全球第二的经济总量，中国经济已经在全球经济发展中具有举足轻重的作用，但同时对全球资源环境的影响也越来越大，甚至成为某些西方国家恶意诟病中国的依据。特别是在经济全球化的今天，中国的发展离不开世界，世界的发展也离不开中国，对全球资源的合理、公平地利用和保护，是每一个国家在国际交往中都必须面对的问题；而中国的生态环境作为全球生态环境不可分割的有机组成部分，其好坏，不仅关系着中国人民的福祉，也关系着整个人类的福祉。为此，建设生态文明不仅是解决中国自身环境问题、建设美丽中国、实现中华民族永续发展的问题，也是作为一个负责任的大国对改善全球生态环境和维护全球生态安全所应尽的责任。如此从国家、政府层面高度重视生态文明建设，这在世界各国也是独一无二的，充分体现了中国共产党立足国情、面向世界、与时俱进的创新精神，因而，中国生态文明建设目标的实现也必将为解决全球生态危机和维护全球生态安全作出贡献。

总之，从“五位一体”发展战略的高度，把握生态文明建设与经济建设、政治建设、文化建设、社会建设之间的内在有机关系，在改造工业化生产方式和生活方式的基础上，推动经济、政治、文化和社会生活的生态化建设，是中国建设生态文明并最终解决生态环境问题的必由之路。

## 二 生态化生产方式:一种新的生产方式

人类文明的发展是一个自然历史过程，是自然、社会与人相互影响、相互作用的过程，而实践方式特别是生产实践方式是人类生存和发展的基本方式，它决定着人与自然关系的变化，也决定着人类文明的发展方向，因而，生产方式是人类文明发展的最终决定力量，也就是说，一种新的文明形式的产生和发展有赖于一种新的生产方式的形成和发展。从人类文明发展的历史形态可以看出，在文明发展的每一个阶段上，一种新的文明形态的出现总是表现为一种新的、占主导地位的生产方式的出现，它决定了这种新文明形态的基本特征。如农业生产方式决定了农业文明的基本特征，工业化生产方式决定了工业文明的基本特征。与此同时，新的生产方式并不是要彻底消灭原有的、旧的生产方式，而是在对旧的生产方式改造的基础上产生和发展的，它既包含有旧的生产方式，又包含有新的内容，如工业化的生产方式，既是在近代科学技术和工场手工业生产方式基础上产生的一种新型的机械化大生产方式，又包含着对传统农业生产方式的机械化、技术化的改造。而生态文明及其建设作为应对工业文明所造成的生态环境恶果的有效解决途径，体现的是一种人与自然共生、共赢的和谐发展之路，本质上是一种新的文明形式，其产生和发展同样有赖于一种新的生产方式的出现，而这种生产方式应该是在克服工业化生产方式缺陷并对它改造的基础上产生的，因而，它与工业化生产方式既有联系又有质的区别。

一方面，生态文明建设并不是要彻底消灭工业化的生产方式，而是要通过对工业化生产方式的改造，克服其在自然和社会方面的弊端，形成一种既与工业化生产方式相联系又与其相区别的新型生产方式。这种新型生产方式就其与工业化生产方式的联系来说，依然是一种以科学技术为支撑的机械化、自动化的生产方式。因为这种生产方式已被证明是人类生存与发展迄今为止最有效的一种生产方式，很难想象还有不依靠科学技术的进步和不采用机械化、自动化生产更为有效的生产方式。那种试图完全否定或抛弃工业化生产方式而“重返自然”、回归“原始生活”或“自然生活”的观点，既不现实也不可能。因为从人类文明发展的视野看，工业文明毕竟是一种高于原始文明、农业文明的文明形式，代表着人类文明的进步，体现着人类生存与发展能力的不断提升，也是由社会内在矛盾和规律所决定的必然趋势。因此，作为生态文明物质基础的生产方式的形成和发展是不可能完全摆脱工业化生产方式，而只能是在已有的工业化生产方式的基础上去改造不适应人类持久生存和发展的内容，并赋予其新的内容，以满足生态文明的发展要求。

另一方面，生态文明建设所要求的生产方式与工业化生产方式在很多方面又有着质的区别，这些区别也表明了这种生产方式是一种更能促进自然、社会与人持续、健康、和谐发展的更为先进的生产方式。从文明发展的意义上来说，工业化生产是一种只顾人类自身而不顾自然的生产方式，表现为一种不可持续的生产方式。全球性生态危机的出现，就是最好的佐证。而生态文明建设所要求的生产方式应该是一种既顾及人类自身又顾及自然的生产方式，因而是一种可持续的生产方式。

工业化生产方式虽然是至今人类生存与发展中最为有效、先进的一种生产方式，但由于其生产的目的和价值指向，仅仅是为了满足人及其社会的物质需要，这就使人们在生产活动中，只是关注如何尽最大的可能和最便捷的途径从自然中获取人及其社会所需要的自然资源，而不关注自然本身的发展状况，从而导致对自然资源的掠夺性开发以及对生态环境的破坏和污染，使地球自然仅仅成为人们可以随意获取物质利益和倾泻废物的“原料库”和“垃圾场”。而生态文明建设所要求的生产目的和价值指向则不同。其生产的目的和价值指向，不仅是为了满足人及其社会的物质需要，而且还要考虑生态环境的稳定、发展以及生态环境的实际承载能力。也就是说，生态文明要求社会对物质财富的积累是以不超过地球的承载能力和社会发展的基本需求为限度，而不是对物质财富的无限积累。社会生产活动不仅以获取社会所需的物质财富为目的，而且也以获取良好的生态环境成果为目的，从而确保生态环境更适合于人类的生存和发展。整个社会生产都是以尊重生态环境的规律为前提的，社会生产和生活不是以追求物质生产和消费的数量为前提，而是以质量为前提。倡导适度生产和适度消费，社会更注重的是精神文化和社会关系的发展。由此，就使这种生产方式成为一种更为有效、持久的生产方式。

## 三 生态文明建设对工业化生产方式的变革要求及其特征

生态文明建设要求在变革工业化生产方式的基础上，形成一种新的生产方式。与工业化生产方式相比，这种新的生产方式对生产活动、科技、产品、消费以及生产关系等都具有不同的要求和特征。

首先，对生产活动的基本要求不同。由于工业化生产主要是一种商品生产活动，其组织形式主要是企业或公司，而生产活动对人及其社会物质需求的满足，在当代社会又主要是通过市场竞争和市场调节来实现的，这就要求每一个生产企业或公司为了自身的生存和发展就必须通过商品生产与交换来实现其对经济利润的追求，否则，它就无法生存。为此，生产企业就必须最大可能地降低生产成本，提高产品的附加值，以增强产品的市场竞争力，实现利润的最大化。至于减少成本的代价是否是以自然为代价，则主要取决于它的经济利益和社会压力的强弱。只要生产企业对环境污染排放的经济和社会成本小于其利用和污染处理的成本，就不可避免地会对生态环境造成污染和破坏；除非这种污染成本已经等于或高于它处理污染的成本，或者迫于社会压力不得不进行污染处理。同时，尽管企业在组织生产时，是根据市场的需求进行有计划的生产，但这种计划并不能把生态环境的可承载能力和自然资源的再生能力考虑在内，只要能以最便捷、廉价的手段获得低成本的优质生产原料，就不会考虑对自然资源的充分利用和节约，对自然资源的过度消耗和浪费也就不可避免；除非这种浪费成本已经等于或高于节约资源的成本，或者迫于社会压力不得不提高资源利用率和减少浪费。更何况市场本身是无计划的，受到所谓“看不见的手”的支配和供求关系、价值规律的调节，整个社会产生呈现出一种盲目、无序的状态，特别是相对于生态环境和自然资源来说，更是如此。这就从客观上加剧了对生态环境的破坏、污染以及对自然资源的过度消耗，使社会经济活动具有了污染和浪费的特征。为此，生态文明建设就要求改变这种状态。

一方面，它要求社会生产在满足人及其社会对物质产品需求的基础上，必须要考虑对生态环境的不良影响，以及生态环境的实际承载能力和自然资源的再生能力；另一方面，它要求社会生产不仅要以提供人及其社会所需的优质物质产品为直接目的，而且还要对生产过程中所产生的各种废物进行无污染的处理，以达到对污染物的“零排放”或使排放局限在生态环境能够有效净化的范围内，整个生产活动表现为一种“清洁生产”的特征。

在自然资源的利用方面，不仅要考虑社会发展的需要，而且还要考虑自然资源的持续供给能力。这就是：一方面，对自然资源的利用和消耗必须以自然资源的持续供给能力为限度；另一方面，要对已经进入社会经济领域的各种自然资源进行有效的重复利用，以避免对自然资源的浪费，使整个经济活动表现为一种“循环经济”的特征。

而要实现这些要求，就必须对各种具体的生产活动进行有效的社会控制。因为对于一个独立的生产企业来说，它不可能真正了解整个社会对产品的需求情况以及生态环境的承载和净化能力，所以客观上很难将它们纳入有计划的生产活动中，只能通过市场或社会计划的调节来实现资源的配置。而市场虽能对社会资源进行有效的配置，但也有“失效”的时候，更何况市场的调节作用对生态环境的优劣是无效的，且有可能因为过度竞争而加剧对自然资源的消耗和浪费。这就要求社会必须根据社会的总体需要和生态环境及其自然资源的实际状况，对社会生产进行有计划的调节，以克服市场经济的盲目性。因此，生态文明所要求的经济运行模式本质上应该是一种能够对整个社会生产进行有效管理的运行模式，但这是有条件的，即它不仅以高度发达的科学技术和生产力为支撑，而且还需要高素质的社会管理人才为支撑。

当然，在人类对地球自然和社会经济发展规律还不能充分把握、对整个社会产生活动还不能进行全面而具体的计划管理的条件下，也只能借助于市场竞争的经济运行模式为科技和生产的发展提供动力，通过市场来进行生产资源的配置。即便如此，也需要建立一种有效的社会控制机制，对市场经济进行有效的社会调控，使企业生产的计划性与整个社会生产的计划性在市场中得到统一。为此，就要求社会管理机构或部门有义务为每一个生产企业提供全方位的包括生态环境、自然资源、社会需求等方面的信息服务，以及对社会生产的总量和技术要求进行总体的计划控制，并实行严格的市场准入制度，即对每一种产品及其生产过程进行资源消耗、环境影响、技术要求等方面的评估，严禁高消耗、高污染、低质量以及有可能对人和社会产生潜在危害的产品进入市场。

而作为企业来说，它可以按照社会所提供的生产信息和总体生产计划组织生产，并通过市场竞争获得市场份额，实现其产品的价值。在这种情况下，能够进入市场的产品应该是符合社会要求的产品，生产企业要想在市场竞争中获胜，获得更大的市场份额，就必须降低产品的资源消耗，提高产品的技术含量，这在客观上又促进了科学技术的发展。只有这样，才有可能消除由市场的过度竞争所带来的对自然资源的过度消耗和对生态环境的污染、破坏，克服市场经济在资源配置过程中所伴随的对社会资源的浪费，使社会的经济运行，既符合人及其社会的发展要求，又符合生态环境的发展要求。可见，生态文明建设所要求的生产既是一种节约性、清洁性的生产活动，又是一种真正社会化的生产活动，是人与自然之间相互协调发展的生产活动。

其次，对科技发展和应用的要求不同。工业化生产方式的产生直接根源于近代科学技术的产生和发展，科学技术的发展为大工业生产提供了坚实的技术基础。正是随着近现代科技革命的发展，使得工业化生产方式的技术基础不断提高，产业革命不断升级，使科学技术越来越发挥着“第一生产力”的作用。同时，科技的发展又越来越受到社会需求和经济条件的制约与推动。特别是技术的开发和应用，在很大程度上要受到生产目的和要求的制约与推动。

一方面，技术开发和应用本身就是为了满足生产发展的需要，生产的需要决定着技术开发的方向和应用程度；另一方面，如果没有生产为技术开发和应用提供强大的经济支持，技术的开发和应用也是不可能的。在传统工业化生产中，由于技术的开发和应用受制于生产的目的，技术的开发和应用往往以满足生产的当前需要和给生产带来即时经济利润为唯一目的，而不考虑它可能会对生态环境带来负面影响，导致技术开发中的单向性和技术应用中的简单化。这就使技术的开发和应用在大大提高社会生产力的同时，也大大提高了对生态环境的污染和破坏程度，表现出技术的“双刃剑”特征。显然，这种“双刃剑”特征并不是由技术本身造成的，而是对技术开发和应用的片面发展造成的。

而对于生态文明建设所要求的生产方式来说，其形成和发展不仅需要发达的科学技术基础，而且对技术的开发和应用也提出了更高要求。一方面，生态文明的生产目的和价值指向需要科学技术对生态环境的变化规律进行更为深入而精细的揭示，以便为社会生产的发展提供准确的科学依据；同时，也需要对社会发展规律特别是生产和经济运行的规律进行科学的揭示，以便为社会生产的整体规划提供准确的科学依据。另一方面，在技术的开发和应用中，既要遵循人及其社会的需要原则，又要遵循生态价值的原则。也就是说，尽管技术开发和应用的直接动力来自于生产和社会发展的需要，但为了人及其社会的持久生存和发展，又必须充分考虑对自然的负面影响，防止技术开发中的单向性和技术应用中的简单化。为此，就需要对技术开发和应用进行有效的全程性评估，即在某一项技术开发和应用之前以及应用过程中，对其进行全面的影响评估，特别是对它可能产生的有害影响进行充分评价。通过建立技术应用的准入制度，以避免有害技术的应用，引导技术的发展向既有利于人及其社会又有利于自然的方向发展。

再次，对产品及其消费的基本要求不同。现代工业生产的发展为人们所提供的物质产品，不论从数量上还是质量和种类上，都是以往的生产所无法比拟的，人们的生活越来越多地不是依赖于对天然产品的消费，而是对自然界中所没有的人工合成产品的消费。在这些众多的人工产品中，很多产品虽然对人有利，但对自然环境却是有害的，如各种非降解性的塑料制品、化学制品、电子制品等。由于这些人工产品的消费所产生的各种废物不能在自然环境中被有效地降解或分解而进入生态系统的物质、能量循环，因此，若不进行有效的无害处理，必然会对生态环境造成污染或阻断其正常的物质、能量循环，破坏生态系统的平衡。

在传统的工业生产和消费中，其生产目的和价值指向的单向性，使其产品只要对人及其社会有用，就可以进入市场被人们所消费，而无需考虑或很少考虑其最终的消费垃圾如何处理的问题，消费垃圾可以随意进入自然环境。这就造成了对消费垃圾处理的主体空场，致使处理消费垃圾的成本要么由自然承担，要么由社会承担，而社会由于受到技术、资金等条件的限制，其处理能力是非常有限的，因而，最终都会由自然来承担。此外，市场经济的发展在刺激生产的同时，也大大刺激着人们的消费欲望，使人们的消费欲望恶性膨胀，特别是对不必要的奢侈品的消费，已远远超出了人的基本需要。这不仅强化了对生态环境的污染和破坏，加速了自然资源的枯竭，而且扭曲了人性，侵蚀着人的心灵。人们对物质产品的消费已不仅仅限于满足人们的物质生活的需要，而是通过显示其财富和高消费来体现社会地位和低俗的精神欲求，使人们的精神生活陷入物质消费的海洋中而难以自拔，导致物质生活的异化和精神生活的扭曲，致使拜金主义和享乐主义的横行。

而生态文明所要求的物质生活，同样依赖于各种不同的人工产品，且物质生活更趋多元化，但由于生产的目的和对生产过程的要求，就使得各种物质产品在生产时，必须要考虑对人和自然的双重作用，以及对产品消费后所产生的消费垃圾的处理，或回收利用，或进行无害化处理。对产品的生产者来说，一方面，要求尽量开发或易于被自然吸收净化，或易于回收利用，或易于无害化处理的产品；另一方面，从节省资源和抑制物质产品对精神、社会生活有可能产生负面影响的角度，控制产品非自身用途的资源消耗以及生活奢侈品的生产。

对产品的消费者来说，一方面，提倡节约、适度的消费方式，并通过建立全方位的社会监督和奖惩制度，抑制消费中的各种浪费现象；另一方面，对各种生活垃圾实行严格的分类制度，以利于对垃圾中可用资源的回收利用和对垃圾的无害化处理。而垃圾处理所需的资金则由生产者和消费者共同承担，并由社会或政府委托专业的企业集中处理。总之，所有产品垃圾和生活垃圾都必须或者消化于社会内部，或者以对自然的无害方式排出，这是一条基本原则。要做到这一点，就需要有先进的科学技术、高素质的社会成员和健全的社会管理制度。

最后，对生产关系的基本要求不同。从生产方式所包含的两个方面的内容来看，生产力主要体现了生产活动中人与自然的关系，同时还包括人与人之间的技术性关系；而生产关系则体现了生产活动中人与人之间的物质利益关系。就生产中的技术性关系来说，由于资本主义生产对生产效率和利润的追求，导致在生产过程的技术化应用中主要关注的是产品质量和数量，而很少考虑人及其相互之间的关系，因此，人与人在生产中的关系完全由生产的技术流程和生产的管理关系所决定，人成了技术的附属物。

尽管这种状况随着生产的自动化程度的不断提高和现代企业管理模式的发展而有所改变，但由于受到资本主义私有制度和市场经济的制约，并没有消除技术的这种异化现象。

就生产关系来说，由于生产资料的私有制性质与社会化大生产之间的矛盾，使人与人之间的关系主要表现为“物的依赖关系”，人与人的关系越来越受到外在的物的关系和力量的统治、控制，造成人与人（社会）关系的异化发展。正如马克思所指出的，由于生产资料归资本家所有，整个生产活动及其产品也归资本家所有，它不仅造成了劳动与劳动者、劳动产品与劳动者的异化，而且造成了劳动者自身的异化。“生产力，一般财富等等，知识等等的创造，表现为从事劳动的个人本身的外化；他不是把他自己创造出来的东西当作他自己的财富的条件，而是当作他人财富和自身贫穷的条件。”[7]因为“劳动对工人来说是外在的东西，也就是说，不属于他的本质；因此，他在自己的劳动中不是肯定自己，而是否定自己，不是感到幸福，而是感到不幸，不是自由地发挥自己的体力和智力，而是使自己的肉体受折磨、精神遭摧残”。[8]由此，造成了生产活动与人的发展相背离，物质生活与精神生活相背离，人成了“物质上的奴隶”、“精神上的动物”。正是由于生产资料的私有制关系，造成了生产活动中人与人关系的对立和冲突，并在此基础上形成了资本主义社会两大对立阶级——无产阶级与资产阶级的对立和冲突，使整个社会关系表现出对抗的性质。这种对抗性关系也必然会表现在人与自然的关系中，因为人们“只有在这些社会联系和社会关系的范围内，才会有他们对自然界的影响，才会有生产”[9]，其结果就是造成人与自然关系的紧张和对立；反过来，它又会加剧社会关系的矛盾和冲突，迫使人们不得不对生产关系进行变革和调整而最终否定资本主义的私有制度，进入马克思和恩格斯为我们所展现的更高形态的社会——共产主义社会。可见，未来的共产主义社会本质上是一种生态文明的社会。

追求生产活动与自然进化和人的发展的统一，是生态文明建设的基本价值目标之一。它要求生产活动能真正体现它的属人特性，不仅是人的本质力量的具体体现，也是人的智力、体力以及社会关系全面发展的现实基础。生产活动不仅是一种生产要素相统一的活动，是一种真正属于劳动者自己的劳动，而且，这种统一性既表现在物质生产领域，又表现在精神生产领域。社会生产与发展已不是主要表现为物质性的生产活动，而是非物质性的生产活动。因为物质性生产活动总是要受到生态环境的制约而表现出一定的有限性，不可能无限增长，但精神生产及其服务的发展却是无限的，它不仅体现着人的生存与发展目的，以及人的自由和解放的内在要求，而且体现了经济可持续发展的内在实质，即在一定物质性生产基础上的精神性生产的永恒发展。

从本质上来说，生态文明所要求的社会生产与生产的私有制性质是根本对立的，消除这种私有制关系，是最终进入生态文明社会的重要保障。当然，这需要漫长的历史发展过程。尽管生态文明作为一种新的文明形态已开始在工业文明中显露端倪，但要完成对工业文明的彻底改造并取代工业文明，成为社会发展中占主导地位的文明形态，则需要漫长的社会发展过程。正如马克思所说："无论哪一个社会形态，在它所能容纳的全部生产力发挥出来以前，是决不会灭亡的；而新的更高的生产关系，在它的物质存在条件在旧社会的胎胞里成熟以前，是决不会出现的。所以人类始终只提出自己能够解决的任务，因为只要仔细考察就可以发现，任务本身，只有在解决它的物质条件已经存在或者至少是在生成过程中的时候，才会产生。"[10]

总之，生态文明所要求的生产方式的一个显著特点就是：在生产和社会发展中，始终把自然作为其发展的基础和前提，并以实现和维护人与自然的和谐共生为宗旨，使人及其社会的发展更符合生态发展的规律。因此，生态文明的现实基础——生产方式，实际上是对工业化生产方式的生态化改造过程，表现为一种生态化的生产方式。它不仅是解决生态危机、实现人与自然和谐关系的现实基础和最终决定力量，也是一种比工业化生产方式更为先进的生产方式，并最终决定和体现着人类文明进步和发展的方向即生态文明取代工业文明的历史必然性。为此，中国的生态文明建设应以构建生态化生产方式为基础和核心内容，全方位地对工业化生产方式进行生态化改造，只有这样，才能解决中国的生态环境问题，真正使中国走上生态文明的发展道路。

**参考文献**

[1][2][3][5][6] 胡锦涛：《坚定不移沿着中国特色社会主义道路前进为

全面建成小康社会而奋斗——在中国共产党第十八次全国代表大会上的报告》，人民出版社 2012 年版，第 9、12、18、39、41 页。

[4]《中共中央关于全面深化改革若干重大问题的决定》，《人民日报》，2013 年 11 月 16 日第 3 版。

[7]《马克思恩格斯文集》第 8 卷，人民出版社 2009 年版，第 171 页。

[8][9]《马克思恩格斯文集》第 1 卷，人民出版社 2009 年版，第 159、724 页。

[10]《马克思恩格斯文集》第 2 卷，人民出版社 2009 年版，第 592 页。

# 生态文明呼唤超越"学科崇拜"

## ——基于有机马克思主义的视角

王治河　樊美筠　高淮微

美国高等教育长期以来被视为"占据着人类文明的最高地位"[1]，常常成为各国争相追赶和仿效的对象。然而，西方学者特别是有机马克思主义者对美国高等教育的反思表明，这一系统内部其实弊端丛生，并使其处于危机之中，进而危及整个人类乃至地球的生存和发展。流行于美国大学的"学科崇拜"即是其弊端之一。通过考察有机马克思主义者对"学科崇拜"的反思和批判，中国高等教育可以吸取美国的前车之鉴，走一条适应生态文明需要的跨越式健康发展之路。

## 一　"学科崇拜"的内涵及其表征

"学科崇拜"（disciplinolatry）是当代美国大学盛行的一种"偶像崇拜"。[2]该概念由世界著名生态经济学家赫尔曼·达利和有机马克思主义者小约翰·柯布在《为了共同的福祉》一书中首先提出，是指一切把学科视为神圣，坚执过度学科化，轻思想重学术，拼命捍卫学科权威的文化现象。

"学科崇拜"的重要表征是对学科化的顶礼膜拜。这种学科化导致大学被划分为不同的院系。而且，一个院系成员与外界的最重要联系，不是与该校其他院系成员，而是与其他大学相同学科研究者。这意味着大学教授的忠诚不是表现在对学校和学生上，而是表现为参与学科行会和提升学科地位上。"对许多人来说，推动学科发展的确是人生意义的源泉和生活的中心，值得他们全身心地投入，学科成了他们的上帝。我们把这种现象称为‘学科崇拜’”。[3]在达利和柯布看来，学科崇拜业已成为今日美国大学里占有绝对支配地位的宗教，以至于如果在大学内部对其提出挑战往往被认为是一种“亵渎”行为。[4]

应该指出，西方的大学学科化并非一个新事物。早在古希腊苏格拉底、柏拉图和亚里士多德生活的时代，就存在着学科化现象。然而，学科崇拜则是非常晚近的事。按照达利和柯布的分析，在第二次世界大战之前，美国的高等教育并没有被学科分化所支配。相反，文理学院或博雅学院是美国高等教育的基本模式。这意味着学科崇拜在美国大学盛行是第二次世界大战之后的事。从那时起，学科化、“专业精神”逐渐被看作美国大学的灵魂。按照柯布博士的分析，从博雅教育到现代研究型大学的转变是美国教育“最重要的转变”[5]，因为整个研究型大学在某种意义上可以说都建立在学科崇拜基础上。

学科崇拜在经济学那里尤为突出，保罗·萨缪尔森在就任美国经济学会主席发表演说时，就曾默认这一点。他认为，“从长远来看，经济学学者是为了唯一值得拥有的回报——我们对自己的歌颂——而工作”。[6]作为在自然科学之外的学科中唯一获得诺贝尔奖的学科，经济学被看作是一门成熟学科，是大学规范的体现。所谓“成熟”和“规范”，则集中体现在经济学过细的学科分类，过度的专门化和对数学化的热衷。而对早期经济学家来说，并不存在这样森严的界限。早期经济学家把经济当作整个社会生活的一个方面来研究。因此，经济与社会生活其他方面的联系，和经济自身的内在规律同样重要。例如，经济学家之间的很多争论，都是由于关注经济发展与人口之间的关系而产生。然而，自从经济学成为一门“学科”以后，对类似问题的关注就都被排除在外。人口研究变成了人口统计学的事情。作为一门学科的经济学内部，经济增长对人口影响的复杂性，以及人口增长对经济影响的复杂性，很大程度上都被忽视了。这并非因为这些联系不重要，而是因为学科化的知识组织形式要求经济学、人口统计学、社会学等具有各自独立的研究主题。

这种对学科的自恋式崇拜，对知识学科化的迷恋，使得美国研究型大学内下设不同的学科。通常包括下列 42 个学科：历史语言学、文学、表演艺术、哲学、宗教、视觉艺术、人类学、考古学、区域研究、文化和种族研究、经济学、性别和性研究、地理、政治学、心理学、社会学、空间科学、地球科学、生命科学（生物）、化学、物理、计算机科学、逻辑、数学、统计学、系统科学、农业、建筑和设计科学、神学、教育、工程、环境研究和林业科学、家庭和消费心理科学、保健科学、体育学和新闻学、媒体技术、通信技术、法律、图书馆学和博物馆学、军事科学、公共管理学、社会工作和运输。尽管每个学科都宣称自己的重要性，但人们普遍认为自然科学和社会科学比人文科学更重要，而 STEM 学科——科学、技术、工程和数学更是在这学科金字塔的顶端，被认为“比其他学科更重要”。[7]

在这 42 个学科中，每个学科有自己确定的研究范围和领域，每个学科都具有一个与其他学科有明确区别的研究主题，每一学科还要求有自己特有的方法论，所开创和使用的方法致力于推进该领域的知识。这就必然要求在学科之间划出界线，导致学科之间壁垒森严。如果说博雅教育是以学生为中心，那么美国的研究型大学则是以学科为中心。如果说博雅教育是发展人的能力和改变文化与社会为目的，那么研究型大学则是以增进知识为目的。

也正是对学科分类的迷恋以及对学科的忠诚，使得招收以这个学科为专业的学生成为主要兴趣所在。这不仅表现在教授该学科学生过去的研究成果和增进该领域知识的方法，更表现在为一般学生群体讲授课程，更多地吸引主修这个专业的学生，并帮助他们在这条研究道路上发展，而不是帮助局外人理解学科的研究主题。该学科教授的主要精力是思考如何将学生吸引到这个学科中来，并通过研究生和博士生项目为该学科的未来发展储备学科带头人。

## 二 “学科崇拜”的危害

毫无疑问，在人类认识的一定发展阶段上，学科专业化是必要的。对于增进人类知识和推进知识精化和细化，学科专业化无疑立下汗马功劳。然而，坚执过度学科化，将学科分类“固化”乃至走向学科崇拜，则贻害无穷。正如著名学者得克萨斯大学特纳教授指出，过去 400 年科学的进步包含着一个巨大的悖论：一方面，科学每一大的发现和进展都破除了学科间的一些障碍；而另一方面，“我们学术界的学科设置则随着这些成就变得更加碎化和专门化”。[8]不仅如此，学科专业化、知识碎化也迫使专家成为他/她的研究领域之外的无知者，导致害人害己的双输结局。在有机马克思主义者看来，“学科崇拜”的危害主要体现在以下相互联系的三个方面。

### （一）封杀了综合性思维和原创性思维发展的空间

由于学科越分越细，研究对象越来越窄，导致学科之间的壁垒愈来愈森严，“学科与学科之间耸立着高墙”[9]，这无疑封杀了综合性思维和原创性思维发展的空间。正如美国著名伦理学家麦金太尔所分析指出的那样，在当代美国大学中，“每个专业和学科都被看作是自主的、自我规定的”。因此，该学科的实践者或者至少其中的名教授和有影响的人物，决定学科的范围和界限。那么，在这样的大学中谁来负责整合各种学科和专业，以期对事物的性质和秩序有个完整的了解呢？答案是：没人。而且，在麦金泰尔看来，即使这个回答也是颇具误导性的，因为“在当代美国大学，这样一个任务是没有意义的”。换句话说，将不同专业联系起来，整合不同知识的任务不再是当代美国大学的考量，它成为一个“没有意义的概念”（an irrelevant concept）。[10]现代大学不再致力于提供一种首尾一贯的对世界的看法。它们的任务被局限为“产生知识”。[11]这意味着过分的学科专业化不仅“孵育和滋长了琐碎”[12]，而且阻碍了人们对理论之间、不同学科研究对象之间的联系的了解，从而封杀了综合性思维和跨学科研究发展的空间。结果，很难产生真正开拓性的有创建的思想。这就解释了为什么爱因斯坦大学毕业后无法在物理学界存身，只好在瑞士的苏黎世专利局谋生 7 年；研究历史哲学的科林伍德在牛津哲学界普遍不受待见。[13]

学科崇拜的拥护者往往津津乐道大学是纯粹做研究的地方，是为了知识而知识的地方。他们为此庆贺思想被从大学中罢黜，将从思想到知识的演变视为一种巨大的进步。而在有机马克思主义者看来，排除思想的大学则是极端危险的。用柯布博士的表述就是，“大学的确造就了大量的技术人员和研究某些特定问题的学者。他们推动某个特定领域的进步。但是他们只是在一些想当然的发展道路上推进，实际上很多进步正在把世界推向灾难”。[14]

### （二）抑制了批判思维能力的发展

由于每一学科都将自己学科的大前提亦即学科假设视作无需做批判性分析的“不证自明的东西”，因此很少有人追问自己理论的前提预设，很少有人对自己研究领域的历史进行考察，追问重大的理论问题，也很少有人质疑学科界限的设置是否合理？更鲜有人质问他们学科对社会的作用。大学不让学生去反思各个学科的基本假设，而只是让学生去接受它们。学者所要做的就是在前辈圈定好的研究领域内闷头耕耘，立身扬名。

这种教条主义态度无疑抑制了批判思维能力的发展，“贬低了批判的视角”。[15]事实上，在这种体制下，喜欢追问和兴趣广泛往往被看作是不合时宜的，是“不专业”的标志。[16]自然，“对新情况作新研究”也是“不被鼓励的”。[17]经济学研究生教育的一项最新研究成果表明，“经济学研究生教育在缩小学生的兴趣范围方面取得了巨大成功。一项针对人们认识其他领域与经济学相关性所作的调查显示，物理学得分最低，而生态学或是任何其他生物科学甚至没有被列入名单中”。[18]难怪有时经济学模型与生物物理现实存在冲突。那些对此提出根本质疑的该学科学者几乎没人待见。实际上，他们很难找到工作，而且发表研究成果时也会遇到重重困难。他们很可能失去参加学术会议的机会，即使去了也会发现自己不受欢迎。简言之，他们被放逐了。诺贝尔经济学奖获得者，投入产出分析方法的创始人华西里·列昂节夫就曾对此表达了自己的不满。他在给《科学》杂志的信中强调，只要经济系中拥有终身教职的成员继续牢牢把持对培训、晋升、教职和研究资助的控制（主要通过编辑期刊），那么他所反对的毫无生气的学院派就会继续存在下去。在他看来，经济学用于保持这种知识“学科化”的方法，“不时让人想起那些被海军陆战队用来维持帕里斯群岛纪律的方法”。[19]因此，人们也就不难理解海德格尔为什么要发出“科学不思想”的感慨，柯布博士更愿意把其翻译成“学科不思想”。[20]结果，由于批判能力的衰退，广泛兴趣的缺失，诗意目光的匮乏，学者个人的生活也被撕裂成两半：作为专家是个“标准的机器人”，作为私人则极易成为弱智或“白痴”。[21]碎化的知识不仅极易把我们的人生切割成碎片，使我们变得弱智，而且极易使我们变得琐碎甚至猥琐，导致捡了“知识”丢了“良知”。[22]

### （三）放弃了大学的社会责任

学科崇拜画地为牢，鼓励从单一学科视角看待现实，不仅妨碍了对人类真实境况的理解，扭曲了现实真实的图景，弱化了人类应对灾变的能力，而且致使大学最终放弃了本当担负的社会责任。

按照特纳教授的分析，如果将先行的大学学术模式比喻成田野，被拥有自己一套语言和方法的学科瓜分成彼此无涉的一块一块，而宇宙则是彼此联系成一个整体的巨大的金字塔。这意味着我们的学术，我们的知识结构并没有真实地反映宇宙的结构。[23]宇宙的知识不是静态而是动态的，是每时每刻都在生长的。这使得我们实际上“是在处理一个不断变化的复杂状态”。[24]而过度细化的学科分类导致的知识的碎化，使得人们对作为整体的人类所面临的巨大危险毫无觉察。在学科崇拜主导的大学里，不能给学生提供一种整合的视野，“完全不讲对整个世界的理解和整个世界面对的问题”。[25]由于在现实中人类存在的政治方面、社会方面、经济方面和文化方面有着不可分割的内在联系，而各学科则各自为阵，将事物之间的联系割裂开来进行研究，结果势必如盲人摸象，失去对事物整体风貌的关照，进而导致对现实的扭曲理解，空耗思想资源。例如，虽然生态问题已经如此明显地摆在了人类面前，但在学科崇拜的影响下，各个学科的学者们依然在象牙塔里，依然故我地做着自己的“专业研究”。在美国，不仅政治理论家、社会学家继续连篇累牍地做自己的研究而丝毫不涉及生态危机问题，就是许多生物学杂志丝毫不涉及生态危机问题。哲学领域也好不了多少，“大多数哲学家抛弃了对探究整体图景的兴趣”。[26]传统的综合追求让位于描述和分析，这也就是现象学和分析哲学流行的原因所在。除了极少数领域如生态哲学、环境伦理学，主流哲学依然故我地讨论它们所关心的问题。哲学家更多地将注意力放在所谓纯哲学方面，即认识论、逻辑和语言分析上。生态危机问题对于他们俨然不存在。美国著名教育家斯坦利·费什在其最近的一本书《在你自己的时间拯救世界》中写道，“大学的任务就是给学生传授知识并在研究基础上提供新的信息，一个大学教授没有责任匡扶时正，他/她没有任何改进国家和世界的义务。当然，你可以在你自己的业余时间搞环保，在周末捍卫女权，但在课堂上你只管教好你的书就好了。因为‘大学的核心价值是追求真理’，无涉其他”。[27]

这无异于主动放弃了大学的社会责任。难怪有学者宣称美国大学的灵魂已经"失落"。[28]所谓高等学府成为"没有灵魂的机构"。[29]

学科崇拜的拥护者常常祭起"价值中立"的大旗来为大学的社会责任感淡漠辩护。站在他们的立场看，要增进知识和追求真理，就要客观地对待研究对象，摈弃任何主观的偏见。假如一所大学支持一种观点（如支持环保），不支持另外一种观点（如质疑环保），会损害一个大学的形象。

在有机马克思主义者看来，所谓"价值中立"不仅理论上站不住脚，而且"带有很大的自我欺骗的成分"。它往往成为"维持现状"的借口，甚至成为谋取特殊利益的帮凶。正如马克思主义所分析的那样，在资产阶级理性对永恒普遍真理诉求的背后是对当下自身利益的诉求。在有机马克思主义看来，所谓价值中立，所谓追求理解的纯粹性，在本质上是一种对变化的逃避，"因为变化会暗中破坏"学术自由特权，以及闲暇理论的特权。[30]实际上，人类不可能价值中立地活着，为知识而知识在古代就不存在。正如著名伦理学家孔汉斯分析，"今天，我们在很大程度上已经意识到每个学科（甚至包括语言、艺术史、应用数学和逻辑）都有其社会意蕴、政治意蕴，都有其利益、预设和结果"。[31]简言之，不存在纯粹的"知识"。

此外，大学也不是存在于真空之中，假如大学失去社会责任的航标，大学教授没有共同分享的价值观指导他们的研究，加之批判力衰弱和思想力退化，将极易被外界所操纵。德国大学被纳粹所操纵，美国大学被公司和军火商所操纵就是很好的例子。更现实的问题是，要进行研究就需要课题费，学校无力支持昂贵的研究经费，而公司可以提供丰裕的资金支持，这导致了谁给钱就给谁研究的局面。也就是说，研究的目的是为公司利益而并非为全社会的福祉服务。当然，政府也资助一些研究。但除了其中小部分经费走向医学研究，"绝大部分是走向了国防工业，这是支持美帝国的委婉说法"。[32]按照印度著名科学家与环保运动领袖范达娜·希瓦（Vandana Shiva）的考察，"80%的科学研究致力于战争工业"，特别是致力于大规模杀伤武器的制造。[33]这无疑也从另一个侧面宣布了价值中立的破产。

至于"赢利大学"的出现则更是彻底地扯下了价值中立的遮羞布。

因为，“赢利大学”干脆放弃了一切关于推进知识的堂皇说辞。在那里，除非能证明一门人文课程可以增进学生的经济利益，否则将不会开设。这是一种纯粹市场导向的大学。教育完全变成了商品，如同其他商品一样为满足消费者的需求而存在。美国著名“赢利大学”凤凰大学（University of Phoenix）的创始人约翰·斯珀林斯珀林曾明确指出，“到这里来不是参加什么成人仪式。我们无意培养他们的价值观，或搞开阔心胸那一套”。[34]这种对功利、有效和赢利的追求在过去已经对美国大学的产生了深刻影响，“在未来必将产生更强大的影响”。[35]这意味着，所有非实用的领域诸如哲学、历史、文学将注定变得多余和“不必要”。[36]而忽视人文学科，不注重价值观的培养，放弃社会责任的大学所培养出来的学生其素质成问题便注定成为一种必然。美国雇主常常抱怨，这样培养出来的学生不仅工作能力平平、干活吊儿郎当，而且常常对工作待遇表现不满，其公民责任感更是严重缺乏。现在看来，美国社会之所以充斥物质至上主义、精神空虚、信仰匮乏、道德颓败，之所以成为“世界上患‘道德疾病’最严重的国家”[37]，显然与这种办学理念不无关系。特纳教授所一针见血地指出，“我们的教育体系最稀缺的是价值观”。[38]

## 三 “学科崇拜”的哲学基础分析

随着“学科崇拜”的负面后果日益呈现，人们逐渐意识到其危害所在，有学者甚至认为“学科崇拜”正在“毁灭我们的教育”。[39]虽然，著名过程哲学家怀特海肯定适当分科和专业化是必要的，但在他看来，“学科崇拜”所尊崇的过分专业化特别是对科学知识与人文知识对立的坚执，是人类社会的主要悲剧，对社会未来将造成严重伤害。对于当前弥漫全球的金融危机和生态危机，这种“学科崇拜”无疑负有责任。

尽管遭到越来越多的人诟病，但“学科崇拜”在美国大学依然我行我素甚至日益大行其道。为什么“学科崇拜”如此顽强？自然，特殊利益集团（包括学者队伍）捍卫自己利益的努力是一个重要原因。然而，“学科崇拜”背后的哲学思维依然强势，不能不说是另一重要原因。因此，我们有必要揭示和颠覆这种思维。

在有机马克思主义者看来，“学科崇拜”背后的哲学支撑物是形而上学的思维方式。所谓形而上学思维方式，恩格斯在《反杜林论》中对之有过一个经典的界定：“把自然的事物和过程孤立起来，撇开广泛的总的联系去进行考察，因此就不是把它们看作运动的东西，而是看作静止的东西；不是看作本质上变化着的东西，而是看作永恒不变的东西；不看作是活的东西，而看作是死的东西。这种考察事物的方法被培根和洛克从自然科学中移到哲学中以后，就成了最近几个世纪所特有的局限性，即形而上学的思维方式。”[40]恩格斯从辩证思维出发，充分肯定了在“相当广泛的、各依对象的性质而大小不同的领域中‘形而上学的思维方式’是正当的，甚至是必要的”，但他强调“它每一次都迟早要达到一个界限，一超过这个界限，它就要变成片面的、狭隘的、抽象的，并且陷入不可解决的矛盾，因为它看到一个一个的事物，忘了它们互相间的联系；看到它们的存在，忘了它们的产生和消失；看到它们的静止，忘了它们的运动；因为它们只见树木，不见森林”。[41]大致来看，形而上学思维方式的表现形式是机械思维、碎化思维和科学还原主义。

所谓机械思维，是建立在牛顿力学基础之上的一种哲学思维，它把宇宙以及世间万物都看作机器，只承认事物之间外在的机械联系，把关系与过程视为事物偶然的存在，否认事物之间存在任何内在的联系，否认关系与过程是事物的内在组成部分。在这种思维指导下，似乎“唯有分离才是真的”。[42]按照斯普瑞特奈克的分析，这种机械思维影响了甚至“造就了整个现代西方思想的进程”。[43]

所谓“碎化思维”是指在思维的时候总是以解剖的方式来分析事物，把事物切割成为零散的各个部分。当把分割出来的东西赋予其特殊的重要性时，对事物的认识往往就走上以偏概全的道路，从而忽略了事物之间广泛存在的内在联系。正如著名后现代物理学家伯姆认为，科学中普遍存在的碎化倾向强化了碎片思维，因为“它给人们关于世界的整体图像是世界仅仅是分离的原子式建筑砖头的堆积，它使人们觉得‘碎化’是存在状况的‘真实表达’”。[44]

细究起来，碎化思维也是机械思维的一个变种。因为它没有把人类的知识看作一个有机的整体，否认知识之间的内在联系。“学科”的概念是建立在“本学科的信息本身是相对独立于其他学科的信息”这一假定基础上的。来自每一学科的知识是一分离碎片，把这些碎片串联起来，就有希望得到一个整体的画面。在后现代思想家看来，这是一个不能兑现的许诺。因为它是实体主义知识观的产物。所谓实体主义知识观，这是视知识为相互独立的实体，一如一块块分散的砖头一样，否认知识与知识之间存在任何内在的联系。人为地将不同学科之间的知识割裂开来，将科学知识与人文知识分离开来，对立起来。将这种碎化思维运用到教育中的最极端的例子就是密西根州立大学校长把同专业的人安排住在一起，认为这样有助于学习和研究，这样该大学生物学专业的学生和化学专业的学生就很少接触，更不用说接触人文专业的学生了。[45]

所谓“科学还原主义”，按照《没有边界的科学》一书作者的界定，系指“牛顿式的古典信仰：任何复杂的动态系统可以通过研究它的部分而得到理解。一旦你知道了部分，你将至少在原则上知道整体。为了理解一个复杂的系统，应该将其分解成部分，每一部分应该运用学科方法逐个进行研究”。[46]还原主义本体论的假设是：一个系统可以被还原成它的部分；所有系统都是由同样的基本要素构成的，这些要素是原子般的离散的；所有的系统具有基本的机械过程。

还原主义为现代科学提供了指导性的假设和标准。依照这种科学还原主义，各个学科之间具有一种演绎或者准演绎的关系。数学被看作是物理学的基础，“只有用数学方法表达的关系才是客观的，可以理解的”。[47]在一定意义上，数学是所有学科的基础，“所有专业都是数学的子学科”。[48]相应地，物理学被认为是构成化学的基础，化学被认为是构成生物学的基础，而生物学被认为是构成社会科学的基础。这种还原主义的关系模式不仅为学科崇拜提供了科学基础，而且直接影响了大学的学科设置和课程安排。用特纳教授的话说，“我们的教育体系对还原主义有一种危险的嗜好”。[49]我们总是试图还原到最基本的层面，获得简单、确定、不变的知识，而视复杂的、变动的东西为“不真的东西”。[49]这意味着，我们实际上是逆天而动。

罗马俱乐部的研究表明，我们人类今天所面对的众多问题内在关联，每一问题都不可能单独得到解决。在这方面，由各门学科所分别培养的受机械思维和碎化思维熏陶的专家，面对这些关系人类生死存亡的重大问题可以说是束手无策，不仅无能，而且有时由于它的“专业知识”更加重了问题的严重性。用著名物理学家希娃的话来说，就是“遍布全球的多维度的生态危机可以看作是还原主义科学对自然实施暴力的结果”。[49]这也部分解释了为什么在当代西方社会充斥着对所谓专家的怀疑之风，为什么《医生的两难抉择》一书的作者提出的“所有专家都是对付大众的同谋”一语当下如此流行的原因。[50]这无疑从一个侧面暴露了学科崇拜的破产。

## 四　生态文明诉诸超越学科崇拜

作为工业文明的产物，学科专业化有过辉煌的过去，导致了学科发展的繁荣，但发展到迷恋过度专业化的“学科崇拜”则走向事物的反面，致使人类为此付出沉重的代价。越来越多的科学研究表明，今日人类面临的生态危机是一场前所未有的最大的人为的危机。正如柯布博士指出的，“人类正在面临有史以来最大的挑战。它正在快速冲向悬崖，如果继续下去不改变航向的话，几乎没有人能够活下来”。[51]对于今日的生态危机，现代大学教育负有不可推卸的责任。用著名后现代教育家奥尔的话说就是，“生态的危机是彻头彻尾的教育危机”。[52]即使时至今日，现在的大学也几乎很少告诉学生关于危机的存在以及可能的可选择方案。这其中学科崇拜难辞其咎。随着现代工业文明的式微，特别是随着生态文明的崛起，“范畴时代已经寿终正寝”[53]，学科崇拜走向穷途末路已是必然。

作为工业文明的超越者，生态文明呼唤教育转型，呼唤从教育理念到办学模式到学术范式根本性的变革，这自然也包括对学科崇拜的超越。这是避免生态灾难的发生必须作出的选择。而要超越学科崇拜，走出过度学科化的误区，就要超越形而上学思维方式，摈弃机械思维和碎化思维，拥抱综合思维和有机思维，大力发展跨学科研究。现实是一个相互关联的有机整体，我们需要培养一种整合性的有机思维。后现代物理学的研究业已表明，“相互联系”是事物“真实的本质”。[54]

要超越学科崇拜，就要把大学的重心从单纯的传播知识和逐利或“一头扎进市场”转成为社会共同体和生态共同体的福祉服务。从“纯粹的职业培训所”回到担负起大学本应担当的“大”任务。那就是“为天地立心，为生民立命，为往圣继绝学，为万世开太平”。毫无疑问，职业培训无论如何都是极为重要的，但将教育等同职业培训则是错误的。有机马克思主义者眼中的大学当然要利益个体，但同时也要有利于更大的社群和整个世界。这意味着将校园从“职业培训所”转变成“生态负责任的共同体”，把“回应重要的社会问题”当作是大学责无旁贷的“任务”。[55]

大学当然要从事研究工作，“研究是大学的最重要的功能之一”。[56]但是，将各学科人为分开，画地为牢，闭门造车则是荒谬的。它既无法应对变化，也把人类引向灭绝的边缘。柯布在跟中国学者谈话时尖锐地指出：“很不幸，在我们这个时代只有真正革命性的观念才能保护我们避免无法预料的灾难，可是我们的大学在这个方面组织得很差，无法承担这个任务。今天我们已经无法再把大学当作思想库了。”[57]

人类要规避灭绝的命运，就要破除学科间的壁垒，倡导学科之间通力合作，因为没有一种学科可以垄断所有知识，建设性后现代主义鼓励人们“谦卑地放下自己学科的优越感并开始向其他人学习”。[58]通过整合不同学科间的知识“来进行大胆和创新的思考”。[59]鼓励各学科携手共同解决全球急需解决的问题，特别是即将来临的生态灾难问题。这种后现代大学强调打破学科之间的壁垒，大力发展跨学科研究和交叉学科研究，从而鼓励学生发展一种整合性的视野，以应对“整个世界面对的问题”。[60]

挑战大学的学科崇拜，并非反对大学本身，只是强调有其他办学理念存在。后现代教育绝非让人们放弃客观性和学术性，而是挑战人们用不同的方式组织教学材料，接受不同假定，提出不同问题。有机马克思主义者所设想的后现代大学就是其中可能性之一。

首先，大学应该尽一切可能帮助学生理解形势的严峻性并使学生意识到自己的作用。因为今天生态危机如此严重，我们应该形成一个整体的图景；其次，所有专业和课程的设置也应该围绕阻止生态灾难的发生来进行组织。

关于如何进行跨学科的整合研究以应对人类面临的紧迫问题，著名生态学家柏励开出的方子是用生态模式来组织大学。他指出，“大学所面临的困难，并不是简单地设立一门生态课程就可以解决的”。因为，生态学既不是一门课程，也不是一个项目。它是所有课程和项目的基础，所有职业的基础，“生态就是一个功能性的宇宙”。他强调，大学必须做出决定，或者在衰败的新生代里继续培训养家糊口的专业人员，或者为正在呈现出来的生态继而培育学生。[61]柯布博士在《怀特海式的大学》中提供了一个更具体的设想。按照他的设想，我们的大学可以就地球和它的居民的健康生存这样重要的问题组织起来进行跨学科研究。由于该问题涉及资源消耗、能源、水资源、人口、全球秩序、一个有效的经济政策、道德价值、人类健康、政治和小区问题等问题，教授们可以根据他们的兴趣和能力，运用各种方法进行整合性的研究。那么按照种整合理念组织起来的怀特海式大学应该是怎样的呢？柯布博士的设想如下。

第一年，学生可以对生态—社会历史、文化—思想史作一个总的观察，了解我们如何发展到今天的状况，并且对我们面临的问题作个调查，以及计划和实施这一年工作需要的技术和想象力。虽然教授指导和信息交流很重要，但是学生参与也同样重要。学生们在这一计划中可以以个人和小组的方式发挥他们的主观能动性，他们可以承担更多的责任。他们需要对当今世界面临的问题了如指掌，而不至于被问题的难度吓倒或失去希望。他们需要帮助，了解学科研究领域的宽广，正如我们上面探讨的领域。从这些领域中，他们选择其中一个领域进行研究，他们对这个领域有充分准备，并且愿意献身这个领域的研究。

第二年，学生们将以六个人到十个人的小组进行工作。他们由一位教授带领，教授的兴趣与学生们的兴趣相同。在教授指导下，他们花上几个星期的时间一起工作。首先，把问题弄清楚，了解资源，展开研究的初步规划。在通常情况下，每一个学生首先在小组里承担自己的任务，承担了解相关的问题或者收集信息的责任。小组的反应则是帮助每一个学生学习怎样变得更加有能力帮助别人，而他的帮助又是现实的。待到第二学期时，学生们对于更富于意义的任务有了充分准备，他们的任务还可以包括旅行。如果学生还不能阅读研究工作中需要的语言，或者对数学和统计学还不够了解，无法从事相关领域的研究工作，那么他们必须掌握这些工具。学年结束时，小组在一起工作并写出一个报告，说明他们如何了解问题、找出解决问题的方法、还需要进一步学习哪些课程。如果他们认为需要以小组的形式继续工作一年，他们也可以做出决定，继续探索研究对象。

另一个选择是，他们可以决定另选题目。小组成员在一起，对一个题目或者两个题目工作两三年，有可能写出对社会有真正价值的报告。这样，课程就可能对人类的需要，例如知识和远见的增长，作出直接的贡献。更重要的是，参加这一工作的研究生在分析和解决社会面临的复杂的问题时，能够具有与其他人一起工作的能力。[62]

柯布的这些设想未必完善，但却为我们指明了在有机马克思主义的指引下超越学科崇拜，进行高等教育改革的一个大方向，那就是重新调整学科研究方向和学科设置，以人类面临的重大问题为中心组织课题研究，通过帮助解决重大急迫问题来推动人类文明的可持续发展，实现从现代工业文明到后现代生态文明的跨越。

**参考文献**


［1］金容沃：《中庸：人类最高的智慧》，海南出版社 2012 年版，第 256 页。

［2］［3］［4］［17］Herman E. Daly, John B. Cobb Jr, *For The Common Good: Redirecting the Economy toward Community, the Environment, and a Sustainable Future*. Boston: Beacon Press, 1994, pp. 125、33 – 34.

［5］［11］［20］［26］［32］［53］John B. Cobb, Jr. *Spiritual Bankruptcy*. Nashville: Abingdon Press, 2010, pp. 89、93、95.

［6］Paul Smauelson, Economists and the History of Ideas. *American Economic Review*, 1962, 52（1）, p. 18.

［7］［60］［61］［美］杰伊·迈克丹尼尔：《超越四十二个学科——关于跨学科问题的思考》，《光明日报》，2013 年 10 月 15 日。

［8］［23］［38］［48］［49］［50］Frederic Turner, Design for New Academy: An End to Division by Department. *Harper Magazine*, 1986（9）, pp. 50、53.

［9］［55］Russell Shorto, Breath of Thought. New York Times, 2009 – 01 – 23.

［10］Alastair MacIntyre, *God, Philosophy, Universities: A Selective History of the Catholic Philosophical Tradition*. Lanham: Rowman & Littlefield Publishers, 2011, p. 16.

［12］［28］［30］［31］［58］David Ray Griffin, *Theology and the University: Essays in Honor of John B Cobb Jr*. New York: State University of New York Press, 1991, pp. 128、112、130、62.

［13］［16］［21］Mary Midgley. *Wisdom, Information, and Wonder: What is Knowledge For?* London: Routledge, 1991. 19.

［14］［25］［59］柯布、刘昀献：《中国是当今世界最有可能实现生态文明的地方——著名有机马克思主义者柯布教授访谈录》，《中国浦东干部学院学报》，2010 年第 3 期。

［15］Fred Curtis, *Ivy – Covered Exploitation: Class, Education and the Liberal Arts*

*College* //J. K. Gibson - Graham. Re/presenting Class: Essays in Postmodern Marxism. Durhum: Duke University Press, 2001, p. 95.

[18] Colander, D., A. Klamer. The Making of an Economist. *Economic Perspective*, 1987 (1), pp. 95 - 111.

[19] Wassily Leontief. Letter to the editor. *Science*, 1982, 217 (7), pp. 104 - 105.

[22] 鲍鹏山:《知识就是力量,良知更是方向》,《解放日报》,2015 年 4 月 5 日第 16 期。

[24] 菲利普·克莱顿:《过程哲学与系统管理》,陈伟功译,《江苏社会科学》,2014 年第 3 期。

[27] Stanley Fish, *Save the World on Your Own Time*. Oxford: Oxford University Press, 2008, p. 119.

[29] Sidney Hook, *The Idea of a Modern University*. New York: Prometheus Books, 1974, p. 90.

[33] [51] Vandana Shiva, Reductionist Science as Epistemological Violence//Ashis Nandy. Science, Hegemony and Violence: A Requiem for Modernity. Oxford: Oxford University Press, 1988, pp. 232 - 256.

[34] Anne Marie Cox, Phoenix Ascending. In These Times, 2002 - 05 - 13 (10).

[35] [36] Frank Donoghue, *The Last Professors: The Corporate University and the Fate of the Humanities*. New York: Fordham University Press, 2008, p. 88.

[37] 樊美筠、斯蒂芬·劳尔:《美国最好的部分已经被现代性最坏的部分所折损》,《光明日报》,2014 年 4 月 16 日。

[39] Charles Birch, *Toward a Post - Modern World*. Melbourne: La Trobe University, 1987, p. 6.

[40] [41] 中共中央马克思恩格斯列宁斯大林著作编译局编:《马克思恩格斯选集》第 3 卷,人民出版社 1972 年版,第 60—61 页。

[42] [43] [56] Charlene Spretnak, *The Resurgence of the Real: Body, Nature and Place in a Hypermodern World*. London: Routledge 1999 (8), p. 55.

[44] David Bohm, *Wholeness and the Implicate Order*. London: Routledge & Kegan Paul, 1980, p. 13.

[45] 成长春编:《未来的高等教育:过程思维与高等教育改革国际研讨会论文集》,吉林人民出版社 2007 年版,第 270 页。

[46] Willy Østreng, *Science* Without Boundaries: Interdisciplinarity in Research, *Society and Politics*. UPA, 2009, p. 14.

[47] George Allan, *Rethinking College Education*. Lawrence: University Press of Kan-

sas, 1997, p. 48.

[52] David Orr, In Ecological Literacy: Educating Our Children for a Sustainable World // Michael K. Stone, Zenobia Barlow. San Francisco: Sierra Club Books, 2005, p. X.

[54] 大卫·格里芬:《后现代科学》，中央编译出版社 1995 年版，第 59 页。

[57] Derek Bok, Beyond the Ivory Tower: Social Responsibilities of the Modern University. Cambridge: Harvard University Press, 1984, p. 88.

[60] 小约翰·柯布:《一个建设性后现代主义者对中国现代化的几点思考》，《世界文化论坛》，2007 年第 24 期。

[61] 托马斯·贝里:《伟大的事业——人类未来之路》，上海三联书店 2005 年版，第 98—99 页。

[62] 小约翰·柯布:《怀特海式的大学》，《世界文化论坛》，2003 年第 7 期。

# 面向生态文明的建设性后现代主义

## ——兼论建设性后现代主义的逻辑进程

史　巍　韩秋红

顾名思义，建设性后现代主义是借用了“后现代”对现代性批判的力道，但抛弃了“后现代”一味摧毁和瓦解的主张，因而“建设性”便成为理解建设性后现代主义的关键因素。“‘建设性’一词是被用来与‘解构性’相对，其旨在强调建设性后现代主义正在为现代世界提供一种积极的选择途径。但这并不意味着它反对解构现代性的诸多特征。重要的是，对现代性的批判和拒绝应当伴随着重构的主张。”[1]在建设性后现代主义那里，现代性批判仅仅是手段，是力图认清现代性现实、发现现代性问题、厘清现代性思路的必要过程，其目的在于在批判一个旧世界的同时，“建设”一个新世界——不同于现代性世界的新世界。如此一来，建设性后现代主义担负的任务便成为如何在后现代主义笔下的现代性的满目疮痍中实现某种重建。其重建的基本逻辑进程，正是本文所要探讨的内容。

## 一

如果说“建设”是建设性后现代主义的最终目标，那么确立建设的思维或方式便是建设性后现代主义的首要目标。这正如西方马克思主义者卢卡奇在评价马克思主义时所说的那样：“正统马克思主义并不意味着无批判地接受马克思研究的结果。它不是对这个或那个论点的‘信仰’，也不是对某本‘圣’书的注解。恰恰相反，马克思主义问题中的正统仅仅是指方法。”[2]如何从传统的现代性思维当中转换出来，从而确证合理的思维方式，是怀特海的首要任务。

在对以笛卡儿为代表的实体哲学和以洛克为代表的机体哲学进行现代性反思之后，怀特海认为，这乃是思辨哲学从纯粹之思当中获得的，应该退回到“终极的、整体的、未被哲学的诡辩所歪曲的经验当中”。而“万物皆流”，便是我们对哲学体系以及万物规律的终极概括。“万物皆流”这一概括包含了三层内涵：其一，强调“流动性”本身的重要意义；其二，“皆”字表达了流动性本身所具有的某种程度的普遍性；其三，“万物”乃是流动性的主体。这三层内涵以递进的方式表达了万事万物的某种完整性的特性，这就是形而上学的完整性。但事实上，在怀特海看来，自柏拉图开始，拒斥形而上学的完整性已经成为西方哲学的重要特征。柏拉图在永恒的精神天国中发现完美的、稳定的事物，而在短暂的尘世当中发现不断流变的、不完美的事物。虽然亚里士多德通过实体的“这一个”在某种程度上实现了将稳定的精神世界与表象经验世界二重化的柏拉图式理解的反抗，但理性化的特点始终表达了某种“宇宙空间化”的主张。恰如福柯所说，“我们所生活的空间，在我们之外吸引我们的空间，恰好在其中对我们的生命、时间和历史进行腐蚀的空间，腐蚀我们和使我们生出皱纹的这个空间，其本身也是一个异质的空间。换句话说，我们不是生活在一种在其内部人们有可能确定一些个人和一些事物的位置的真空中。我们不是生活在流光溢彩的真空内部，我们生活在一个关系集合的内部，这些关系确定了一些相互间不能缩减并且绝对不可叠合的位置”。[3] 如此一来，时间的流动性就被物理空间的凝固性所取代，稳定性和不变性成了哲学乃至于科学分析世界的基本立场。以笛卡儿为开端的近代哲学便从“我思”到“我在”再到“它在”的过程，不仅承诺了感性事物的存在，更将“它在”作为一种空间的存在。“我思故我在”通常被看作描述一个点，没有维度或平面的延伸。以牛顿为起始的现代科学也“粗暴地命令流动性回到世界之中”，并将它编织进牛顿所发现的不受任何事物影响的绝对时间当中。时间的流动性极具讽刺性地成为某种均匀性和一致性，空间的凝固化之后的时间绝对化使得流动性或变化成为“凋谢”，几乎被排除出人类理智的思考范围。

在怀特海看来，事实上，以经验的角度看，事物之间的关系绝非是凝固化的，而是过程性和转化性的。在这里，怀特海不仅仅将其作为某种哲学“范畴”，而是作为研究范式或思维方式，以此规约其哲学乃至全部哲学的未来走向。因此，作为一种思维方式的“过程性”包含了如下几个方面的具体呈现：首先，作为一种思维方式，过程性是一种本体意义上的产生的过程性，是“合生”的过程。“‘合生’是某种过程的名称，在这种过程功能中，许多事物构成的宇宙，通过把‘多’之中的每一个要素确定地整合到新的‘一’的构成中的次要成分中，获得某个个体的统一性。”[4]合生就是新事物的产生，即事物获得某种“现实性”，而现实性则表达进入某种具体的终极性，抽象中的东西只能是“空无”。合生是事物获得现实性的过程，相对完整的世界所凭借的创造性就是“转化”。如果说“合生”是现实世界生成的结果，那么“转化”就是现实世界生成的过程，过程相对于结果来说总是具有先决性和前在性，“由于转化，‘现实世界’永远是一个相对的术语，并且是指作为这种新的合生之材料的那种被预设的实际场合的‘一’的构成中的次要成分中，获得某种个体的统一性”。

其次，作为一种思维方式，过程性也是一种认识和感受的过程性。实际场合就是由种种感受的过程所造成的合生，其中所感受到的永恒客体、各种感受以及其自身的主观强度形式赋予人类认知以某种更为宽广的普遍性，即符合的感受之感受，这一感受之感受的持续性将会一直延续直到获得某种统一性，达到终极统一性的“满足”。“这种‘满足’是合生进入完全决定性的事实之中所达到的顶峰。在其先前的任何阶段上，合生都展示了关于它的许多组成要素之间的那种联结的纯粹的非决定性。”[5]

再次，作为一种思维方式，过程性更是一种审美的过程性。在对事物进行认知的过程中，一方面将事物作为多方面隐秘感受的中心，使其处于多重相互预设的某种联系当中；另一方面也是更为重要的在于诸多感受，那些起初被看作是外在于人的异己感受，被转化为“某种直接被感受为隐秘的审美欣赏的统一性”，我们称之为“想象”，“用物理学的语言来说，这种‘标量’形式优越于原初的‘矢量’形式：这些起源成为从属于具体经验的东西。那些矢量形式不是失去了，而是作为标量的超结果基础被淹没了”。[6]也就是说，在认识过程成为审美过程的流变当中，流动性仍然起着关键作用。当然，审美过程中所包含的人的情感要素是创造性的重要原初动力。

最后，作为一种思维方式的过程性当然还包含通过传承过程将直接的、隐秘的感受性转化成为间接的感受性，这既是对认知感受性和审美感受性的有益补充，更是新的合生、认知和审美的起点。合生性、认知性、审美性和传承性共同印证了过程性和流动性对于事物的生成或理智的活动都具有重要的意义。怀特海将合生性的过程作为“微观过程”，而将后几种过程称为“宏观过程”。后者是已获得的现实性向获得之中的现实性的转化，是各种条件的变化所产生的现实性：“前一过程造成了从‘现实的’到‘纯粹实在的’转化；后一过程造成了从实在的到现实的增长。前一过程是直接生效的，后一过程是目的论的。未来是纯粹实在的，没有成为现实；而过去是由诸现实性所组成的一个联结。诸现实性是由它们的实在的发生状态所构成的。现实是目的论的过程的直接性，实在通过这种直接性而成为现实的。前一过程提供了那些实际上支配着获得的条件；而后一过程提供了现实地所获得的种种目的。”[7]

这样，作为建设性后现代主义的鼻祖和思想来源，怀特海就为建设性后现代主义确立了思维方式和思想方法，即强调过程性和变化性，以过程的观点来看待万事万物以及人的认识和审美过程。正是因为每一实际性都经验着它自身的客观的永恒性，所以每一客观的现实性都具有独一无二的意义。即使未来的完整的现实性尚未确定，但它必然是一种现实性的未来。这似乎又印证了黑格尔关于“合理性”和“现实性”的说法。作为大辩证法家，怀特海为建设性后现代主义确立了过程性思维，以此思维为基本方式，建设性后现代主义才能开始自身的“建设”路程。

## 二

以过程性思维为思维方式，以强调流变性和生成性为基本立场，建设性后现代主义在赞同后现代主义对现代性的本质主义、中心主义和实体主义的破坏态度的同时，始终强调建设性这一基本主张。“后现代主义最有影响力的形式常被称为‘解构’，解构理论对来自于现代、且仍构成为西方文化主流的假定，进行了明确的批判。这一批判工作是有价值的，甚至是必要的。但是一个新世界不能简单地建立在对旧世界的解构的基础上。”[8]在对现代性的种种问题进行后现代性解构的同时，大卫·格里芬正式提出了“建设性后现代主义”的主张，表明了建设性后现代主义与后现代主义的区别在于：前者力图提出一种“候补性的”世界观，而后者始终秉持反世界观的立场——解构理性、经验、真理，并在解构自我、历史和物理世界的过程中强化了世界观是不可能的这种倾向。建设性后现代主义者则不同，在怀特海所提出的“过程性”而非“实体性”世界观之后，他们力图证明这一世界观不仅是可行的，而且是解释世界和改变世界的更合理方式。

区别于现代主义的本质主义和实体主义立场，以柯布和格里芬为代表的建设性后现代主义提出了关系性理论。无论对于人还是物，现代主义始终秉持本质主义的立场，形而上学的本体论追求总是力图把握一物之于他物的优先位置。本质与派生、实体与变体、中心与边缘是万事万物产生的基本逻辑和基调：“自然的终极单位完全没有经验和自我运动。而且，这种形而上学观不是像宣传的那样来自经验的证据，而主要是建立在神学动机和社会学动机之上的。例如，它被用来支持上帝、奇迹和不朽的信仰，并用来证明对（非人类的）自然的开采。”[9]与此相关，在人的认识方式上，身心关系成了现代哲学的某种实质性假定，这一假定又通过物的机械论的自然生成方式得到印证。然而，身心关系却成为哲学的难解之谜。这一问题的无解，正是现代后期放弃世界实在性说明的重要原因。问题的根源恰恰就在于，事件本身在形而上学中服从了实体，事件从属于实体（这在亚里士多德关于存在属性的分类当中能够清晰地看到）。人们认为，事件本身可能并不存在，而存在的仅仅是实体的某种状态。如果能够摒弃现代主义的这一根深蒂固的观念，从事件本身出发，身心关系以及一切现代哲学所难以解决的问题就可以迎刃而解——心灵事件和物理事件不过是同一个事件而已。以事件为出发点，可以发现最为重要的不是事物的本质，而是事物在事件中发生的关系，事件本身就是关系的集合。柯布以关系的方式来说明人的认识过程。例如，某人听觉领悟的过程是在某一事件当中，听到“在先前的瞬间中未曾听到过的声音，……这个声音通过她的身体传给了她。这样，不仅她自己过去的经验流入她目前的经验，而且正在流入和领悟的还有身体的事件——在这种情况下，事件就在耳朵当中。她目前的经验乃是对这种新的声音和她以前听到的声音的整合”。[10]因此，真实存在的只是过程当中的关系，即身心关系、目前的经验与以往的经验、此事件与彼事件。对于物和人来说，生成或合成的过程就是关系性的生成。

相对于作为个体的人的生成性来说，世界本身由于这种存在性处于某种存在状态当中，这一存在状态又通过过去、现在和未来的时间关系来呈现。格里芬引用弗雷泽对于原始时间的理解，认为，“现在”仅仅出现在生物时间的领域，也就是说，现在意味着生命的产生。经验本身是区别过去、现在和将来的依据，它只能伴随着生命形式的产生。于是，人们反复探讨的问题便成为时间与主体认识能力的先在关系，这一问题与身心问题一样使哲学陷入困境。建设性后现代主义不去研究时间的先在性，而是以事件的方式取代时间，经验事件就是世界的基本单位。“如果每一种经验都包括了接受过去事件的影响，即包含了一种自发性的要素（所以，经验并不只是先前事件的产物），和对后继事件影响的一种贡献，那么事件就总是存在的。”[11]事件本身对经验性存在的事实性给予了确证，这也类似于柏格森时间空间化的基本主张。正是由于事件本身的确定性及相互之间的影响性，过去、现在和未来在事件的先后承继中呈现为某种过程性和发展性，这一变化不同于现代意义上的时间观。现代时间观认为，时间是与人的经验无关的均匀流逝者，过去与现在无关，现在与未来无关。后现代时间观则认为，过去、现在和未来呈现为某种相互关照的联系当中，没有过去的事件就没有现在的过程，自然就没有未来的可能。倡导对过去和未来的关心态度，使建设性后现代主义能够解救“正歪歪扭扭地、毫无意义地走向人的自杀”的现代人的生活危机。

与现代主义信赖机械世界观的方式不同，建设性后现代主义信奉有机论。格里芬认为，个体的人的生成关系和群体的世界在过去、现在和未来的相互联系，使得世界在空间上彼此关联、在时间上相互关照，无论人的生命活动还是人与世界的关系都处于富有生机的有机体当中。对于现代性的生存方式来说，获取与占有、人与世界的彼此隔绝、资源的有限与欲望的无限，乃是现代性生活的基本方式。而对于建设性后现代主义而言，处于有机体世界当中的人不可能是绝对自私的，因为在这一世界中，利他主义是一种普遍的原则。每个人都清楚地知道，他们都是共同体的一员，不可能只为自已而活着。同时，绝对的无私也是不可能的，自我总在相对的自私与相对的无私当中关爱他人：“我们对过去的认同已经是同情的一个例证，而且我们对我们的未来利益的关怀也是利他主义的一种形式。它还表明，我们和我们自己的过去与未来的关系并不是一种不同于我们和他人的关系。这一洞见表明，我们在原则上的确能够以一种像爱我们自己一样的方式爱他人。”[12]自我与他者共存于世界这一有机体当中，尊重他者、爱护他者，在某种程度上就是爱护自身。

格里芬在怀特海过程性思维方式的基础上为建设性后现代主义设计了一整套建设性理论——个体存在方式的关系性理论，过去、现在与未来的生成性理论，人与世界关系的有机体理论。以这些理论关照现代之后的生活方式，建设性后现代主义所建设的新生活方式，无疑将使人回到共同体的生活之中，重新获得家园感和亲缘感，以此重新恢复生命和生活的意义。

## 三

怀特海的过程性思维范式为建设性后现代主义奠定了基调，格里芬的关系性、生成性和有机性理论为建设性后现代主义提供了理论依据，接下来的问题就是建设性后现代主义如何在实践领域中展开的问题。批判的武器不能代替武器的批判，物质的力量要依靠物质的力量来摧毁。现代性留下的是满目疮痍的现实世界，建设性后现代哲学家杰伊·迈克丹尼尔对此概括道：对地球、传统的忽视，不顾社区利益而过分强调个性，忽视作为科学推理补充的审美智慧或精神智慧，将理性降格为工具理性的倾向，以及认为一切发展模式都必须遵循西方模式的武断。[13]这一切已经成为现实，成为现实的人的生活世界的一部分。如何以建设性的方式改变现存世界，建设一个理想的世界，建设性后现代主义以“生态主义”和“绿色运动”的方式展开了建设性实践。

柯布、格里芬和克莱顿等建设性后现代思想家们始终坚持生态主义的基本立场，从人与世界的有机体关系来看待问题：“过程思想在前一种意义上（即强调不同层次的个体的相互依赖）是生态学的这一事实，已经得到了强调。它还在第二种意义上（即经验的享受属于现实的所有层次）支持了一种生态学的态度。”[14]从价值的角度看，价值本身具有内在的属人性，自在的价值和自为的价值只能为人所判断，而不会为缺乏享受能力的东西所决定。但是，此类存在的事物因其工具性价值存在也应该获得我们的义务感。这一点在康德的义务论当中就有所涉及，他始终强调，应该把其他人类当作目的本身而不仅仅作为手段。同理，如果将这一限定不仅仅局限于人类现实而是泛指所有现实的话，我们也应该在适当程度上将他们作为目的而不只是作为手段。史怀泽提出的“敬畏生命”，就是对待所有受造物的合理态度。相对于以往的一味强调控制自然、征服自然和利用自然的现代主义立场，建设性后现代主义强调“万物相连，共存共荣”的新立场。对外部世界的无限索取，是对人类自身的深度伤害。正是在这个意义上，格里芬说，“后现代思想是彻底的生态学的，因为它为生态运动所倡导的持久的发展提供了哲学和意识形态方面的根据”。[15]

以生态主义为基本立场，建设性后现代主义提倡一种诗意的生活方式。心灵生态是建设性后现代主义所倡导的新的心灵状态和生活方式。用菲利普·克莱顿的诗来说：“一沙见世界，一花阅苍穹，一掌握无限，一刻系永恒。”海德格尔也曾强调，人应诗意地栖居于大地之上，“诗并不飞翔凌越大地之上以逃避大地的羁绊，盘旋其上。正是诗，首次将人带回大地，使人属于这大地，并因此使他栖居”。诗意的语言使人高于世俗生活，获得更高的精神生活。与此相对应，建设性后现代主义强调的不是诗化的语言，而是对生活世界中过程性和细节性的描述，在过程中体味真实，在细节中体悟世界，在简朴中回归自然。“优美的山野令人心旷神怡，它使我们的精神从人生的忧愁中解脱出来，赋予我们以勇气和希望。奔流不息的大河，使僵化思维活跃起来，得以扩展死板的思维范围。郁郁葱葱的大森林还诱发出对万象之源——生命的神秘感，唤起对生命的尊重意识。”[16]真正的诗意生活是一种心境、一种情感、一种意识、一种生活方式，是一种好奇、惊异于自然之美的生活态度，是一种敬畏自然、情系自然的情绪感受，是一种对自然生命尊重基础上的自我的生命尊重，更是一种人与自然天人合一的和谐态度。这样的生活才是符合现代之后人的根本存在方式的生活。

诗意的生活方式是一种创造性的生活。建设性后现代主义始终强调创造。格里芬指出：“我们同时又是创造性的存在物，我们需要实现我们的潜能，依靠我们自己去获得某些东西。更进一步说，我们需要对他人做出贡献，这种动机和接受性需要及成就需要一样，也是人类本性的基本方面。”[17]建设性后现代主义拒绝重复，渴望创造。怀特海倡导以观念的冒险带动时代的进步，这种创造与现代主义强调复制化、模块化和重复化的生产不同，它强调的是人的创造和创意的独一无二，创造应体现在日常生活的一切领域。这种创造与现代主义强调的物质实践也不同，它更强调人的精神实践，以精神的创造推进人的诗意的生活。这种创造与现代主义片面强调个人英雄主义式的创造过程更不同，它在体现个人创造力的同时强调凸显社会责任感。在建设性后现代主义看来，真正的属人的生活方式应该是区别于现代主义的创造性的诗意的存在方式。

建设性后现代主义的“建设”的根本目标在于，“只有当人们具备了一种后现代精神，只有当人们生活在一个从地球作为一个整体利益着眼的社会中，才会充分发展一种返魅的和自由的科学”。[18]它告诉我们，既然人永远在途中，那么停下来欣赏路边的风景或许比遥不可及的目标更为重要。当现代性的思想方式和生活方式已经在现实生活中屡屡碰壁，建设性后现代主义的思想和生活也许不失为可以选择的另一条道路。

**参考文献**

[1] [8] 柯布：《建设性的后现代主义》，《求是学刊》，2003 年第 1 期。

[2] 卢卡奇：《历史与阶级意识》，商务印书馆 1999 年版，第 47—48 页。

[3] 福柯：《另类空间》，《世界哲学》，2006 年第 6 期。

[4] [5] [6] [7] 怀特海：《过程与实在》，中国城市出版社 2003 年版，第 385、386、387、391 页。

[9] [10] [11] [12] 格里芬：《超越解构》，中央编译出版社 2002 年版，第 11、237、19、303 页。

[13] 王治河：《别一种生活方式是可能的》，《华中科技大学学报》，2009 年第 1 期。

[14] 柯布、格里芬：《过程神学》，中央编译出版社 1999 年版，第 75 页。

[15] 格里芬：《超越解构》，中央编译出版社 2002 年版，前言。

[16] 池田大作、狄尔鲍拉夫：《走向二十一世纪的人学与哲学》，北京大学出版社 1992 年版，第 49 页。

[17] [18] 格里芬：《后现代精神》，中央编译出版社 1998 年版，第 223 页。

# 消费主义的批判与超越

## ——从建设性后现代主义的视角看

陈勇军

随着工业文明的发展，消费取代生产主导着现代经济的发展。以美国为代表的西方发达国家自20世纪50年代开始，相继步入了以消费为主导的社会即消费社会。与之相呼应，消费主义日益成为西方工业文明的价值观和意识形态。消费主义的盛行给现代文明带来了极大的挑战。在全球化时代，消费主义也在潜移默化地影响着现代化进程中的中国社会。批判消费主义，规避其影响，建构一种崭新的后现代生态消费观，无论对于世界还是当下的中国都有理论和现实意义。

## 一　理性主义:消费主义的哲学基础

消费主义发端于西方资本主义发达阶段，既是一种价值观和生活方式，也是一种意识形态，是作为个体的价值观、生活方式与作为国家的意识形态的统一。作为价值观和生活方式，消费主义旨在“把个人的幸福、个体的自由等同于消费，把无限占有物质财富、贪婪追求过度或无度消费作为人生理想”。[1]作为意识形态，西方发达国家普遍将消费主义作为维护政治统治的手段，认为消费即是平等和民主。鲍德里亚曾深刻地指出，消费社会里的所有政治游戏就在于“通过增加财富的总量，从总量上达到自动平等和最终平衡的水平，即所有人的福利的一般水平，以此来消除他们之间的矛盾”。[2]正是在消费主义的作用下，西方社会尤其是美国已经形成了“高生产—高消费—高浪费”的“现代”生产方式和生活方式。

消费主义是如何产生的呢？从建设性后现代主义的视角看，消费主义根源于西方理性主义传统。"现代哲学之父"笛卡儿（黑格尔语）认为，为了追求真理，必须尽可能地怀疑一切，"如果我想要在科学上建立起某种坚定可靠、经久不变的东西的话，我就非在我有生之日认真地把我历来信以为真的一切见解统统清除出去，再从根本上重新开始不可。"[3]这种怀疑不同于否定一切知识的不可知论，而是以怀疑为手段，达到去伪存真的目的，所以被称为"方法论的怀疑"。笛卡儿相信理性的权威，把怀疑看成积极的理性活动，指出一切事物唯有通过理性的内在证明才能获得真实的存在。

以笛卡儿、康德等为代表的现代理性主义，一方面作为启蒙的思想大旗，推动了启蒙运动，开启了现代性的进程，带来了科技和工业令人瞩目的巨大成就；另一方面祛魅了自然，强调人是自然的"主人和占有者"（笛卡儿语），对现代消费主义产生了深远影响，带来了生态危机等一系列严重后果。查尔斯·泰勒在《现代性之隐忧》中指出，现代理性主义导致了个人主义的片面发展、工具理性主义猖獗、温和的专制主义。其对现代消费主义产生的影响，主要体现在以下三个方面。

第一，理性主义以主体—客体二元论来认识世界，强调人是自然的主宰、"人为自然立法"（康德语），以对自然的不断开发和对人的欲望的不断满足作为人生存和发展的理念。格里芬指出，二元论宣称灵魂本质上独立于身体，就此而言，在人与自然的关系上，它是不折不扣的个人主义。[4]个人主义过于强调人的自我中心，导致了利己主义和享乐主义的盛行。消费主义本质上就是个人主义、利己主义、享乐主义的表现和结果。

第二，理性主义日益单向化为技术理性，制造了各种物欲。理性可以分为技术理性（即工具理性）和价值理性。随着自然科学的发展及其在生产中的运用，科学技术逐渐成为现代人的唯一信仰。于是，价值理性被人们遗忘，技术理性占据了统治地位。在技术理性作用下，经济飞速增长、产品日益丰盛，但商品不再是为了满足人的需要而生产，而是为了人的消费而生产。这样，生产日益沦为满足人们消费欲望的工具；加之价值理性的失落，消费背离了需求的本质，其目的仅仅是为了享乐。

第三，理性主义过于强调理性，压抑了人的非理性，使人不可避免地陷入了怀疑、孤独和忧虑之中。而此时，人们"对满意感的寻求也越来越多地借助于'人工'手段，借助于对技术产品的占有"[5]，即只能寄托于异己的物的力量，将消费作为驱赶怀疑、孤独和犹豫的最好方法。这意味着在消费主义那里，“通往自由和幸福之路只有一条，那就是消费，物质的占有成为人今生‘唯一的赌注’”。[6]

其实，自启蒙运动之后，理性思维方式构成了现代性最重要的本质规定。恩格斯对此批评说，“宗教、自然观、社会、国家制度，一切都受到了最无情的批判；一切都必须在理性的法庭面前为自己的存在作辩护或者放弃存在的权利。思维着的知性成了衡量一切的唯一尺度”。[7]因而，以理性主义为基础的消费主义的生产方式和生活方式，造成了人的精神危机、社会危机和生态灾难。诚如柯布所指出的，“现代理性已经把我们带入一个支离破碎的世界”。[8]

## 二　异化:消费主义的批判

建立在现代理性哲学基础之上的消费主义，是一种异化的消费观和意识形态。西方马克思主义和后现代思想家从不同方面对消费主义进行了批判。

第一，重身体消费，轻精神消费。

身体作为人的存在的物质载体，在实践中起基础性作用。马克思指出：“任何人类历史的第一个前提无疑是有生命的个人的存在。因此第一个需要确立的具体事实就是这些个人的肉体组织，以及受肉体组织制约的他们与自然界的关系。”[9]因此，只有拥有肉体组织即人的身体，才能产生人的意识，才能从事社会生产及其他活动。要维持身体的存在，就必须进行身体消费。这里的身体消费包含两层含义：一是从生命维度讲，要维护身体作为生命的存在，就必须满足吃穿住行等需要；二是从审美维度讲，为了维护身体之美，就购买相关商品。

然而，在消费主义那里，身体消费已被异化，成为消费异化的重要表征。身体的消费，无论从生命维度还是审美维度看，其主要目的本应是满足人的生存与发展的需要。但在消费社会中，身体却不再满足生存和发展的需要，而是狂热地追求享受尤其是物质享受，认为只有物质生活的丰富和感性欲望的满足才是最重要的。

身体也不断被市场化，“人们给它套上的卫生保健学、营养学、医疗学的光环，时时萦绕心头的对青春、美貌、阳刚/阴柔之气的追求，以及附带的护理、饮食制度、健康实践和包裹它的快感神话”。[10]身体消费尤其是女性身体消费，成为市场开发的重点和经济的重要增长点。从时装模特到汽车模特，从足球宝贝到篮球宝贝及其他各种宝贝，从选美比赛到各式选秀活动，从减肥、美体到整形、整容的盛行，身体消费的开发可谓无处不在。我们的身体已被市场主导，有灵魂的身体已经变成物化的身体。有学者指出，对于身体的近乎变态的呵护与自恋以及变态的近乎苛刻的控制（特别是身体的外观），正是现代性遗留下来的一个症候。[11]

概而言之，在消费社会，身体已不仅仅是私人的，也是社会的、市场的。消费主义只注重肉体的满足，实质上把身体异化为满足物欲的消费机器。由此，身体的“虚假需求”满足了，却“忽视了人的深度的精神需求”。[12]

第二，重商品符号价值，轻商品使用价值。

在消费社会，商品具有符号价值，消费不再是吃穿住用行等活动，而是它所标识的符号意义。鲍德里亚认为，“物以全套或整套的形式组成。几乎所有的服装、电器等都提供了一系列能够相互称呼、相互对应和相互否定的不同商品”[13]，形成了一系列符号系统。符号系统又构建了意义关系，表征着人的身份、地位和名望。因而，符号价值的重要性已远远超出物的使用价值。消费注重的不再是商品的使用价值，而是它所代表的符号价值。例如，人们对奢侈品的消费不是因为它更美观、质量更好、技术含量更高（即使用价值更高），而主要是因为它更能体现一个人的身份、地位和经济实力。

广告以其独有的编码方式对符号系统进行解读。鲍德里亚指出：“每一幅画面、每一则广告都强加给人一种一致性，即所有个体都可能被要求对它进行编码，就是说，通过对信息的解码而自动依附于那种它在其中被编码的编码规则。”[14]在此，鲍德里亚揭露了广告的目的，即它借助符号意义制造了一个消费群体，它透过每一个消费者瞄准了所有其他消费者，又透过所有其他消费者瞄准了每一个消费者。因而，广告对于符号消费起到了推波助澜的作用，通过心理暗示刺激人们的消费欲望。人们被告知，要像代言广告的文体明星和其他知名人士那样消费，因为他们代表着成功、名望和时尚，人们理应模仿他们，无论是吃穿住用行都应如此。

消费主义者希望通过对符号的消费来展示其生活风格、经济实力、社会地位和权力等，但它却发展到近乎变态的地步。有人甚至宣称：“我所丢弃的东西也代表我的身份与地位。”所以，当下某些人的炫富也就不足为奇了。其实，在消费主义占统治地位的社会里，所谓的幸福只是一种幻觉，所谓的富裕、富有也只是幸福的符号的积累，而不是真正的富裕和富有。

第三，重个体占有，轻自然生态。

消费是无止境的，消费的欲望更是无法克制的，因为消费主义奉行的是“你的消费决定了你的存在和价值”。这样，理性主义的“我思故我在”便发展为消费主义的“我消费故我在”。这种生存方式认为，人类生存的唯一理由就是“把物据为己有和可以将获得的东西保存下去的无限权利”。[15]因而，“作为主语的我不是我自己，而是我的所有物所体现出来的我。我所占有的财产是对我的特性的解释和说明”。[16]这就是说，占有的财富越多，越能证明自我的价值，不管这些财富能不能带来幸福。

在占有欲望的驱使下，“人们越来越不是通过与自然的律动保持和谐的方式，而是通过对自然的控制和支配来寻找这种意义”。[17]人们把自然看作满足自身欲望的工具，从而肆意掠夺自然、破坏自然，但是，我们看不到这样一个事实，即自然界的财富是有限的，终有枯竭的一天，人对自然界的这种掠夺欲望将受到自然界的惩罚。[18]正如杜宁指出的，“从全球变暖到物种灭绝，消费都应当对地球遭受的不幸承担巨大的责任”。[19]

综合上述，异化的消费具有重身体消费轻精神消费、重商品符号价值轻商品使用价值、重个体占有轻自然生态等特征，这更加剧了现代社会业存在的三大危机，即个体的精神危机、社会危机和生态危机。

最后，消费主义造成人与自身关系的异化，加剧了人的精神危机。在消费社会，资本的目的仍在于不断追逐利润而且更为强烈。为了扩大生产、获得更多利润，它利用大众传媒尽其所能地刺激人们的消费欲望，使人相信“幸福就是消费更新和更好的商品”。[20]人们误以为生产和消费的发展是永无止境的，科学技术可以无所不能，因此，人贪婪地消费一切并成为消费机器，把自己全部生活的意义都投射到“物”和“物”的消费之上。

然而，正如柯布指出的，“无论是从经济增长所需要的自然资源还是从技术所能吸收的废物的限度来看，这种无限制的增长都是不可能的。技术能够提高利用资源的效率和减少废物的产生，但它不能从根本上解除这些限制”。[21]而且，“物”给我们的神经不同程度的刺激，并不会使人的内心充满快乐。一种没有快乐的生活又使人去追求新的、越来越富有刺激的享乐。[22]最终，欲望是永难满足的，只能带来无尽的痛苦。

其次，消费主义造成人与社会关系的异化，加剧了社会危机。在消费主义者看来，人的本质就是消费和占有，消费即是其存在的理由与方式。他们把消费什么、消费多少当作建构人的身份的标识和划分社会阶层的根据。这种建立在消费基础上的人际关系，实质上是一种物的关系，极易造成人与人之间的疏离和冲突。例如，在城市社区，富人区和贫民窟的区别是很明显的。富人和穷人生活在不同的世界里，穷人中甚至出现仇富现象。更为突出的问题是，人们将人生的终极目的集中在对物的追求上，其必然结果就是物对人的统治，物成为衡量人的唯一标准，人对物的关心超过了对人的关心，这就必然导致人与人之间的冷漠、疏远、虚伪和怀疑。[23]

最后，消费主义造成人与自然关系的异化，加剧了生态危机。理性主义传统导致了“世界的祛魅”（韦伯语），自然被认为是满足人的欲望的工具。在发展的旗号下，人类对自然采取涸泽而渔的掠夺方式。如今，各种不可再生资源（如石油、各种矿物）遭到毁灭性破坏，由于掠夺的速度、程度远远超出自然的自我调节限度，一些可再生资源（如土地、森林等）开始变得不可再生。消费主义加剧了人类对自然的掠夺和破坏，无度的消费欲望直接制造了大量的生活污染。作为消费大国，美国不到世界5%的人口却消耗了世界40%的资源。这种建立在“高生产—高消费—高浪费”基础上的美式发展模式、消费模式是不可持续的，也是地球无法承受的。

## 三　超越：后现代生态消费范式的建构

建设性后现代哲学奠基人怀特海用关系—过程的观点解释世界，视万物为一有机体，认为世界本质上是一个不断生成的动态过程，自然和生命的分开是不能被理解的，只有两者的融合才构成真正的实在即宇宙。当代世界著名后现代思想家柯布进一步发展了怀特海理论，提出以群体或“共同体中的人”为中心，认为共同体不仅包括人类社会，而且包括大自然。他相信，“人是生态系统的一个有机组成部分”，“只有我们的生态系统繁荣了，我们才会繁荣”。[24]

建设性后现代主义以过程哲学为基础，克服了“主客二分”和“人类中心主义”，建构了人类与自然的新的关系模式，为我们重新认识人与自然、人与人的关系提供了新视角。现代消费主义的根本问题在于，由于理性主义的遮蔽没有正确认识人类与自然（包括物）、人与人的关系。因而，面对现代消费主义造成的种种危机，我们必须反思现代消费模式，建构一种基于人与自然有机联系的后现代生态消费模式。这一模式内在地蕴含着目的、内容和方式三个维度。

首先是生态消费的目的维度。目的维度主要指涉“为什么消费”的问题。消费主义重身体消费、个体占有，其问题在于没有明晰或不愿明晰消费的真正目的。从人的生命过程看，消费是维持生命存续的必要手段，生产只是人的生存、发展的手段，生产本身不是目的，消费更不是为了享乐和炫耀。因而，生产和消费的最终目的都是为了马克思所说的人的“自由全面发展”。它有两个方面的要求：

一是超越占有意识，确立生存意识。占有是人的自然欲望的一种体现，“它使整个的人——肉体和灵魂——都变成了一部消费的机器，或者甚至只是一部机器的一部分，不是积极地，而是消极地；不是生产性的，就是接受性的，在他的工作时间和业余时间里为这一制度效力”。[25]生存注重的则是人的意义世界，通过人的劳动过程而不是消费活动，愉快地、创造性地发挥自我的能力。同时，在这种创造性劳动中体验到人是自然的一部分，自然不是工具，有其独特的价值，与人类融为一体。

二是倡导健康、科学的消费观。健康与不健康相对应，在现实生活中，不健康的消费观与生活方式普遍存在。在美国，成年居民中有2/3属于肥胖或超重。50年前，符合肥胖定义的美国人只占全美人口的13%，如今已高达34%。随着肥胖症引发的各种健康问题，医疗系统承受的负担也越来越重。如今，美国每年用于治疗因肥胖引发的疾病的总花费高达1900亿美元。[26]为了更好地生存和发展，必须倡导一种健康、科学的消费观。

其次是生态消费的内容维度。内容维度主要指涉“消费什么”的问题。从消费的内容来看，人的消费包括物质产品的消费和精神产品的消费，即消费不单指对食品、服装、住房、汽车等物的消费，还包括服务、教育、娱乐、艺术等精神消费。正确处理两者之间的关系，需要做到：

第一，超越物质消费、符号消费，提倡物质消费与精神消费相协调。按照格里芬的理解，人们的消费受各种价值的驱动，这些价值包括接受性价值、成就价值或自我实现价值和奉献价值。[27]这一分析与马斯洛的需要层次理论有异曲同工之妙。他们都强调，在满足了生理需要等基本需要之后，人应当追求更高级的需要即精神需要。其实，人的消费内容反映了人的审美智慧。消费山珍野味的人必定不懂得欣赏自然之美；炫富之流也必定审美低俗。诚如弗洛姆所说，“消费活动应该是一个具体的人的活动，我们的感觉、身体需要和审美趣味应该参与这一活动——也就是说，我们在消费活动中应该是具体的、有感觉的、有情感的和有判断力的人；消费活动应该是一种有意义的、富有人性的和具有创造性的体验”。[28]

第二，坚持适度消费原则。对于整个社会来说，适度消费是指与国情及经济发展水平相适应的消费；对于个人和家庭来说，适度消费是指与收入水平及社会风尚相适应的消费。适度消费与不足消费、过度消费相对应，是消费的“德性”。无论对于社会还是个人和家庭来说，不足消费或压抑消费不利于人的全面发展，而过度消费则漠视“代内公平”、“代际公平”，必然造成对自然生态的极大破坏。而且，“人也是自然的一部分，所以，对自然的剥夺也是一部分人对另一部分人的剥夺；环境恶化也是人类关系的恶化”。[29]

最后是生态消费的方式维度。方式维度主要指涉“如何消费”、“怎样消费”的问题。建设性后现代主义在人与自然的关系上主张人与自然之间是一种动态的平衡关系，人与自然应该和谐共处。在消费方式上，体现为绿色的消费方式和生活方式。

绿色消费是一种可持续消费的消费方式。可持续消费主要是指当代人满足消费发展需要时不能超过生态环境承载力的限制，消费要有利于环境保护，有利于生态平衡。它既要求实现资源的最优和永续利用，也要求实现废弃物的最小排放和对环境的最小污染。

绿色消费践行低碳生活。低碳生活指的是生产、生活时减少对大气的污染和对臭氧层的破坏，减缓生态恶化。低碳生活代表着更健康、更自然、更安全的生活，同时也是一种低成本、低代价的生活方式。低碳生活要求人们树立全新的生活观和消费观，减少碳排放，促进人与自然和谐发展。

绿色消费追求诗意的存在。追求诗意的人，“不向生存的事实屈服，推重精神生活，过一种崇尚自然的简朴生活，懂得欣赏大自然抒情而生动的意蕴，因此他是天然的生态主义者”。[30]诗意地生活，也是一种创造美的生活。在怀特海看来，“世界的目的就是创造美。因为，任何类型的事物，只要从广义上说是美的，就有理由存在下去”。[31]这种创造性的美体现在对消费主义生活方式的消解、对人类精神生活的颂扬以及人与自然的融合即“天人合一”中。

**参考文献**

［1］［6］［30］王治河、樊美君：《第二次启蒙》，北京大学出版社 2011 年版，第 420、425、440 页。

［2］［10］［13］［14］鲍德里亚：《消费社会》，南京大学出版社 2008 年版，第 29—30、120、3、116 页。

［3］笛卡儿：《第一哲学沉思集》，商务印书馆 1986 年版，第 14 页。

［4］［5］［17］［27］格里芬：《后现代精神北京》，中央编译出版社 2011 年版，第 23、211、211、212—213 页。

［7］［9］《马克思恩格斯选集》第 3 卷，人民出版社 1972 年版，第 56、24 页。

［8］柯布：《从怀特海过程哲学角度审视现代性》，《马克思主义与现实》，2007 年第 2 期。

［11］陶东风、朱国华：《关于消费主义与身体问题的对话》，《文艺争鸣》，2011 年第 3 期。

［12］Jay McDaniel. *Living from the Center: Spirituality in an Age of Consumerism.* St. Louis: Chalice Press, 2000, p. 146.

［15］［16］［18］弗洛姆：《占有还是生存》，生活·读书·新知三联书店 1989 年版，第 82、83、10 页。

［19］［22］杜宁：《多少够算——消费社会与地球的未来》，吉林人民出版社 1997 年版，第 36、124 页。

［20］［28］弗洛姆：《健全的社会》，中国文联出版公司 1988 年版，第 136、

134 页。

[21] 柯布：《现代经济理论的失败：建设性后现代思想家看全球金融危机——柯布博士访谈录》，《文史哲》，2009 年第 2 期。

[23] 李海鸥：《马克思异化理论视域下的消费主义批判》，《理论学刊》，2013 年第 1 期。

[24] 柯布：《超越西式现代性，走生态文明之路》，《中国浦东干部学院学报》，2012 年第 1 期。

[25] 马尔库塞：《工业社会和新左派》，商务印书馆 1982 年版，第 90 页。

[26] http：//www. chinanews. com/gj/2012/05 －02/3858980. shtml.

[29] 福斯特：《生态危机与资本主义》，上海译文出版社 2006 年版，第 75 页。

[31] Whitehead. *Adventures of Ideas*. New York：The MacMilian Company，1954，p. 341.

# 全球视野下的生态文明“榕树理论”与“潘多树理论”

## ——基于后现代主义的生态文明理论模型

张修玉

后现代主义是20世纪60年代以来在西方出现的具有反西方近现代体系哲学倾向的思潮，70年代后被哲学家、神学家和生态学家开始经常使用的一个词。当代美国活跃的建设性后现代主义思想家大卫·格里芬就说：“如果说后现代主义这一词语在使用时可以从不同方面找到共同之处的话，那就是它指的是一种广泛的情绪，而不是一种共同的教条，即一种认为人类可以而且必须超越现代的情绪。”这样一来，不同时期具有这种反现代传统理论倾向包括生态文明的理论流派都可归于后现代主义。

将“生态文明”归为后现代主义，正是出于对“工业革命”的反思。众所周知，在过去的300年间，由西方世界主导的以极度崇尚物质产品为特征的现代工业文明在给人类带来空前的物质繁荣、创造了史无前例的物质文明的同时，对我们这个美丽星球的巨大破坏也是史无前例的。生态上如此，社会上如此，精神上也如此。越来越多的科学和哲学研究表明，现代工业文明正在把人类带上了一条自我毁灭的不归路。“超越现代工业文明，走向后现代生态文明”，是后现代主义所追求的终极目标。

榕树是广泛分布在我国南亚热带地区的桑科榕属高大乔木，其特点是在潮湿的空气中能产生大气生根。著名作家巴金的散文《小鸟天堂》中的小岛实际上就是一棵巨大榕树，气生根扎入土中，长成新的树干，覆盖了整个小岛，形成独木成林的效果。

随着党的十七大提出建设生态文明，十八大把生态文明建设放在更加突出地位，提出“五位一体，建设美丽中国”的总体战略部署，十八届三中全会要求“紧紧围绕建设美丽中国深化生态文明体制改革，推动形成人与自然和谐发展的现代化建设新格局”，十八届四中全会明确提出“依法治国，用最严格的法律制度保护生态环境，促进生态文明建设”，十八届五中全会将“生态文明建设作为‘十三五’时期国民经济规划的重要任务”，中国如火如荼的生态文明实践日益在华夏大地生根成长。这种“自上而下”的生态文明建设模式与榕树的生长模型非常契合，因此，中国生态文明建设的过程模型可以称为“榕树理论”。

潘多树，是美国犹他州无性系颤杨林，也是地球上最古老的树木，其特点是由一棵小树苗发展到一个由基因相同的树构成的庞大家族，它们具有相同的根系。其寓意是，全球人类都是“生命共同体”，生态文明新时代的到来，将惠及“生命共同体”的每一个成员。

由于西方欧美发达资本主义国家国土开发早已定型，经济结构早已优化，环境保护早已成熟，社会制度相对完善，因此，现阶段生态文明不再是西方发达国家政府战略推进的抓手，更多的是体现在民间社会道德、生态伦理、过程教育与生态哲学方面。可见，西方发达国家生态文明实践的主体主要是美国“中美后现代研究院”这样一些民间非政府组织。这种“自下而上”的生态文明实践模式与潘多树的生长过程非常相似，因此，西方发达国家生态文明的过程模型可以称为“潘多树”模型。

党的十八大报告中明确提出，“要倡导人类命运共同体意识，在追求本国利益时兼顾他国合理关切，在谋求本国发展中促进各国共同发展”。习近平总书记在多个场合、多次演讲中几十次提到人类“命运共同体”。“命运共同体”作为追求人类大同社会的后现代主义发展模式，与生态文明的“自上而下”的“榕树理论”和“自下而上”的“潘多树理论”两个理念不谋而合。因此，中国应和国际社会一道，深化合作共赢，构建人类命运共同体。

中国的生态文明建设崇尚“天人合一”的道德观、“人与自然和谐平等”的价值观与“以资源为基础适度消费”的发展观，这与欧美发达国家致力于构建“绿色低碳的生活环境、健康祥和的社会环境、自由持续的发展环境”的目标在本质上是相同的。虽然当今世界存在着不同利益群体、不同宗教信仰、不同意识形态与不同社会制度，但生态文明这个桥梁将使我们和平共处，理性选择我们共同的未来，让科技成果更多、更公平地惠及人类福祉。只有打造利益共同体和命运共同体，人类才能真正迈入生态文明新时代。

# 过程思想与教育问题

# 怀特海与后现代教育

俞懿娴

> 虚无主义站在门前，这怪异的客人究竟来自何方？假如我们以为虚无主义来自“社会沮丧”（social distress）或者“生理衰弱”（physiological degeneration），更有甚者，说是来自腐化，那可就错了。我们的时代是最正直的、最具悲悯情怀的时代。无论是灵魂的、肉体的，或者是理智上的困顿，都不会造成虚无主义。这些沮丧可以有许多不同的诠释。但其中有一种特别的基督教的道德诠释，是虚无主义的根源。[1]
>
> ——尼采

在 1885 年至 1886 年之间，解构性后现代主义的先驱尼采（1844—1900）宣告欧洲虚无主义的来临，遂令 20 世纪西方当代哲学发展出一股澎湃汹涌的浪潮，淹没了传统的观念、理想、价值与意义。这股浪潮既反对传统权威与文化理想，也不满于现代科学理性与科技资本主义的社会。时至今日，在 21 世纪初，后现代已不知不觉地成为我们生活的一部分。无论中西，所有经过现代化洗礼的社会，不可避免地陷入了“后现代的状况”。[2]教育作为后现代生活中不可或缺的一环，无论其理论与实践均受到这种后现代氛围的影响。对于许多西方当代教育思想家而言，现代教育正是最具现代精神的启蒙之子。普及教育，传授知识，使大多数人从无知愚昧中解放出来，其背后的预设便是现代或现代性。[3]重视批判理性、推崇个人自由，强调科技进步带给人类福祉，这些启蒙运动的特质影响所及，使得现代教育家以培育自动自发、自主自立的理性主体为要务。而后现代则以推翻理性、系统知识、自我意识和主体为己任，以寻求由潜意识、语言、权力和欲望构成的“去中心的主体”（decentred subject）为其特色。[4]如此一来，后现代可以说在本质上是反教育的思潮，又如何可能使之成为教育的助力？

当代过程哲学[5]的奠基者怀特海（1861—1947）可说是20世纪西方最伟大的形而上学家。当形而上学成为众矢之的之际，怀特海和极少数的哲学家却仍坚持形而上学在哲学上的必要与价值，使他在当代哲学或后现代哲学中扮演了重要角色。当代哲学家们，如海德格尔、维特根斯坦、新实用主义者、生理主义者以及法国的后结构主义者，在批判反省现代科学世界观与传统哲学之余，全盘否定且进而企图瓦解建立世界观与系统哲学必备的观念、理想、价值、意义、目的、自我、神圣性与上帝等概念，使得他们的哲学陷入相对主义和虚无主义的泥沼无法自拔。怀特海虽在其哲学发展之初也曾以批判现代世界观为主要课题，反对科技理性、实体化的主体、表象认识论以及传统的上帝观，但他仍肯定哲学的形上思辨功能，认为哲学的任务在“批判抽象思想”。[6]同时，怀特海维护传统理性价值，认为理性实为文明人类追求懿美人生的原动力，进而根据新科学提供的线索，推翻科学唯物论，跳脱传统哲学二元论，建立了机体哲学。

《过程与实在》一书的修订者格里芬认为，当代哲学家中，以怀特海为核心的五位哲学家——美国实用主义的先驱皮尔斯与詹姆士、法国生机论者柏格森、过程哲学创始人怀特海以及其追随者美国哲学家哈茨霍恩——虽然都对现代性作过强烈批判，但并未因此走向否定一切的虚无主义，都当得起“建构的或修正的后现代哲学家”（constructive or revisionary postmodernism）之名。[7]格里芬曾明确指出，怀特海哲学是一种“建构的或修正的后现代主义”，不同于“解构的后现代主义”，偏狭地以文学艺术的形式取代传统哲学的系统论证，以反世界观来超越现代主义：“建构的或修正的后现代主义所以能超越现代世界观，不在于取消世界观的可能性，而在于借着修正现代世界观的预设与传统观念，建构后现代世界观。建构的或修正的后现代主义统合了科学的、审美的以及宗教的直观：不反对科学，只是反对科学主义，因为后者只容许科学提供建立世界观的材料。”[8]如果格里芬所言不虚的话，那么怀特海既为后现代哲学指引了新的途径，也为后现代教育开创了新的契机。本文拟就三部分探讨这个课题：首先将说明后现代主义的“反现代”（anti - modernity）——尤其是反现代理性、反逻各斯中心——与反传统的基本特性；其次说明怀特海哲学及其与后现代主义的异同；最后说明后现代教育的危机以及怀特海哲学为后现代教育提供的新视野。

## 一 “反现代”的后现代主义

后现代主义是当代哲学中最受广泛讨论且最不明确的概念。后现代应与现代相对；然而自 17 世纪笛卡儿开启现代纪元之后，至今吾人仍自许为现代人。19 世纪浪漫运动之后，欧美文艺界发展出打破传统、对抗宗教、刻意叛逆、伸张个人意志、重视自觉的种种文学、绘画、建筑、音乐、舞蹈、戏剧以及各类平面的与立体的艺术，乃至社会批判、心理分析、意识形态诠释等思想活动，无一不可看作是现代主义的表现。“二战”以后，美国文艺界有感于现代主义运动的萧条，才提出后现代主义一词展示新意，以追求现代主义的新高潮。于是 20 世纪六七十年代的建筑、舞蹈、绘画、文学、电影、音乐、广告乃至各种的社会批判运动（如女性主义、性别运动、解放神学以及环保运动），均被广泛地冠以后现代主义之名。从欧美大众文化、艺术发展的角度来看，后现代主义并非与现代主义对立的概念，只是现代主义的延续发展、推陈出新而已。[9]

不过，哲学上的后现代却是与现代对立的概念。现代以肯定个人理性、社会进步、重视科学知识、役用物质自然为特征，后现代则以批判质疑个人理性、对抗科技文明、否认系统知识、排斥传统文化为主要诉求。后现代主义的发展源远流长，最早的先驱甚至可以溯及 18 世纪哲学家休谟、卢梭和康德。休谟否定人有先天理性，反对天启上帝、人格同一性（personal identity）以及外在世界的存在等非理性主义的主张，导致宗教与知识的怀疑论。卢梭反对启蒙运动中以为科技带来社会进步的观念，主张情感而不是理性才是人类的本质，激发了浪漫运动的开展。康德则否定传统形而上学赋予理性直观事物本质的能力，批判并限制理性活动的范围，以先验主体（transcendental subjectivity）取代外在世界的客观性。他虽然肯定纯粹实践理性的自律功能，但他对纯粹理论理性的批判已为后现代反理性的思潮播下了种子。马克思以历史唯物论解释理智与精神的活动，认为哲学思想不外乎是受到个人社会经济背景和政治地位所决定的意识形态。在尼采之前，他们都为非理性主义与后现代主义播下了种子，虽然他们的哲学并没有因此而免遭当代后现代哲学家的抨击。

然而，当代西方后现代主义以尼采的超人哲学为滥觞，后来的海德格尔的现象诠释学、维特根斯坦的语言哲学、弗洛伊德的精神分析、梅洛·庞蒂的知觉现象学、哈贝马斯的批判理论，以及列维－施特劳斯的结构主义，都曾为稍后的后现代哲学家与后结构主义者（如拉康、福柯、德里达、德勒兹、列文那斯、利奥塔等）提供了理论基础，这其中又以拉康、福柯、德里达、利奥塔较具代表性。

拉康是一位精神分析学家，深受弗洛伊德和海德格尔的影响。他结合哲学与心理分析，提出“四种交谈”（the four discourses）的理论。所谓交谈是指“以言说（speech）为媒介表达人类相关性（human relatedness）的形态”，即作为“社会纽带”（social bond）的言说。拉康认为这样的交谈有四种：大师的交谈、学者的交谈、歇斯底里者的交谈以及精神分析师的交谈。哲学是大师的交谈，和精神分析师的交谈正好相反。因为在哲学思维中，人的主体常被抽离；但在精神分析过程中，所有人都必须直接接触具体独特的主体。于是，拉康运用语言结构的分析，批评传统形而上学有关“存有”的讨论仅涉及有意识的思想，无法涉及反映人原初的、特殊的、经验的语言言说。[10,11]

福柯虽然否认自己是结构主义者，但常被人归属于结构主义。他的思想深受尼采的影响，兼采马克思和弗洛伊德的学说。福柯的基本立论，是借西方文明之历史病态、变态（癫狂、犯罪、性压抑、行为异常）反西方哲学理性传统。[12]他一方面宣称康德先验主体与人文主义已到尽头，另一方面又以“去中心”（decentring）的方式为人类知识提出新的解释计划。他在《知识考古学》中指出，19 世纪之后，近代思想使历史分析成为连续论域（discourse continuous）——这里的论域是指文化各种形态的总和——以及让人类意识成为所有历史发展与行动的原初主体。他说：“而这思想的主题便在以各种方式抗拒所有的去中心，确保主体性的独立主权，并以人类学和人文主义作为两大支柱。抗拒以化约、经济决定和阶级斗争之间关系的历史的分析——这原来是马克思所运作的去中心化，提供了 19 世纪末期人们追求整体历史的一个空间；在其中所有不同的社会可以化约为一个单一形式，一个单一世界观的组织，以建立价值体系与一种和谐形态的文明。接着对抗由尼采系谱学所运作的去中心化，该说反对使理性成为人类的目的与原初基础，并将整个思想历史与保存理性和维护目的论联结起来。最后，近来心理分析、语言学和人种学的研究，将去中心的主体与他的欲望的法律、语言的形式、行动的规则、神秘或不可思议思考的游戏关联起来，那么人自身就变得清楚了，有关他是什么的质疑，不能解释他的性欲和他的潜意识，他的语言的系统型式或者他的虚构的规律性。”[13]这样的知识系谱学（genealogy of knowledge）充分发挥了“权力即知识”的含义，以“权力和欲望”解释所有人类知识的发生、起源、关系与作用[14,15]，从而颠覆了理性、甚而先验主体性在认识上的地位。

德里达受到海德格尔的影响，也擅长运用后结构主义的方法研究语言。在他的主要哲学著作（如《论文法学》、《言说和现象》以及《著作和差异》）中，他企图发展一种解构即分析、批判和瓦解西方形而上学或理性中心论的学说，以表明以往的哲学概念与理论不仅不能反映事物的本性，反而为了保持其自身体系的稳固不惜排除各种矛盾与悖论的做法。解构的工作便在于解开这些矛盾与悖论，使人重视存有的在场（presence）而非空洞的意识本质。德里达拟以一种非先验的、去中心的、无目的的主体取代启蒙运动以来的理性主体。[16]

利奥塔与上述哲学家类似，对现代科学提供的“宏大叙说”（grand narratives）提出了批判。基于现代启蒙精神，哲学家们曾提出精神辩证学（the dialectics of spirit）、意义的诠释学、理性或工作主体的解放以及财富创造等各种理念。现代哲学以为知识至上，足以引领人类走向美满的生活。这一蕴含哲学史的“后设叙说”（metanarrative），试图为科学知识提供正当性。利奥塔对这样的“后设叙说”提出质疑，并以后现代的概念与之抗衡。后现代质疑以康德为代表的人即价值的人文观，利奥塔甚至指出把“野蛮儿童”与“文化成人”对立起来的教育是“非人性的”。在高科技社会压制之下，不愿被压迫的人应保留不满、批判和抗争的异质性。[17]

上述后现代哲学家的学说虽各有千秋，但大致而言，不出以下共同特色：[14,18]

第一，对理性与终极原理的批判。后现代哲学家对现代科学理性和形上原理多持批判态度，他们都否定有所谓的必然的、普遍的、绝对的知识与原理，也不相信有先验知识和自明的给予性（self - evident givenness）。他们对形而上学家追求事物的终极基础和整体性不以为然，更不相信人有理智直观的能力，可以洞察事物的必然本质。因此，无论是在知识论还是在价值论上，后现代哲学家的立场近乎相对主义的可误论（fallibilism）和有限论（finitism）。他们总是以因时因地制宜的规则和规准的偶然性以及共约性（conventionality），以不可共量（incommensurable）的语言游戏、生活方式，以不可化约的多元性以及特定的时空性，来取代普遍性与必然性。于是，后现代哲学家经常抨击知识与价值的先验论、永恒论、整体论和一元论，他们津津乐道的是经验的、可误的（fallible）、因历史文化而变异的、异质的、零碎的、不确定的、不可共量的东西，是各种言辞叙说和语言游戏，他们否定任何形式的终极基础。

第二，对自律理性主体的批判。后现代哲学家对肯定人类为自律主体的启蒙思想多持质疑态度，他们既反对将心灵视为感觉原子的集合，也否认人是理性自律的主体。原则上，他们大多采取“有限本体论”（an ontology of finitude）的立场，认为人是“有缺陷的造物”（a creature of deficiencies），不认为人在理论上是潜在的、理想的、自我透明（self - transparent）的存有。后现代哲学家受弗洛伊德心理分析说的影响，肯定潜意识心理的作用大于意识精神的作用，非理性的作用大于理性。他们还受尼采超人哲学的影响，认为在客观概念形成以前，人心已经先受到主观的前概念（preconception）的影响，欲望和权力意志正是所谓理性的核心。在原则上，意识结构内在的社会性格、思想范畴和行动原理的历史和文化的变异性，乃至社会生活与生产方式变迁之间的相互影响，才是影响主体构成的因素。或者说，社会经济权力结构性的因素决定了人的意识形态。心灵既然受到物质力量的决定，便不能与肉体相对立，理论也不应当与实践相对立。能知的主体具体而实际地参与了现世，思想的结果中有我们的意图和计划、激情和兴趣留下不可磨灭的痕迹。于是，后现代哲学家指出，现代哲学往往站在中心主义的立场上，将所有现象都归诸于单一的中心即一个原理、一种意义、一种精神、一种世界观。这种以理性为中心的构想，将具有异质性、差异和权力欲望的主体抹杀了。于是，后现代哲学家转而要求认识和道德的主体去中心，进而贬抑先验理性和自律主体的构想。他们主张，主体性和意向性是语言所揭露的世界的元素，不能先于多样的生命形式和语言系统。换言之，主体性和意向性只是不同生命形式的功能，不是构成世界的基础。

第三，对知识为表象的批判。现代哲学的表象论主张，在认识主体之外有一个独立客观的世界可以正确地被表象在我们的心中。后现代哲学家则认为，主客不能如此区分，没有无需语言的“给予”(a linguistically naked “given”)，相同的内容可能和不同的语言架构结合，使我们产生不同的认识。[14]知识的对象总是已先被诠释，坐落于特定架构之中，是文本的一部分。而认知的题材本身，则是认知者想要诠释的这个世界的一部分。换言之，理论上由人心所形成的无关利害的表象世界，正是以我们活在这个世界为条件的。而人心所形成的表象世界的种类，正是我们看待世界、与世界接触的种类。质而言之，在逻辑命题和科学知识背后，有着我们对世界看不清晰、说不明白的领会。而我们本身是这世界中的行动者，一个有欲望和方向、但从来不曾能自我控制的行动者。因此，如果有人以为自己是能摆脱肉体和现世影响的能知主体，那是不切实际的。所有的知识都有其背景，而那背景是无法完全被客观化的。因此，无论是柏拉图式的绝对真理还是现代科学的表象论都无法说明知识的社会与权力结构。

第四，重视语言的修辞和美感层面。现代哲学家往往将语言视为表达普遍意义的符号系统，认为科学和哲学语言应当限于有真假值的逻辑论证，其成分则为清晰的概念。后现代语言哲学家则认为，语言是揭露人的主体与世界真相的不二法门，哲学的语言不仅局限于逻辑论证，更应当涉及神话、修辞、诗学、虚拟故事和诠释比喻的解构，以及对现代性“后设叙说”的批判。后现代哲学家对文学、语言和修辞的重视与古希腊的辩士（the sophists）十分接近，他们都认为掌握真理是不可能的，应以对人群的说服（persuasion）取而代之。因此，对于知识与道德的取得、真与善价值的把握，后现代哲学家大多放弃理性主义的充足理由律，改以“理由不充足律”（the principle of insufficient reason）取而代之。他们受到尼采和海德格尔的影响，惯用解构方法破解语言形上统一的意义，进而寻求语言因主体的“此在”（Dasein）所反映的人生差异。[19]

第五，重视语言与知识的政治社会结构。现代哲学将知识和科技视为推动社会进步和改善人类生活的动力，后现代哲学家对此持保留态度。他们大多认为，科技知识带来支配性权力，造成人类社会的不平等，而缺乏支配权力的阶级则受到压迫与剥削，自然环境与生态受到浩劫。因此，必须正视知识政治权力的层面。社会生活的方方面面对于意义和价值的认定乃至日常使用的语言本身，都摆脱不了权力和政治的因素。因而生活在后现代处境的人们应当知道文本、书写和反思的重要。反思不只是要对自己的偏见和观点有自觉，而且要透过语言、交谈和文本来认识自身的偏见和观点。因而对于后现代哲学家来说，了解人类如何构成语言和了解语言如何构成人类一样重要。[20]其中的关键，便在重视语言的政治、社会与文化层面。

综上所说，后现代主义无论在知识还是在价值上，可说是一种反理性的非理性主义，反同质的多元主义，反绝对的相对主义，反永恒的现世主义（secularism），反普遍的差异主义，反集体的个人主义，反传统价值与意义的虚无主义，也是主张语言和权力重于真理与事物本质的语言哲学和知识社会学。

## 二　怀特海哲学与反现代思潮

怀特海原先是一个数学家与数理逻辑学家，从1914年起到1924年之间，他开始致力于自然科学哲学的研究，探讨自然科学知识的原理以及自然的概念。这些研究具有高度的原创性，他的早期思想以认识论为主要课题。他早期有关自然科学哲学的著作包括《思想的组织》（1917）、《自然知识原理探究》（1919）、《自然的概念》（1920）、《相对性原理》（1922）。怀特海根据20世纪科学的新发现即相对论与量子物理学，一再批评17世纪科学兴起以来的自然概念以及现代世界观的基本预设——科学唯物主义，这一主题一直持续到他出版《科学与现代世界》这本名著。1925年，怀特海在《自然知识原理探究》再版“序言”里希望不久的将来能将这些书（即《自然知识原理探究》、《自然的概念》、《相对性原理》）中的观点具体呈现在一本更为完整的形而上学著作中。[6]果然，不久之后，他的第一本形而上学著作《科学与现代世界》就出版了。在“序言”里，他强调，哲学是“对宇宙论的批判”（the critique of cosmologies），其功能是“协调、更新以至证明那些对于事物性质的不同直观”。《科学与现代世界》代表了怀特海机体哲学发展的第二个阶段，是他的思想由自然科学哲学过渡到形而上学和宇宙论的一部最重要的著作。

《科学与现代世界》出版之后，怀特海接着出版了《形成中的宗教》（1926）、《象征系统其意义与作用》（1927），分别探讨了理性宗教与知觉认识“象征指涉”（symbolic reference）的功能。不久，怀特海接着出版了《过程与实在》，这本书可以说是他的形而上学的灌顶之作（magnum opus），他的机体哲学在本书中发展到了最完整的阶段。[21]整体而言，怀特海的形而上学极其抽象复杂，各种理论之间如蛛网关联，艰深难解，学者认为堪与康德的《纯粹理性批判》、黑格尔的《逻辑》相匹比。在《过程与实在》之后，怀特海还出版了《思想的形态》和《观念的历险》这两本书，其重要性虽未超过《过程与实在》，但对于语言、价值与文明等概念着墨甚多，可说是他的文化哲学的重要依据。与前述后现代哲学相似，怀特海在本体论上采取了多元论，但他未曾陷于有限论。他批判了科学理性，但并未否定人为理性主体。在知识论上，他驳斥了表象论，肯定认识主体与认识客体的关系，但并没有否定知识的客观实在性。对于语言文字，他也反对完美语言的概念（如科学和数学语言），但并未因此陷入语言游戏。下面，我将先简要介绍怀特海的学说，[22]再说明他与后现代哲学之间的关系。

第一，现实实有与多元实在论。怀特海一贯的哲学立场是与莱布尼茨的单子论十分接近的多元实在论，他主张这个宇宙世界是由无数的真实事物构成的。这些基本的、最终的实有，莱布尼茨称之为“单子”，怀特海称之为“现实实有”（actual entities）或“现实事态”（actual occasions）。在《过程与实在》中，怀特海形容现实实有是不断生成变化的，是经验的点滴，是具体而不抽象、复杂而非简单、彼此相关而非孤立的原子。世界上有无数个现实实有，或渺小如微尘，或崇高如上帝。[23]现实实有各具不同功能，各有不同意义，各属不同等级。[23]现实实有是具有当下经验（immediate experience）的“摄入主体”（prehending subject），透过对永恒对象的概念摄入（conceptual prehension）以及对其他现实实有的物理摄入（physical prehension），不断变化生成的。变化生成的过程也是现实实有自我创造的过程，它能将先前的现实实有客体化并与之结合为一体，产生新的单元，也会因为永恒对象的“契入”（ingression）而有所改变。简而言之，在怀特海的形而上学体系中，真实的主体是不断与外界相关、摄入的机体（organism），它既不是死寂的物质，也不是去中心的主体。自然就整体而言，是一种“创生进程”（creative advance）。

第二，摄入与泛主体论（pan - subjectivism）。“摄入”是怀特海晚期形而上学的一个重要概念，首见于《科学与现代世界》。他为了强调时空关联中的经验内容有含摄其他事物的功能，特别铸造了“摄入”这个名词。这里所谓的“经验”，不限于发生在有意识存有的身上，即使是无意识的无机物也可以是有经验的。怀特海特别引用了培根的“知觉”（perception）概念，指出任何两个物体之间只要有相吸或相斥的作用，或者物体发生变化，那么在变化发生之前都先有知觉的作用。物体的知觉要比感觉更灵敏，是我们觉察不到的。[6]在一般用语中，“知觉”一词有强烈的认知理解的意义，“摄入”可说是“非认知的体会”（uncognitive apprehension）。[6]此外，“摄入”还有贝克莱“经验”一词的含意以及“心”的作用。怀特海提出“摄入”的概念，针对的是“简单定位”（simple location）的概念。根据他的分析，科学唯物论预设的“物质”概念具有“简单定位”的性质。对这类唯物论者而言，物质是赤裸裸的事实，这种事实只占据点尘空间与刹那时间。物质之质点彼此不相连属（discontinuous），只有外在关系。时空是抽象的、物理测量的架构，与物质也没有本质的关系。而“摄入”则具有统合作用，显示时空连续交迭的事实。[6]“简单定位”的物质是时空孤立的抽象观念，“摄入”则是处于时空情境、与其他事物整体相关的具体事实。以“摄入”取代“物质”，以“摄入统合”取代“简单定位”，才能避免“误置的具体性之谬误”。总之，“摄入”、“知觉”或“感受”，是现实实有与其所处环境交互作用的管道。“摄入”的关系使得实有成为互摄有机的整体，同时超越了心物二元的对立，打破了有机物与无机物的界限。这使得许多学者认为怀特海的“摄入论”是一种“泛经验论”、“泛心灵论”（panpsychism）或“泛主体论”。[23,25,26,27]根据“摄入”理论，知觉不是心灵表象的结果，而是知觉主体与其他事物之间的有机关联。

第三，永恒对象论与价值论。“永恒对象”也是怀特海晚期形而上学的一个重要概念，首见于《科学与现代世界》。事实上，早在自然哲学时期，怀特海便已提出“对象”的概念。对象是我们认知到事件永恒不变的抽象性质，虽然对象必须存在于事件的时空关联中，必须契入事件，但就其本质而言却是超越时空的。如此一来，怀特海的“对象”和柏拉图的“理念”、桑塔亚那的“本质”一样，都是超越时空、永恒不变的事物。[28]“永恒对象”显示事物不变的特征，永恒的层面终至形成事件本身与事件之间固定的模式。简单地说，模式就是事件固定的内在结构与外在关系。雪花总是六角形的，音乐总有一定的旋律，桌子椅子、鸟飞鱼跃、电子旋转都有一定的样式，这些都是模式。模式也是一种永恒对象。不论是简单模式还是复杂模式，都是对事件的限制，换言之，都是决定事件有限形式的必要条件，这正是事件价值之所系。[29]宇宙间没有不相连属的事实，也没有孤立的价值，所有事物的性质与价值均取决于它在整体中的作用与功能。反之，整体的价值也受到个体的塑形，不断发生演化。于是，怀特海将价值论与机体论相结合，肯定价值不仅涉及事物的特殊现前（specious present），事物的实现性，也涉及事物的过去与未来，事物的可能性与潜存性；甚而涉及超越一切事物与时空的永恒性。怀特海以实现性即价值的构想，将价值与事实结合起来，也将实现性与潜存性熔于一炉，既超越了现代科学只重事实、否定价值的基本立场，也超越了后现代哲学将价值虚无化的做法。

第四，语言文字与文化观。怀特海对语言文字的产生与作用有独到的看法，认为语言文字不仅表达思想，是经验的象征，还能激发思想以外的情感和行动。语言文字的产生使人有别于禽兽，得以记载累积过去的经验，进而激发新的人类经验，再将之具体化为语言文字，踵事增华，使文明日益进步。语言文字之为文明系统性的表达，不仅只有文明人才能以高级复杂的语言表达情思，也唯赖语言文字的教化，人才能成为文明人。怀特海显然知道语言文字和人类经验之间有极其复杂的关系，他肯定语言必须精确，合乎逻辑，但他也提醒我们语言的作用在于使人抽离具体的情境，抽象的语言无法涵盖全面的经验以及经验所在的环境。宇宙中所有存在的事物都是彼此相关的，而语言所表达的经验也是人透过文明的相互沟通所共享的。透过语言，文明人能共享律法、道德信念、社会习惯、文学艺术、历史兴衰以及科学知识。[30]于是，从事实是整体相关的观点出发，怀特海一方面承认语言无法完全表达事物的真相；另一方面仍抱乐观的态度，肯定语言是表达经验和沟通意义的重要方式。

可见，怀特海的学说确实包含了反现代的后现代因子，但又不同于一般流行的后现代主义，他对现代的批判不是彻底地解构与否定，而是积极地建构与取代。下面，我从世界观、表象论、科学理性以及语言这四个方面说明怀特海哲学与后现代主义之间的异同。[31]

第一，对现代世界观的批判。怀特海的哲学与后现代主义一致，其出发点是对现代科学世界观的批判。他根据20世纪相对论与量子物理学的新发现，一再批评17世纪科学兴起以来的自然观。自然或宇宙最终的事实不是科学唯物主义以为的存在于刹那定点的物质，而是处于连续不绝时空中的机体。在《自然的概念》和《科学与现代世界》中，怀特海指出，现代科学中三度进向的绝对空间观与一度进向的绝对时间观以及孤立的质点观，实为理智高度抽象作用的结果。绝对时空中的物质质点概念既不符合常识经验，也经不起新科学的挑战。就此而言，后现代哲学家或多或少也都受到科学新发现的影响放弃了绝对时空观，甚至放弃了绝对真理与知识。只是他们的不满并没有让他们发展出新的替代理论来，只有怀特海提出了自然世界是“创生进程”的学说，以不断更新的创生世界取代了唯物机械的死寂世界。

第二，对知识表象论的批判。知识表象论是科学唯物论的自然产物。怀特海指出，根据科学唯物论，自然既由无数质点构成，则人透过感官知觉认识到的外在世界的色声香味触等性质，不过是心理主观的呈现(presentations or representations)。真正的物质世界无声、无色、无臭、无味，非感官所能及。感官所及的世界虽鸟语花香，却不具真实性。于是，知识的表象论造成了“真实的世界不可知，可知的世界不真实”的后果，这便是所谓“自然的两橛的谬误”(the fallacy of the bifurcation of nature)。怀特海对知识表象论提出批判，和后现代哲学家是一致的。但后现代哲学家因此而否定知识的系统性、合理性与一致性，怀特海则不然。怀特海肯定系统知识，认为变迁的事物中仍有永恒的元素。认知是有机的活动，能知与所知必须处于时空相关的环境之中，彼此有机相关。认知不仅是认识主体的主动活动，也是被认识客体契入主体的过程。主客交融，能所不离，不能以此废彼，因而怀特海不像后现代哲学家那样，诉求“去中心的知识”。

第三，对科学理性的批判。后现代主义的重要特征是对现代理性的强烈批判与不信任，反理性主义与非理性主义充斥着后现代哲学家的著作中。他们似乎认为，现代的特征是科学，而科学的特征是理性。因此，反现代的后现代哲学家对于理性即科学理性总是不假辞色。就此而言，怀特海有不同的观察。他认为，科学理性本身也是反理性的，因为科学理性只追求事物发生的起源，而排斥思辨理性所追求事物的终极原因，且轻视理性认识整体的功能。现代科学运用理性不在于取得对宇宙人生更完整、终极的看法，而在于提出精确的方法，考察局部的事实。思辨理性的功能则不受制于方法，以深入探讨事实背后的普遍理由的方式超越一切方法。事实上，科学的目的原本在于寻求一套能完备而精确地解释经验事实的理论，这样的目的本身应当是理性的。只是科学家们往往以为只要运用科学方法便可达到这样的目的，而怀特海认为这种想法却是不理性的。[32]如果我们不能对宇宙有完整的、形而上的理解，便无法清晰明确地了解任何构成我们宇宙经验的命题。然而科学理性的一大特征便是反对传统形而上学，即排斥寻求事物终极性的解释，放弃对宇宙人生的整体认识。进而言之，怀特海认为，思辨理性的目的在于提出一套说明现阶段宇宙普遍特质的“范畴系统”（categorical schemes）来解释人的全面经验。由此可见，怀特海的基本哲学信念与归趋（philosophical commitment）和后现代哲学家大异其趣。他为传统理性功能辩护，并强调理性是文明的、合乎逻辑的思维，是人类渐次由生物求生层次发展到追求懿美人生的真正动力。与此相比较，解构性后现代哲学家不是将理性视为科学理性、科技理性、工具理性甚或沟通理性，便是以理性为无稽之谈、有待解构的对象。在他们看来，非理性才是主导人类活动的力量。[33]

第四，对“完美语言”的批判。现代哲学默认每个单字都有字典上的意义，每个语句都可以抽离具体环境，有完整的思想，无涉于任何其他事物。怀特海则认为，这项预设是错误的，他称之为“完美字典的谬误”（the fallacy of perfect dictionary）。[31]语言有逻辑的一面，人类心智高度抽象的发展默认了逻辑。逻辑语言清晰明确，对知识而言，十分重要。不过，语言也有感性的一面，人的情绪、欲望、意图、利害、想象、感受均有赖于语言的表达。只考虑逻辑层面，不涉及人类心智的其他层面，是一种高度的抽象。怀特海强调，我们必须兼顾语言逻辑与感性这两个层面，使之相互协调，才能有助于人类适应自然环境，创造高度文明。就此而言，怀特海的立场显然不同于采取“语言学转向”（the linguistic turn），致力于解构语言、解构意义和解构文化的后现代哲学家。[14]

综上所说，怀特海与后现代哲学家一致，在其哲学思想发展之初曾对现代科学世界观、科学理性、知识表象论以及逻辑语言提出反省与批判。但与后现代哲学家不同的是，怀特海肯定哲学的形上思辨功能，进而根据科学新发现所提供的线索建立了他的形而上学；为理性主义传统辩护，肯定理性主导人类经验与文明的思维功能；重视语言的作用，肯定语言是人类相互沟通的工具。所以，虽然怀特海和后现代哲学家都对现代不满，但他并没有因此否定建立世界观必备的元素：理性、意义、价值和文化。

## 三 后现代教育危机与怀特海哲学

后现代毕竟是现代的产物，是现代化社会中的一种趋势，也是现代教育无法摆脱的处境。所谓现代化，是指经济发展对社会结构产生的冲击，其基础在于工业化、科技发展、现代国家、资本主义世界市场、都市化和其他公共建设等表征。伴随着现代生活的发展，产生了世俗化（secularization）的文化变迁。现代人重视自我，强调个人成长，而电子媒体和信息科技对现代生活也日趋重要。所谓后现代化，则与服务业的发展和后工业社会的形成有关。现代生产中心、工厂和大规模制造业的重要性已被消费中心所取代，企业和金融服务、大型购物商场、娱乐中心、主题公园等等的发展，已不再拘泥于传统制造生产的模式。因此，以生产为导向的现代转而成为以消费为导向的后现代。[34]另外，后现代对现代所标榜的科技进步大感怀疑。因为现代化带来的欲壑难填、疾病饥荒、战争毁灭以及为了经济成长造成的生态破坏，使得人们无法相信现代所保证的持续进步。因此，后现代不再接受现代的合法性，转而诉诸去中心的知识和去中心的主体，诉诸消费主义，诉诸超现实的虚拟情境。换言之，在后现代，人们可以无限制地发展感性，不断享乐，体会新经验，满足欲望，不受先验理性和阶层价值的限制。为了满足感性生活，后现代放弃了高层次的文化而趋下流，后现代文化成为迎合大众口味的庸俗文化，其肤浅、胡闹、嬉乐可以到达败德丧行的地步。[34]处于后现代氛围中的教育，不免陷于下列危机：

第一，现代教育理论与思想基于现代理性的要求，应有系统性、合理性和一致性，这与后现代反系统、反理论的主张不兼容，造成后现代的教育理论混乱纷杂，莫衷一是。混乱的理论无法提供稳定合理的原则，更无法为教育的实施提供适当的指导与策略。

第二，现代教育作为启蒙之子，认为教育是实现启蒙理想——培养个人的批判理性、实现个人自由、促成社会进步以及增进人类福祉的不二法门。但是，这种理想教育所预设的教育家和受教者，都必须是具有内在潜能且自动自发的理性主体。教育是一种由内而外的启发，受教者的潜能一旦实现，便成为能自律的、有意向的行动者。后现代否定理性自律的主体，倡言对多元价值和差异的容忍，诉求去中心的主体，使得主体性的概念模糊不清。如此一来，施教者与受教者、教师与学生的角色与目标也不免混淆不明。恰如洛黎（Lar Lovlie）所说，后现代对理性主体的批判“像一把利刃插进了西方文化最珍爱的理想中，那便是以人格自律作为教育的目标”。[34]

第三，现代教育肯定逻辑概念与科学知识，认为知识的传授是教育的主要工作之一。而后现代则挑战构成知识的既有概念、结构和层级，强调知识的社会与政治含义，往往使得教育陷于课程组织和教材教法的争议。换言之，只要我们不从知识与逻辑的结构组织课程与教材，转而侧重知识的社会与政治意义，那么家长、教师、课程与教材制订者等相关人士，必然会因为彼此的政治与社会立场不同而争议不休。所以，许多后现代主义一旦融入学校的实际活动，不但无法重构稳定的课程，反而受到后现代文化的影响，时时改变，缺乏一致性。

第四，现代教育最大的缺陷便是只重事实，不重价值。后现代主义在这方面不但不能补苴疏漏，反而采取更为极端的个人主义和虚无主义立场，使得人类价值荡然无存。而教育是价值导向的活动，在缺乏价值共识的情况下侈言教育，简直就是缘木求鱼。

面对后现代的处境与危机，21世纪的教育必须寻求新的出路，怀特海哲学为此提供了重要线索。

第一，提供了后现代教育之系统的、合理的、具有一致性的理论与思想。怀特海哲学历经长期发展，从自然哲学发展为一种系统严密的形而上学——过程宇宙论。其学说一方面提出对现代的批判，一方面涵盖形而上学、本体论、认识论、价值论、美学、语言哲学与文化哲学，虽未必尽善，但已涉及所有与教育有关的重要层面。对后现代教育家而言，怀特海的理论虽然艰深，但比起后现代哲学家捉摸不定的理论，当能使人有先难后获之感，当有助于教育理论的厘清。

第二，肯定思辨理性，补救科学理性，提供了教育理性的基础。教育的主体是人，否定人是理性自主的主体，等于否定了教育的可能。怀特海虽然对科学理性不假辞色，但他并没有因此全面否定理性，反而肯定理性的思辨功能。他承认非理性的作用，但并不认为理性与非理性是不相容的。他相信人作为具有自我创造能力的机体，透过整全教育的引导，当能使人类心灵的理性与非理性功能达到平衡。

第三，肯定有组织的知识和复杂分歧的个别经验，提供了逻辑理性与感性经验平衡的课程。怀特海哲学本质上是理智主义的，但也特别重视人类宗教的和审美的经验。因此，在课程安排上，如果采取怀特海的观点，当重视知识的逻辑性、结构性与发展性，其内容将力求德智兼修，情理协调，不致因此而废彼。

第四，提供了教育统合事实与价值的基础以及事实之间、价值之间相关的理念。教育是价值导向的活动，离开价值便无教育可言。我们可以透过训练、灌输、洗脑，习得知识与技能，但这些都称不上是教育。古希腊辩士毕达哥拉斯鼓励人向他求教，他宣称“凡从我学的，每天都会变得更好”。[35]而“变得更好”，正是教育的本质。现代思维只重事实不重价值，或称价值中立，或称根本没有价值，对教育造成了极大损伤。后现代哲学家将价值虚无化的做法，只是冰上加霜。怀特海不但肯定事实就是价值，而且强调没有孤立的事实与价值。[6]事实与事实之间、价值与价值之间交相关联，构成有机的整体。站在机体哲学的立场，教育与人类文明的其他方面（社会经济、政治权力、宗教信仰、艺术创作、科学技术）无不紧密相关。教育的功能在于，透过提升价值的活动使人类经验得到全面发展。凡真、善、美、圣诸般价值的追求，都是教育活动的目标。因此，怀特海哲学不同于后现代哲学的以偏概全——以潜意识解释意识，以权力欲望解释理性，以社会政治结构解释理智活动，以意识形态解释思想，以语言解释存在——足以提供后现代教育有机整体的价值观。

## 四 结 语

自17世纪科学兴起以来，西方的现代化历经近四百年的变革，急剧影响人类的生活；西方的现代化成为其他非西方国家争相效仿的对象。然而，现代化带给人类的不仅是科技进步、资本累积、民主自由以及社会效能，同时也带来兵连祸结、武器竞赛、环境污染、生态破坏、人道式微、心灵崩溃种种恶果。尼采在20世纪初预告虚无主义的来临，毋宁独具真知灼见。只是以尼采为代表的解构性后现代哲学家并没有为人类文明在现代之外寻求积极的、建设性的解决之途，反而自陷于后现代情境无法自拔。解构性后现代哲学的本质是反理性、反人道、反价值的虚无主义，也是一种反教育的思潮。无可否认的是，当前教育同样陷入了后现代情境，但这不是说教育应当顺应后现代的趋势与思潮，往反教育的方向走去。严格地说，没有所谓的后现代教育，只有陷落于后现代状况的教育（Peters，1995）。[36]后现代教育是一个自相矛盾之词；即对以现代性为本质的活动进行反现代的改革，因而不免沦为以一种反教育的思潮。如此做法，岂不是缘木求鱼？在这样的情势之下，怀特海哲学不但洞悉了现代的弊端，而且提出了积极的建设性的取代方案。他以思辨理性补救科学理性之失，以事物的整体相关性取代事物的孤立性与原子性，以事实即价值取代价值中立，以逻辑与感性兼备的语言功能取代抽象的科学语言，值得探索21世纪教育新契机的有志之士深思。

**参考文献**

[1] Nietzsche, F. *The Will to Power*、trans. Walter Kaufmann and R. J. Hollingdale, edited by W. Kaufmann. New York: Random House, 1967, p. 7.

[2] Jean - François Lyotard, *The Postmodern Condition: A Report on Knowledge*. trans. Geoff Bennington and Brian Massumi, foreward by Fredric Jameson. Minneapolis: University of Minnesota Press, 1984.

[3] Jurgen Habermas, *The Philosophical Discourse of Modernity Twelve Lectures*. trans. Frederick Lawrence. Frankfurt: Suhrkamp Verlag, 1985, pp. 16—17.

[4] Robin Usher & Richard Edwards. *Postmodernism and Education*. London: Routledge, 1994: 1 - 5.

[5] Douglas Browning (ed.), *Philosophers of Process*. New York: Random House, 1965.

[6] Alfred North Whitehead, *Science and the Modern World*. New York: Macmillan Company, 1925.

[7] David R. Griffin, "Series Introduction", vii – x in D. R. Griffin, J. B. Cobb, Jr., M. P. Ford, P. A. Y. Gunter & P. Ochs (eds.), *Founders of Constructive Postmodern Philosophy Peirce, James, Bergson, Whitehead, and Hartshorne*. Albany: SUNY, 1993.

[8] David R. Griffin, "Post – Modern Theology for a New Christian Existence", John Cobb's *Theology in Process*. Philadelphia: Westminster Press, 1977.

[9] Ann Kaplan, E., "Introduction" in E. Ann Kaplan (ed.), *Postmodernism and Its Discontents Theories, Practices*. New York: Verso, 1993, pp. 1 – 9.

[10] William J. Richardson, "Lacan and Non – Philosophy", in Hugh J. Silverman (ed.), *Philosophy and Non – philosophy since Merlau – Ponty*. London: Routledge, 1988, pp. 120 – 126.

[11] Malcolm Bowie, "Jacques Lacan", in *Structuralism and Since From Levi – Strauss to Derrida*. edited with an Introduction by John Sturrock. Oxford: Oxford University Press, 1979, pp. 116 – 153.

[12] Foucault, M.. *Madness and Civilization*. translated by Richard Harvard. New York: Pantheon, 1965.

[13] Foucault, M.. *Archaeology of Knowledge*. trans. A. M. Sheridan Smith. London and New York: Routledge, 1972, p. 14.

[14] Baynes, K., Bohman, J. & McCarthy, T. T. (eds.), *After Philosophy: End or Transformation?*. Cambridge: Massachusetts, The MIT Press, 1991.

[15] Hayden White, "Michel Foucault", in *Structuralism and Since From Levi – Strauss to Derrida*. Edited with an Introduction by John Sturrock. Oxford: Oxford University Press. Hayden, pp. 81 – 115.

[16] Jacques Derrida, *Speech and Phenomena, and Other Essays on Husserl's Theory of Sings*, trans. David B. Allison. Evanston: Northwestern University Press, 1973.

[17] Jean – Franciois Lyotard, *The Postmodern Condition: A Report on Knowledge*, trans. Geoff Bennington and Brian Massumi, foreward by Fredric Jameson. Minneapolis: University of Minnesota Press, 1984, pp. 1 – 23.

[18] Hugh J. Silverman (ed.), *Philosophy and Non – philosophy since Merlau – Ponty*. London: Routledge, 1988.

[19] Hans – Georg Gadamer, "Destruction and Deconstruction", in D. P. Michelfelder

& R. E. Palmer (eds.), *Dialogue and Deconstruction The Gadamer - Derrida Encounter*. trans. Richard Palmer and Diane Michelfelder. Albany: SUNY, 1989, pp. 102—113.

[20] Robin Usher & Richard Edwards. *Postmodernism and Education*. London: Routledge, 1994, p. 15.

[21] Elizabeth M. Kraus. *The Metaphysics of Experience A Companion to Whitehead's Process and Reality*. New York: Fordham University Press, 1979.

[22] 俞懿娴:《怀特海形而上学研究》,《东海大学文学院学报》,2004 年第 45 期。

[23] A. N. Whitehead, *Process and Reality*. New York: Macmillan Company, 1929, p. 18.

[24] David R. Griffin. "Charles Hartshorne", in D. R. Griffin, J. B. Cobb, Jr., M. P. Ford, P. A. Y. Gunter, P. Ochs (eds.), *Founders of Constructive Postmodern Philosophy Peirce, James, Bergson, Whitehead, and Hartshorne*. Albany: SUNY, 1993, p. 202.

[25] Charles Hartshorne, "Panpsychism", in Vergilius Ferm (ed.), *A History of Philosophical Systems*. New York: The Philosophical Library, 1950, pp. 442—452.

[26] Charles Hartshorne, *Beyond Humanism: Essays in the Philosophy of Nature*. Nebraska: University of Nebraska Press, 1968, pp. 165—177.

[27] Lewis S. Ford, *The Emergence of Whitehead's Metaphysics*. Albany: State University of New York Press, 1984.

[28] George Santayana, *Scepticism and Animal Faith Introduction to a System of Philosophy*. New York: Dover Publications, Inc, 1955, pp. 67 - 98.

[29] A. N. Whitehead, *Essays in Science and Philosophy*. New York: Philosophical Library, 1947, p. 109.

[30] A. N. Whitehead, *Modes of Thought*. New York: Macmillan Company, 1938, p. 70.

[31] 俞懿娴:《怀特海与后现代世界观》,《东海大学文学院学报》,2003 年第 44 期。

[32] John Cobb, Jr., "Alfred North Whitehead", in *Founders of Constructive Postmodern Philosophy*, pp. 165 - 195.

[33] A. N. Whitehead, *The Function of Reason*. Princeton: Princeton University Press, 1929: 4ff.

[34] R. Usher and R. Edwards, *Postmodernism and Education*. London: Routledge, 1994, p. 8.

[35] Plato, Protagoras, trans. W. K. C. Guthrie, in Edith Hamilton and Huntington

Cairns (eds.), *The Collected Dialogues of Plato Including Letters*. New York: Pantheon Books, 1961, p. 318a.

[36] Tony O' Connor, "Foucault and the Transgression of Limits", in M. Hugh J. Peters (ed.), *Education and the Postmodern Condition*. Westport, Connecticut: Bergin & Garvey, 1995, pp. 136 - 151.

# 怀特海的认识论及其对中国教育学发展的启示

杨　丽　温恒福

百岁的中国教育学正在面临自己以及人类生存与发展的挑战，无论是本质主义，还是反本质主义都很难拯救陷入困境的中国教育学，宇宙及教育世界的联系性、复杂性、多样性，迫切需要一种令人确信的综合性的洞察力，一种能够把诸多知识碎片整合为某种一般的、内在一致的、统一体的思维方式，怀特海的有机哲学迎合了这种需要。相信追求心灵与身体、事实与价值、守恒与变化统一的怀特海的认识论与中国文化的结合会给中国教育学发展带来新的思维。中国教育学发展，既应有大胆的思辨，也应在逻辑和事实面前的全然谦卑，这应该是中国教育学的生存之道。

## 一　怀特海有机哲学的知识观与认识论路线概括

A. N. 怀特海是建设性后现代哲学的奠基者，他对现代性的批判不是彻底地解构与否定，而是积极地建构与取代。他认为哲学的美是多方面的，并非只能在关于第一原理的“发生的—功能的”解释和“数学的—形式的”解释之间作出抉择，他的哲学追求是融合这两种解释[1]，这也是他的认识论的追求。但他并没有单独探讨认识论问题[2]，而是通过本体论解决认识论问题的[3]，其认识论是蕴含在摄入（prehension）理论之中。他的知识论、认识论路线可概括为以下内容。

### （一）世界是有机体，知识具有整体性，哲学要追求一般观念

“现实世界是一个过程，该过程就是诸现实实有（actual entity）生成

过程”[4]，在生成中，“现实实有相互关涉，其原因是它们相互摄入”[5]，“考虑到可忽略不计的关联，应该说，每一个现实实有都在每一另外现实实有之中”。[6]即在某种意义上，每一事件是另一事件性质中的一个因素，如此，现实世界是由组成它的所有“现实实有”或者“事件”不断编织的一个动态的、相互共生的网状体系，是有机的、联系的和过程的，事件之间相互内在，世界就是这样的一个有机体。这个有机体体现在知识上就是知识具有整体性和有机性，有着“活着”的特点，各类知识之间相互联系和影响，全体和局部融会贯通，息息相关，牵其一即动其余，依存于体系而生长。所以，“所有的一般真理都是互为条件的，且脱离了由更广泛的基本概念建立的相互关系，也不能解释它们的应用范围。”[7]故形而上学的追求要体现宇宙的整体性，要进行“宏大叙事”，“要构建一个由诸一般观念构成的一致的、逻辑的、且必然的体系，根据这一体系，我们经验中的每一成分都能得到解释。”[8]可见，怀特海与解构性后现代哲学家不同，他肯定哲学的形上思辨功能，这种建构也是在为传统理性功能辩护。

### （二）宏大叙事对宇宙阐释是近似的，体系要有开放性

有感于牛顿物理学的命运，怀特海认为哲学家不可能指望最终制定出形而上学的第一原理。洞察力的微弱、语言的贫乏以及想象力的不足就是阻止达到这一目的的顽强障碍，人们“只能造就出一种近似的原则体系，这一体系只能根据哲学家欲满足的理想来定义”。[9]

体系是必要的，但不要夸大其作用，怀特海批评以往哲学所犯的两种夸大错误：[10]一是“具体性误置的谬误”，即把本是抽象的东西看成是具体的了。他认为，以牛顿、笛卡儿等为代表的17世纪实体哲学所犯的错误就是“具体性误置谬误”，他们一点也不提实体、简单位置是一种抽象，结果人们普遍把它们当成具体的了，认为其哲学是普遍真理，夸大了哲学作用。或许如此，基于实体信仰之上的“现代性”“本质主义”遭到后现代的猛烈批判，如针对实体，尼采说“问‘自在’之物是什么样子的，根本不问我感官的感受性和理智的能动性，因此我们应该这样来回答上述提问：我们怎么知道有这样的事物呢？‘物性’乃是我们首先创造的”。[11]怀特海也认为“实体”不是“具体”的，而是一种抽象，但与尼

采不同的是，他认为“第一原理”就是抽象，不可能具体，所以它是发展的，“我们必须清楚地懂得，我们不是从明确的前提出发来论证的。哲学正是对前提的探索。”[12]因而，体系必须开放，要不断扩大理解。怀特海认为尼采犯了一种教条主义谬误，“这种谬见相信：哲学的合用假设的原则都是清楚明白的而不可改良的。于是，从这一谬见出发，哲学滑向了另一极端，那便是抛弃方法。哲学家们自负地声称，他们不拥护任何体系。……于是他们推论道：理智在本质上是与错误的虚构联系在一起的”。[13]哲学所犯的第二种夸大错误是“在肯定性和前提方面错误地估计了逻辑程序。不幸的是哲学中一直都有这样一种看法：哲学方法就是要执着地说明各自清晰、分明而确定的诸前提，然后在这些前提下建立起一个思想的演绎体系。但是，精确地表达终极一般概念，这是哲学讨论的目的，而不是其起因。……检验一个理性主义的体系，应该是看它的第一原理是否有普遍意义的成功，而不在于它们在特有事物上是明确的，或最初的时候是清晰的”。[14]他感慨道，“困扰哲学家的过失是：仅仅是人，他们却努力从上帝的观点去观察宇宙”。[15]这大概也是他的另类后现代哲学的体现吧。

### （三）“是其所是，在其所在”都要认识，守恒和变化都要坚守

事物的“是其所是”是重要的，但把认识仅局限于此，怀特海并不赞同：一是“主词和谓词、实体和质量、殊相和共相”不足以描述世界，这种描述忽视，甚至违背了“我们在行动、希望、同情中所表达的，以及我们虽鲜能用文字分析却确实享有的直接经验”；[16]二是“现象与实在这一二分法并未覆盖全部的经验。它只涉及正在被谈论的直接事态的客观内容，而略去了它的主体形式”；[17]三是现象并不都是派生的性质。[18]广义相对论的原理直接否认了亚里士多德的名言：一个实体不在一个主体之中，相反，根据这一原理，每一个现实实有都在每一个另外的现实实有之中。[19]正因如此，怀特海才采用摄入一词来表达一个现实实有借以造成它自身对他物凝聚的那种活动，也因如此，“一个现实实有不能被共相所描述，甚至不充分地描述也不行，因为其他的现实实有确实能描述任何一个现实实有。”[20]怀特海认为“实体”也好，“现实实有”也罢，并不为“持久的性质”、“在数量上保持为一”的本质所描述，在对现实实有描述

中，“本质”是需要的[21]，但描述是不充分的。

机体哲学认为“现实实有，凭借着它之所是，也就有了它之所在。它确实在某处，因为它是某个有着与它相互关联的现实世界的现实物。”[22]一个现实实有是结合了自身同一性和自身多样性的，既有其确定性（definiteness），又有其位置（position）。对现实实有的认识就是对诸摄入的分析，包括“是其所是，在其所在（what it is and it is where it is[23]）”，即抽象本质和实在本质两方面：[24]一种是分析构成其自身生成的过程，关注的是现实实有的“是其所是”，是“抽象本质”的分析，是确定的和形式的方面，属于“数学的—形式的”的解释，表现为一个复杂的永恒客体，是关于事实的认识。一个现实实有是如何生成的，这决定该现实实有是什么，由此，对一个现实实有的两种描述并非是相互独立的[25]，它的“存在”是由它的“生成”构成的，这就是非常重要的“过程原理”。一个现实实有是一个过程，这个过程本身就是现实实有构成的过程，是现实实有自身之所是，是现实实有形成的东西。怀特海认为在一个现实实有生成过程中，当它根据自身在行使作用时，它便在自我构成的过程中发挥若干作用，同时又不失去自身同一性。这种“自身同一性”就蕴含着它的“是其所是”，它用“抽象本质”来表示。这种本质是我们在教育研究和实践中最为关注的，一直纠结于此，深陷其中。

另一种是分析在其他现实实有生成过程中它的“客观化”的潜在性，关注的是现实实有的“在其所在”，是“实在本质”的分析，是含有变化的方面，属于“发生的—功能的”的解释，是关于价值的认识。所谓客观化指的是一个现实实有的潜能在另一个现实实有中得以实现的那种特殊方式。[26]由于每一事件都是另一其他事件性质中的一个因素，任何一种存在物都只有根据它与宇宙的其他存在物相互交织的方式才能得到理解[27]，根据它的形成与消亡来理解，此分析就是这方面的追求。它将现实实有“分析成它的最具体的诸成分，揭示出它是诸摄入的合生；诸摄入来源于它的生成过程中”。[28]“其意便是对形成有关现实实有的那些现实实有的关系及相互关系进行全面分析”，“要标明该实有在‘何处’，也就是说，要标明它在实在世界中的地位”。[29]怀特海说这是现实实有在自身之外之所是。“一个现实实有的诸‘作用’，就是它介入合生诸过程而不是它自己的过程的诸活动。”[30]这是一种对现实实有动态的、过程的、关系的分析，是近代认识论所忽视的，这种忽视使教育研究陷入诸多困境，引起人们对教学认识论的批判。

“在任何意义上存在的任何事物都有两个方面，即它个别的自身以及它在宇宙中的意义。同时，这两个方面的任何一方面都是对方的一个因素。”[31]我们应清楚“不能把存在从‘过程’中抽象出来，‘过程’和‘存在’这两个概念是互为前提的。……关于过程的‘点’这个概念是谬误的，‘点’这个概念意味着可以将过程分析为没有过程的最后实在的结构”。[32]“过程和个体性相辅相成。在分离中一切意义都消散了。……个别事物也只有根据它们所包含于其中的过程才能被理解。”[33]这是有机思维的整体性、联系性、过程性的具体表现。认识事物就是认识其本质，就是“将过程分析为没有过程的最后实在的结构”，抛弃了过程，空谈本质，抽象当具体，犯了“具体性误置的谬误”！“在事物的本质中，具有两种原则。不论探讨哪一个领域，它们都可能以某种特殊形式体现出来。其中一个是变化的原则，另一个是守恒的原则。任何实在的东西都不可能缺少这两个原则。只有变化没有守恒，便是从无到无的过程，最后汇集时，只能得到一种转瞬即逝的‘不存在的实有’。光有守恒没有变化也没法守恒。”[34]就这样，怀特海坚守了本质、统计规律等事物的确定性一面，同时把不确定性、差异性、多样性融入了他的本质观，体现了其哲学的建设性。

### （四）认识包含三个因素：主体、资料和主观形式

怀特海认为每种摄入都包含三个因素：一是进行摄入的主体，也就是那个现实实有，在其中该摄入是一个具体成分；二是被摄入的资料；三是主观形式，它表明该主体是如何摄入该资料的。存在着多种主观形式，诸如情绪、评价、目的、反感、厌恶、意识等。被摄入的资料，也称为客体[35]，它可能是现实的，也可能是潜在的。每一个现实实有都可以是主体，如此，怀特海保留了主体和客体的区分，但同时拒斥了相伴随的各种认识论和形而上学的二元论。他认为意识是经验之冠，但并非是经验的必然基础[36]，经验的基础是情感性的[37]，是主体形式，所有现实的客体都曾是主体，而且所有的主体都成了客体。这就避免了主客二分的对象化思维，即把世界分为主体和客体，主体是那些其经验正在被考察的人，客体

则是任何被经验到的东西。这种主客二元论一直是近代认识论的出发点，是人们批评较多的地方。主客二分的对象化思维也渗透于教育中，一定程度上促使学生自主性缺失、师生关系扭曲、教育与生活脱离等。

主观形式也称“感情的调子”，它决定摄入“在经验事态中的效应。经验如何构成自身取决于经验中的诸种主观形式的错综构成”。[38]似乎正是因为在认识中引入了“主观形式”概念，才使经验深处发挥着主导作用的因果效验知觉被发现，进而怀特海提出符号指称，使“世界”与“意义”、“事实”与“价值”之间建立联系，走向了统一。以往“认识论中所流行的传统的抽象观念，离经验的具体事实是很遥远的”[39]，它略去了至关重要的“主观形式”，造成了对通过内在情感获得宇宙信息的轻视甚至遗漏、对身体经验的忽视，认识中没有情绪、目的等主观形式，也就没有意义和享受，没有审美经验和艺术。

缺少主观形式的认识论，在教育理论上产生的诸多难题，如使“形象、感受、情感体验、非理性等”[40]因素在教育理论中难有“合法”地位；再如，由于身份意识、意图、习性这些与主观形式密切相连的因果效验经验被排除在认识论之外，追求确定性的教育理论无法解释由此带来的实践中的不确定性，使教育理论研究陷入困境。怀特海的认识论使主观形式、身体经验、因果效验经验逻辑地成为教育理论研究的内容，教育学不再是“目中无人”了，教育学可能会从对确定性的“科学”追求中走向更开阔的视野。

### （五）因果效验、直接表象、符号指称是认识的三个阶段

怀特海发现知觉并非只有感官知觉，还有与身体证据密切关联的非感官知觉，即“因果效验”，它是具体的、沉重的和原初的身体知觉。感官知觉他称之为“直接表象”，直接表象和因果效验两种方式之间的相互作用，称为“符号指称”，因果效验、直接表象和符号指称是认识的三个阶段。

认识的初级阶段是因果效验的反应阶段。所谓因果效验知觉方式是对直接过去的直接知觉，直接过去是那样一个或一组事态，它进入经验而在它与眼前的事实之间却没有任何可感知的媒介插入。这些“原始经验是情感性的感受，在它与一个彼岸的关联中被感受到。该感受是盲目的，该关联也是模糊的。……这种原始的感受是‘矢量感受’，也就是说，它来

自遥远而明确的过去，指向遥远而待定的将来。但是，该感受主观地根植于当前事态的直接性中：它就是该事态亲自感受到的东西，它来自过去而融入将来”。[41]这可谓对因果效验的生动描述了。“情感性的感受”就是指“继承”或“遗传”而来的“感情调子”，“感情调子”至关重要，“该世界是由它的诸感觉调子组成的，因为那些感觉调子，它因而也是具有效验的”。[42]因果效验知觉的对象有着与直接表象相反的特征，它们“是模糊的、不能控制的，有很重要的情感色彩。它产生这样一个感觉：……一种情感，它属于过去的自我，通向现在的自我，又从现在的自我通向将来的自我；感到一种影响的流入，它来自过去的其他模糊存在物，被定位了但却避开了位置的界定，这一影响对我们接收、统一、享有和传送的感觉之流进行修正、提高、抑制、转移。这是我们普遍的存在感，感到自己作为他物中的一员，存在于一个有效验的现实世界。”[43]或许正是因果效验的上述特征，怀特海感慨道：我们受制于执拗的事实，“通过转移注意力我们可以不让它进入意识，但是，无论是不是在头脑里被分析过，它仍然是一个给定的不受控制的基础。根据它，我们的性格编织自身。”[44]或许正是我们教学认识论中无因果效验知觉，人类经验中剔除此类经验，面对“教育实践的逻辑”教育理论陷入困境。

直接表象就是通常被称为感官知觉的东西，是我们通过感官对当前世界的直接知觉，是一种复杂类型的物质性感受。“表象直接性的纯粹方式并不提供关于过去或将来的信息。它只呈现那个被表现的持续体的一个被演示的部分。它借此而定义了宇宙的一个剖面，但却并未以它自身说明过去处于哪一面，将来又处于哪一面。”[45]所以，表象直接性方式知觉的对象“是分明的、确定的、可控制的，易于直接享有的，而且最少参照过去或将来”；[46]这类经验是生动的，它所展示的空间区域和当前世界内的诸关系尤其分明。如果说，因果效验是认识的最初形式，直接表象就是认识的补充阶段。这两种知觉方式是被一种盲目的符号指称统一在一起的，通过符号指称，来自强烈而模糊的效验方式的补充感觉被突然抛到被直接方式演示的那些分明的地区。[47]

“当人心经验中的某些成分，鉴于其他成分而引起了意识、情感及习惯，这时人心便是以符号在进行活动。前一组成分是‘符号’，后一组则构成了这些符号的‘意义’。造成从符号向意义过渡的那一机体功能活动将被称之为‘符号指称’。”[48]此处的“意义”是指符号引起的“意识、情感及习惯”等。符号指称所始自的那一类知觉对象称为“符号类别”，而符号指称所终于的那一类知觉对象则称之为“意义类别”。但关于一对紧密相关的物类，要决定哪一类是作为符号，哪一类是作为意义，这取决于知觉主体的结构组织，也即符号和意义是能相互转化的。符号指称属于经验后期诸创造性阶段之一，它是在向一个更高阶段的经验过渡过程中所出现的一种合生，在该合生中，以直接表象和因果效验方式进行的摄入被结合成一个感受的统一体。[49]符号指称是直接表象和因果效验两种知觉方式借以融为一种知觉的那一合成活动，[50]是两种方式之间的相互作用。所以，就意识判断而言，它便是将直接方式的知觉对象的证据作为对效验方式的模糊知觉对象进行定位和区分的证据来接受。[51]符号指称虽然在复杂的人类经验中是同时以这两种方式发挥作用的，它却主要被看成是：通过知觉对象以表象直接性的方式所进行的起伏不定的介入，而以因果效验的方式对知觉对象所进行的阐释。[52]人类认识中的“错误主要是符号指称的产物”，真理和错误之所以存在于世界是由于合成的原因，符号指称就是合成活动中的一种原初形式。[53]符号指称知觉方式意义重大，一是由于人类经验几乎总是指以混合形式的参照符号所进行的知觉而获得；二是“形而上学之所以有一些困难，其中一个原因便是它没有适当重视符号指称，结果把‘意义’这个概念归为一种神秘的东西了”。[54]一直以来，思想家饱受“自然的分叉”折磨，你可以选择冰冷无情的客观主义，但必须忍受“意义的失落”；你也可以选择含情脉脉的主观主义，但必须忍受“世界的失落”。有机哲学就是想二者兼而有之，符号指称是“意义”实现的途径；符号转移有赖于构成生命的理性创造力的闪现。[55]

这是一种调和本质主义与反本质主义的认识论，是一种更加现实、包容、过程、整体的认识之路，规律、教育实践的逻辑、确定性与不确定性、身体经验、个体知识等似乎都可以在怀特海的认识论中得到“解”，这一切给教育学研究带来了新的希望，我们的研究需要这样开阔的视野。

## 二　对中国教育学发展的启示

本质主义与反本质主义教育学之争，使人们意识到二者都有合理之处。很多学者认为二者应走向融合，怀特海认识论无疑提供了通向此路的可能，这应是一条更为理想的中国教育学发展之路。

## （一）在理论建构上，追求开放的宏大叙事，强调理解的整体性

或许受解构性后现代思潮的影响，教育研究有反对宏大叙事，轻视理论体系建构的倾向，认为没有放之四海而皆准的真理。怀特海也认为一切都是过程，理论也如此，但这并不意味着不探究教育生成的一般观念。世上并无漂浮在虚无中自我支持的事实，任何一种存在物都只有根据它与宇宙的其他存在物相互交织的方式才能得到理解。认识的真正可能性应取决于事物的相互交织在一起的性质，这种内在关系只能诉诸于理论体系来理解，为此要寻求对教育解释、预测的一般观念，要建立教育理论体系，这应是我们教育学者的使命，但体系必须开放。对理论体系的轻视，或许也与我们对体系重要性缺乏深刻认知有关。体系是重要的，它能赋予人们偶然经验以意义，成千上百万人曾看到苹果从树上掉下，但牛顿在头脑中有动力学关系的数学体系；倘若没有笛卡儿所缔造的哲学体系，后来的伽利略、笛卡儿以及牛顿等人或许不会将现代科学推向胜利之路的。进步的秘密是对于形态学抽象体系的思辨兴趣。“倘若没有这些体系来努力作协调，孤立的思想只会在任意时刻偶然闪现，启发一下某阶段的思考，然后便枯萎夭折而被遗忘。一种直觉知识的范围，只有靠它与其他具有同样普遍性的诸概念协调的程度来界定。”[56]

审视中国教育学百年，关于体系的建构我们是薄弱的，“亚洲没有那种抽象思维的巨大体系”[57]，我们也“缺少遵循严格逻辑的抽象思辨”[58]，根本谈不上教育研究过度追求理性。“回归生活世界”、“反本质主义”等等教育思潮使我们认识到教育研究要回归到真实的教育现象世界，要聚焦教育实践，要采用描述的与写实的、体验、对话等研究方法以求回归，诉诸事实也是怀特海哲学的追求。但没有理论支撑的“聚焦”很可能是盲目的、琐碎的、肤浅的、表面的、急功近利的，遗憾的是“着地”的同时，我们拒绝了思辨，拒绝“理论建构”，不在“飞行”。理论是必要的、抽象思辨也是必要的，但不要犯“具体性误置的谬误”，把理论呈现的教育世界当成是教育世界的本来面貌。

### （二）在认识探究上，“是其所是”与“在其所在”都要研究，重视生成的意义性

教育本质是要探究的，要知道教育的“是其所是”，但这种认识太有限，更要了解教育的“在其所在”。前者相对稳定，后者是动态和流变的，但在变化之中存在秩序和无序，在研究中守恒与变化都要坚守。教育在生成之中，教育的“在其所在”分析的就是过程中的教育，是动态的“教育流”，是各种“具体”的、生动的、鲜活的教育，它在“四维”宇宙的何处，它与社会的政治、经济、文化、国家、地区、集体、个人、自然、它的前一刻等所有的一切是如何摄入在一起的，是怎样的一种合生，在所在地区、所属国家乃至世界中有着怎样的地位与作用。这种分析告诫我们教育不是孤立的，而是处在各种联系、生成和过程之中，体现了教育的有机性。该分析凸显了世界的联系性、整体性、过程性、多样性、差异性，是“发生的—功能的”分析。从中我们能感受到教育受它过去的内在性限制，或者说，感受到教育的因果效验，那些执拗的事实，感受教育的文化品格，教育的实践感，也能从中发现教育的规律，有序与无序、确定和不确定的东西都在这种生成中呈现出来。

对教育“在其所在”的认识，使我们明白，教育理论建构还要扎根于中国教育的现实，要关注、研究中国的政治、经济、文化，研究中国的学生、教师、学校、教育实践、课堂教学，要有实践情结，要走向学校、课堂去感受和体悟，发现和研究问题，当然这种感受以理论体系及丰富的知识素养为基础，同时要在知识面前保持自由，进而完善或重建教育理论。以往教育理论建构，研究更多的是教育的“是其所是”，探究教育本质及规律，忽视了对教育“在其所在”的研究，或许正是这种忽视及中国教育学的身世，促使教育研究习惯向西方看齐，使教育学中鲜有中国元素，使教育理论有水土不服的病症；还有，使教育研究习惯关注城市教育，对农村教育的“在其所在”研究不够，对农村实际情况缺乏全面、深刻认识，使新课改中的课程有贵族化倾向。当然，教育理论不可能囊括对所有学生、教师、学校等的研究，许多问题有待于进一步思考，但一定使人们明白，每一事件都有其“在其所在”。

### （三）在价值取向上，追求事实与意义的统一，重视经验的全面性

以往理论建构主要是在实体理解模式下，以实体宇宙论、本质主义认识论、孤立存在的实体和感官知觉为基础，剔除了“主观形式”和“因果效验”，不重视“符号指称”，忽视意义的生成，追求科学化。这些先天缺陷，造成教育理论研究中经验证据的片面，人们质疑这种理论建构路线所描述的“教育实践”究竟在多大程度上与实践着的教育实践相符合？这种理论逻辑所产生的“教育理论”的解释力和预测力又究竟如何？证据不全面是理论面临的最大危险。教育理论中经验证据片面表现在：只关注直接表象经验，忽视了经验的两个基本来源身体和先前的精神活动[59]，忽视了符号指称。在怀特海哲学中，身体有着重要的意义，身体派生情感的直接感受是我们的基本经验之一，每一种情感都至少会因派生于身体而受到限制，一切感性知觉都不过是我们感性经验对身体活动依赖的一种结果；“正是身体的这个证据使身体成为我们认识周围世界的起点。我们在此处发现了我们对‘因果效验’的直接认识。……对于机体理论来说，最原始的知觉便是对‘运行着的身体的感受’。这是对已往世界的感受；这是作为一种复杂感受而对世界所作的继承；也就是对诸派生感受的感受”。[60]这些思想与尼采、叔本华、福柯、梅洛·庞蒂、布迪厄等人的身体哲学[61]是有着契合之处的。身体哲学对我国教育影响在提升，但有学者认为，晚期梅洛·庞蒂的存在论转向与当代科学论远离社会建构论属于同一种运动，它们不约而同地聚合于怀特海的形而上学。[62]

教育研究中对“身体和先前的精神活动”的忽视，表现在只重视稳定、分明、确定、可控制的直接表象方面的经验，如本质和规律等，追求教育学的科学化，忽视了通过内在情感获得的宇宙信息，忽视了由主观形式所带来的模糊的、不可驾驭的、固执任性的因果效验方面经验，如惯习、意图、价值观等，忽视了人性；只注重心灵经验，忽视身体经验，无视身体的感受和表达；只注重事实，注重科学，而不重价值，剔除了终极因，缺少了“人”味，少有人文关怀，这些可谓现代教育理论研究的极大缺陷。经验具有清晰和模糊、秩序和无秩序、善和恶三对对立的分类原则，它们是对我们经验的基本特征描述[63]，本质与规律要研究，教育伦理和艺术、身体经验、教育习俗、教育智慧等也要研究。

### （四）在研究方法上，质的研究与量的研究并重，体现世界的复杂性

教育世界是丰富、多样、复杂、过程、有机和整体的，“是其所是”与“在其所在”都要认识，因果效验、直接表象和符号指称三方面经验都要研究，既要用叙事、口述史、写实、体验、实验等反本质主义教育学所信奉的质的研究方法，也要运用本质主义教育学所追求的实验、观察、检验等量的研究方法。面对复杂的教育世界，这些研究方法都需要，也是必要的，教育理论建构就是从这些现实的经验“基地”起飞的，它们是理论建构的基础，只是要处理好整体与部分的关系。

需要明确的是理论建构之不同的研究方法。方法是处理资料、处理证据的方式，理论建构应用什么方法，这要看理论的追求是什么，证据的相关性取决于理论，可以说，理论支配方法。[64]笔者认为，教育理论建构要有四个追求：要预设教育理论的逻辑起点；内在一致性和逻辑上的完满是教育理论的理性理想；解释性和预测性是教学理论的现实追求；教育理论体系的开放性是教育理论不断完善或重建的必要条件。当然，这是一种理想，它是基于这样的观点：“至少人们尽量在作体系化的努力，而且到头来总是有所收获。对这一努力的恰当检验不应该是看它是否取得了终极真理，而应该是看它是否取得了进步。”[65]显然，这种对教育的一般观念的追求，应以描述归纳法为主。但理论不只是描述，也不是对基于现实概括、归纳出的概念和命题的简单罗列，而是以这些为基础，在思辨演绎中进行想象性构建，将理论体系的概念范畴编织在一起，通过演绎逻辑的建构力量容许派生性的扩充，努力实现教育理论的理性理想和现实追求，前提是思辨演绎能产生新知识的认识。怀特海以“二乘三”为例说明“二乘三是六”这个短语不是重言式，这句话所考虑的是过程及其结果。[66]

### （五）在未来发展上，进行观念的冒险，不断扩大理解

在教育理论研究与建构中，冒险精神是不可缺少的，它是对新完善的追求。任何理论体系对生成的、动态的、多样的世界的阐释都是近似和不完善的，教育理论也不例外，任何一种教育理论都要保持开放性，这也要求我们的研究要在“观念的冒险”中前行，不断扩大理解；各学科内容是相互交织在一起的整体，相互依存与生成，教育理论体系的建构不能在

封闭状态下进行，人文和自然学科都要关注，我们需要开阔视野，需要观念的冒险，提升理解力是我们努力的方向；还有，教育理论研究内容的丰富性，挑战我们的智慧，只能进行观念的冒险，扩大理解；对教育理论建构大背景的认知，如社会的政治、经济、文化等也挑战我们的智慧，需要冒险的品质，扩大理解。在追求扩大理解中，教育学发展、理论建构要汲取各方面营养，要有开阔的视野，既要深入学校、课堂中去感受、体验充满生机的教育实践，研究中国教育的现实及面临的诸多问题，这是理论建构“起飞”的基地，也要静待书斋之中，学习研究古今中外与教育有密切相关的各种理论，哲学、心理学、人类学、社会学等，这是理论建构“飞翔的翅膀”；还有，东西方文化都要研究，特别是对拥有五千年历史的中国文化和丰富的教育思想更要深入研究，这是中国教育的“在其所在”，是中国教育学的生成之根，中国及她的教育就是这样走来的，所有的过去都客观地存在于现在，而现在又超越自身存在于将来。或许与中国教育学的身世及中国教育追求现代性有关，也或许与忽视因果效验经验的认识论有关，以往的教育理论对本国文化及教育思想重视不够，与中国传统文化割裂，有很浓的“移植”味道，处在“殖民化”状态之中，我们已意识到研究中的不足，在中国教育学发展百年之后的21世纪，中国教育学者正在努力创建中国教育学，期望为教育学的发展作出世界性贡献。但在这条艰辛的路上，要谨慎前行，避免另一种倾向，那就是认为中国教育学只能且只需在中国文化和思想的土壤中生成，而轻视东西方文化的互动与合生。教育学的“中国”味体现在对中国教育实践问题的解决、教育现实的阐释、教育发展的预测等方面上，体现在“立人与兴国”之中，体现在与人及中国的政治、经济、文化等各方面的和谐发展之中，而这样的教育学自然会带有中国的文化、伦理和民族精神。

**参考文献**

[1] [15] 怀特海：《怀特海文录》，浙江文艺出版社1999年版，第272、271页。

[2] [3] [4] [5] [6] [7] [8] [9] [10] [14] [16] [19] [20] [21] [22] [23] [24] [25] [26] [28] [29] [30] [36] [41] [42] [43] [44] [45] [46] [47] [49] [51] [52] [54] [55] [60] [65] *Whitehead. Process and Reality*. New York: The Free Press, 1978, 前言、189、22、20、50、10、3、4、7、8、49、50、48、79、99、

73、23、23、23、23、60、220、267、163、120、178、178、168、179、181、168、178、179、168、178、114、14.

［11］尼采：《权力意志——重估一切价值的尝试》，商务印书馆1991年版，第252页。

［12］［31］［32］［33］［63］［66］怀特海：《思维方式》，刘放桐译，商务印书馆2004年版，第94、99、86、87、70、81页。

［13］［17］［18］［35］［38］［39］［56］［64］Whitehead. *Adventures of Ideas*. New York：The Free Press，1961，223、209、212、176、176、233、144、220.

［27］怀特海：《论不朽》，霍桂桓译，《社会科学论坛》，2010年第17期，第9页。

［34］怀特海：《科学与近代世界》，何钦译，商务印书馆2009年版，第221页。

［40］王策三：《教学认识论》，北京师范大学出版社2002年版，第7页。

［48］［50］［53］怀特海：《宗教的形成 符号的意义及效果》，贵州人民出版社2007年版，第66、71、71—72页。

［57］怀特海：《教育与科学 理性功能》，大象出版社2010年版，第164页。

［58］李泽厚、刘绪源：《该中国哲学登场了？李泽厚2010年谈话录》，上海译文出版社2011年版，第7页。

［59］杨丽、温恒福：《怀特海对十七世纪实体哲学的批判》，《北方论丛》，2011年第5期，第129页。

［61］费多益：《从“无身之心”到“寓心于身”——身体哲学的发展脉络与当代进路》，《哲学研究》，2011年第2期。

［62］孟强：《梅洛·庞蒂、怀特海与当代科学论》，《现代哲学》，2011年第4期。

（此文转载自《教育研究》2013年第8期）

# 建设性后现代教育思维简论

温恒福

建设性后现代教育理论的灵魂是建设性后现代哲学精神，建设性后现代教育实践的生命力在于对现实教育问题的解决。开展建设性后现代教育理论研究与推进建设性后现代教育改革的重要任务，是在学习掌握建设性后现代哲学思想的基础上，不断提高建设性后现代教育思维能力。这里所说的建设性后现代教育思维，是指从建设性后现代哲学的基本立场与观点出发解读教育概念，研究教育现象与问题，描述教育事实与真相、开展教育分析与概括，形成教育推理与判断，揭示教育特性与原理，开展教育想象与创新，形成系统的思路与方案，在头脑中解决教育问题、设计与建设后现代教育世界的过程与活动。王治河认为，“建设性后现代主义最大的贡献在于扭转了我们的思维定式，拓宽了我们的思维视野，激活了人们创造性思维的激情”。[1] 正因为如此，研究和掌握建设性后现代教育思维的基本原则、主要特征与逻辑推演机理，就成了我们必须完成的基本任务。

## 一　建设性后现代教育思维是过程哲学与建设性后现代哲学思想指导下的教育思维方式

怀特海的过程哲学又称有机哲学，是建设性后现代教育思维总的世界观与方法论。过程哲学认为，世界的本质既不是物质实体，也不是精神实体，而是一个不断生成的动态过程。世界是有机联系在一起的有生命的整体，过程性、有机性和整体性是世界的核心本性。建设性后现代主义认为，还原论、机械论、实体论和二元论等现代哲学是对世界的片面的部分的机械的认识和错误的概括。过程哲学能更真实地解释世界，并给人们的思维和实践以正确的启示与指导。在过程哲学和建设性后现代思想的指导下，建设性后现代教育思维具有过程性、整体性、有机性、开放性、未来探索性、改革性、创造性、生态性、持续发展性、复杂性、融合性、和谐性、意义性等特征，倡导与坚持整体思维、关系思维、过程思维、开放思维、创新思维、反思思维、辩证思维、批判思维、未来思维、生命思维、生态思维、融合思维、合作发展思维、共生共赢思维、整体和谐发展思维、持续发展思维、中庸思维、多元思维、个性思维、复杂思维、价值思维、意义思维、效能思维、开拓思维、整合思维、美学思维、后现代科学思维等一切有利于催生建设性后现代教育世界的思维方式。建设性后现代教育思维的重要原则可以概括为以下九个原则。

第一，过程原则。教育世界的本源是过程，教育世界是由过程构成的，教育实在的发生过程决定着教育事务的性质与功能，决定着教育事务究竟是什么，研究教育问题与建设教育世界不仅要关注教育实体，更要聚焦教育事务的过程与关系，从根本上深入思考与研究教育问题。第二，整体有机原则。教育世界是一个有机整体，其中的过程、关系与事物相互影响，内在相关，构成了一定的结构与功能，催生了丰富多彩的生成与涌现。将分析与综合、部分与整体、独立与联系、预制与涌现统一起来考虑，更能完整地揭示教育存在的原理与品性。坚持从教育系统的内在联系、内外联系和整体结构与功能的角度思考问题，从教育生态、学校生态、学习生态和学生发展生态的维度研究教育问题，是建设性后现代教育的基本要求。第三，批判与继承和建设相统一原则。如同建设性后现代哲学既是批判的哲学，也是继承的哲学，还是积极建设的哲学一样，建设性后现代教育既注重批判教育现代性的错误与危害，也注重对优秀教育传统和现代教育的中先进成分的继承，同时积极设计与建设更加美好的后现代教育。第四，内在一致与现实检验兼顾原则。怀特海说："思辨哲学的目的是要致力于建构一种内在一致的、合乎逻辑的且具有必然性的一般观念体系，根据这一体系，我们经验中的每个要素都能得到解释。"[2]以怀特海过程哲学为理论基础的建设性后现代教育思维首先要与建设性后现代哲学保持立场与方法论上的一致，其次要注意理论建构本身的内在一致，同时还要能够解释现实中的现象与问题，并引领教育的改革与发展。第五，确定性与不确定性兼顾的原则。教育存在的抽象本质即“是其所是”是确定的，教育存在的实在本质即“在其所在”是不确定的，两者共同构成了具有自身逻辑又千变万化的丰富多彩的教育世界都要尊重并善于利用。第六，多元丰富、和谐共生的原则。建设性后现代哲学赞成中国古代“和实生物，同则不继”[3]的思想，反对机械化的整齐划一，积极倡导多元化与丰富化，主张个性化发展和多样化生存，憧憬丰富多彩、和谐共生的美好景象，这也是建设性后现代教育世界的魅力所在。第七，整合与融合原则。正如王治河所说，“作为一种思维方式，建设性后现代主义指的是一种建立在有机联系概念基础上的鼓励冒险和创新，推重多元和谐的整合性思维模式，它是传统、现代、后现代和当代现实的有机整合”。[4]建设性后现代教育思维就是要在建设性后现代教育价值观的引领下，通过整合传统、现代与后现代，整合国内教育现实与国外先进教育经验，整合自身优势与教育改革发展要求等各方力量，达到融合成建设性后现代教育的新生命的目的。第八，人与世界的可持续发展原则。格里芬认为，建设性后现代在本质上是生态的。柯布也认为：“生态学为后现代世界观提供了最基本的要素。”[5]教育生态学思想与其他生态学思想的不同之处在于，除了在整体上重视人与环境之间的和谐关系，保证人类的可持续发展以外，还重视个体的可持续发展，特别是学生、教师和学校的可持续发展，这也是教育思维的特别之处。第九，面向未来的建设性冒险原则。怀特海认为，冒险是文明社会最重要的五种品质之一。[6]设计和建设一个更加美好的建设性后现代世界既需要思想观念上的冒险，也需要行动措施上的冒险。没有冒险精神和实际行动，就不可能发现前人没有发现的真理，就不可能创造出世人期盼的更加美好的教育世界。

## 二　建设性后现代教育思维的起点是对教育现代性的反思与批判

建设性后现代主义以批判和超越现代性，建设更加美好的后现代世界为基本使命，其中对现代性错误与危害的揭示和批判是其立身之本。特别是对现代性中的二元对立、还原论、机械主义、绝对论、人类中心主义、霸道、理性霸权、父权主义与非此即彼思维等弊端提出了猛烈的批判。同样，建设性后现代教育思维需要从寻找与反思教育现代性中的错误与根源，揭示与批判教育现代性的弊端与危害开始，这是建设性后现代教育思维的原点。对教育的现代性开展反思与批判需要注意以下问题。

第一，既反思现代教育理论，也反思现代教育实践。第二，不仅要在个人和学校层面上反思，也要在国家和全人类的高度上反思。第三，学会辩证分析与批判思维。对教育现代性表现出来的问题开展辩证分析与深刻系统的批判，是建设性后现代教育的首要任务。第四，要保证反思与批判的问题是教育现代性方面的问题，而不是将所有当代教育问题都贴上后现代或建设性后现代的标签。第五，透过现代教育的浮华，发现其前提、内在和未来的荒谬、痛苦与失败。教育现代性携带的病毒正在侵蚀着教育的机体，已严重危害到教育的健康。第六，坚持以后现代哲学为指导，以最先进的后现代科学技术为基础开展反思与批判，特别要关注生物学、生态学、信息科学、智能计算机、网络技术、相对论、量子力学和复杂科学的新成果，努力学习怀特海、科布、格里芬等前辈将有机哲学建立在先进科学基础上的做法，将建设性后现代教育的观点建立在先进的后现代科学基础之上。第七，养成建设性后现代的思维习惯与风格，在基本精神与整体上与建设性后现代主义哲学保持家族相似。第八，防止绝对化和走极端，避免重犯解构性后现代的错误。第九，处理好教育现代化与建设性后现代教育的关系。

## 三　建设性后现代教育思维是后现代教育世界的积极性建设思维

建设性后现代思维不仅是反思思维、批判思维，更是积极的建设思维，是以建设更加美好的后现代世界为最终追求的思维。这既是建设性后现代思维与否定性后现代思维的不同之处，也是建设性后现代的生命力所在。具体到建设性后现代教育思维，其愿景就是建设更加美好的后现代教育世界。这种思维的建设性特征是：

第一，辩证性继承。主要表现在对传统和现代性的辩证分析与弃劣择优上，既重视对优良传统的继承，又不是简单地回归传统，而是在依据理论的内在一致性和现实与未来的需求，继承和发扬优秀的教育传统基因。

例如，注重自学和个性化教学的传统就需要大力发扬；对现代教育的批判也不是全盘否定，而是在批判其弊端的同时，积极吸收其先进的合理的成分。第二，广泛性摄入。主要是指建设性后现代教育世界的生成与发展是积极吸收人类先进文化与科学技术成就的过程，是建设性后现代哲学与建设性后现代科学技术，及其相应政治与社会文化的大融合。第三，校正性改革。即对现代教育中的错误思想与行为的改革，以催生其新生命。例如，教育教学中的机械化问题就需要大力改革。第四，补充性完善。是指补充完善现代教育中的缺失，增进教育的健康与生命力。第五，包容性合作。即在教育研究和实践中，尊重和理解不同的教育理念与不同的教育措施，采取包容合作的方式，努力做到和谐共生，合作共赢。第六，吸引式联合。即通过建设性后现代教育自身的先进性、高效能和可持续发展等优良特质与美好前景，吸引越来越多的人与组织参加到建设性后现代教育事业之中。第七，同化融合式创生。即在沟通与共事中慢慢施加影响，逐渐赢得认可与同化，共同走向建设性后现代教育世界。

## 四　增进人的后现代品质，培养后现代人

教育是培养人的社会活动。正如传统教育培养传统人、现代教育培养现代人一样，后现代教育致力于培养后现代人，这是一切建设性后现代教育思维的最终目标与指向。关于后现代人，我们目前也拿不出一个标准，也许本身就不应该有这样的标准。我们认为，后现代人至少应具有以下人格特征：(1)和谐中庸，自信而谦恭，热情而平和，智慧而厚道。(2)积极乐观，自强不息，厚德载物，关心、操心与负责任。(3)批判性与继承性并存。(4) 重视科学，热爱学习，喜欢研究与探索，愿意冒险，有变革与创造习惯。(5)信仰真善美，理解现实，适应需求，积极行动。(6)尊重他者，尊重差异，追求和谐共生、包容式发展与合作共赢。(7)法、理、情并重，刚与柔同在。(8)物质与精神并重，价值与效率统筹，原则与策略兼顾。(9)超越机械思维、静态思维与分隔式思维，习惯于有机思维、关系思维、整体思维与过程思维。(10)既有广博的文化修养，又有专业精神与才能。(11)高生态意识，追求持续发展，关注生态和谐与友好。(12)有全球意识，谋求个体和全人类的安全、和平与幸福。建设性

后现代教育思维在解决教育问题时，应以有利于学生形成以上后现代人格品质为导向，设计教育制度，运营教育组织与机构，致力于后现代人格特征的培养。

## 五　增进教育的人文化与生态化

现代工业化机械思维在提高教育效率的同时，造成了教育工业化、学校工厂化、教学灌输式铸造化、学生产品化、评价功利化标准化、学生成长片面化与平庸化等弊病，限制了教育，扭曲了学校，僵化了教学，耽误了学生。建设性后现代教育用后现代有机思维与生态思维替代工业机械化思维，以生命、生活、人性和生态为基本出发点，回归教育的人性原理，还学校和教学的本真状态。王治河认为，“如果说机械教育是现代工业文明的产物的话，那有机教育则是后现代生态文明的诉求，从机械教育到有机教育的转变可以看作是人类教育史上的一场重大变革”。[7] 有机思维和生态思维正是推动和实现这一“重大变革”不可或缺的力量。有机思维反对机械思维，反对物化的加工式教育，反对极端化的非此即彼的决定论与各种教育与管理霸权，反对僵化的标准件式教育与评价方式，还教育属人的世界，从活生生的教师与学生、有机的教育活动与学校开始，注重从生命、生活、关系与联系、交互作用、有机结构与功能涌现、生命的健康与成长状态、多元与包容、有机与统一、和谐发展与持续发展等维度来思考教育问题，使教育充满生命的气息，充满关怀与爱，使学校成为丰富多彩的健康成长的乐园。教育生态思维是有机思维的必然延伸，是有机教育思维开放性的自然结果，主要是从教育、学校、学生与教师的发展条件与环境，以及学生、学校和教育与环境之间的相互适应、相互促进等角度，来思考和解决人与教育的持续发展问题。正如生态可以分为外生态与内生态一样，我们可以将有机体发展的内部状态称之为“生命状态”，它是生命生活与成长的整体状态，包括生理机能的健康、心理态度、精神状态、积极性、智力、个性、动机、兴趣、志向、创造性、人格的和谐性、社会适应性、成长趋势等各个方面的整体表现。学生的健康与发展，取决于自身命态与外部生态的相互作用。这种思维是观察和研究学生、教师、学校和教育组织的新维度，由此可以发现许多以前没有注意到却很重要的教育问题。例如，我们的教育平时过于关注考试成绩和勤奋学习，经常为应试而违背成长与学习规律过度学习，从而损害学生生命的成长状态。这是与教育爱护和壮大生命的宗旨相违背的，不仅有害于即时的生活，更为以后的持续发展埋下了重大隐患，应该禁止。生态思维在教育上的运用集中于两大领域：一是积极推进生态教育与生态文明建设，运用生态课程和生态教学方法，提高人的生态意识、生态觉悟和生态文明建设的能力，促进社会的生态文明水平的提升，保障生态安全。二是运用生态学原理思考和解决教育问题，将生态因子作用原理、生态位原理、生态系统理论等运用于教育问题的分析研究。教育上的有机思维与生态思维虽然出发点不同，但其的运思与推理原理是一致的，都是尊重和爱护生命，站在生态系统和持续发展的高度，从相互联系、相互影响、内外关系、整体协同、学生与教师和学校的持续发展等维度来审视与研究教育问题，使教育活动更加人文化，学校生态更加安全、友好、丰富、有营养，使学生和教师的成长更加健康、发展更加可持续。

## 六　设计和组织实施后现代教育事件与过程

过程哲学告诉我们，“存在是由其生成构成的”。[8]现实事物如何生成，决定了这个现实事物是什么。而且，“一种存在只有在对其自身有意义时才是现实的”。[9]教育是由教师和学生的互动生成的，教师教学生学习和学生向教师请教问题以求解答的活动生成了教育。没有教师就没有学生，没有学生也不存在教师。如果将每一次师生的互动称之为一个教育事件，那么教育就是由一次次教育事件生成的。教育就是一系列教育事件的生成与融合，教师、学生与课程只有在教育事件中才具有教育意义。现代教育中提出的“教师中心论”、“学生中心论”和“教师主导，学生主体论”都是有问题的，都是现代实体世界观指导下的结果，都没有揭示出师生在教育合生中的本性，也难以解释教育教学质量与师生之间的关系。教育的过程与事件思维给了我们许多新的认识与启发：第一，教育世界真正的起始点是师生开始教学互动的那一瞬间的教学事件。只有师生开始教学互动了，教师和学生才具有了真正的教育意义，才获得了自己真正的教师和学生的价值。没有开始教和学之前，教师只是潜在的教师，学生只是潜在的学生。第二，过程与事件思维使我们摆脱了在实体哲学陷阱中纠缠多年的“教师中心”、“学生中心”与“双中心说”，开始从新的角度研究教育教学活动。第三，教育教学的生命力与教学质量和效能都取决于师生互动的频率、形式与内容、沟通交流的深度与感觉、互动的丰富程度、师生互动达到的融通度与默契程度等，这些新指标为我们深化教育研究和教育改革提供了全新的思路与崭新的策略。第四，过程与事件思维引领我们将建设与改进的注意力集中于教育事件与过程的设计、组织与实施，为我们找到了增进后现代教育推进教育后现代化进程的“杠杆点”。只要我们从每一天、每一堂课、每一项教育教学活动中的教育教学事件入手，让每一个微小的教育事件与过程逐渐增加后现代品性，建设性后现代教育就会健康成长，其先进性就会日益被人发现，就会赢得越来越多的“点赞”。

## 七　超越简单性思维

后现代哲学与复杂性科学关系密切。后现代主义主要从哲学、文化与宗教等角度解读、批判与超越现代性，复杂性科学则是从科学技术的角度寻找解决现代性问题的理论与技术。二者的核心目的相同，路径与方法各异，互相促进，互为支撑。“科学没有哲学是盲目的，哲学没有科学是无效的。”[10]“后现代主义问题本身是复杂性的呈现，而后现代主义问题的解决则有赖于复杂性问题的探索，复杂性科学的发展。”[11]复杂性科学属于建设性后现代所倡导的后现代科学中的重要内容，是建设性后现代教育的科学基础，复杂性思维正是建设性后现代教育思维的重要内涵。首先，建设性后现代教育思维应从思维品质上努力超越简单性思维，在分析思维、线性思维、机械思维、静态思维、逻辑思维、确定性思维、二元对立思维等现代性思维方式的基础上，学会并善于运用后现代的整体思维、非线性思维、关系思维、过程思维、形象思维、不确定性思维、多元共生思维、网络思维、共赢思维、和谐发展思维、持续发展思维等建设性后现代思维。其次，要努力推进教育思维与逻辑判断的创新，运用与完善教育的非标准逻辑、非线性逻辑、多值逻辑、模态逻辑、模糊逻辑、整体逻辑、开放逻辑与辩证逻辑等逻辑形式，解放教育思维，放飞教育想象，开拓教育理论与实践的新领域。例如，依据现代教育的标准逻辑，达到标准的就是高质量的，没有达到标准的就是劣质的。这就使得教育现代化成了教育的高标准化，在提高其物质条件与规范性的同时，扼杀了学生的个性、学校的特色和丰富多彩的过程。再次，努力将简单思维与复杂思维融合成一个思维统一体，有效揭示教育的本真状态，解决现实教育问题，提高教育质量，实现持续发展。将简单性作为复杂性的一种极端化状态，用复杂性指导简单性，用简单性简化复杂性，实现简单思维与复杂思维的融合是有效解决实际问题的有效策略。正如钱学森感悟到的那样："不要还原论不行，光要还原论也不行；不要整体论不行，光要整体论也不行。摆脱困境的出路在于既要还原论，又要整体论，把两者结合起来，以整体论克服还原论的弊端，以还原论克服整体论的弊端。这不是机械式结合，而是有机的、具体的、历史的结合，即辩证的结合。"[12]例如，教育活动是复杂的，甚至可以说是世界上最复杂的活动。但是运用分析还原的方法，将复杂的教育活动简化为教师、学生、课程、教学、教育技术等要素，对认识教育活动具有重要的作用。但是，只局限于静态的具体的简单实体思维是不可能真正认识教育的，还必须进一步研究各要素之间的相互作用，以及要素与整体的发展状态等深层次问题，才能更全面地反映教育的实情。

## 八　建设性后现代教育思维是中国教育改革者的必要修炼与进步力量

由现代工业机械文明走向后现代信息生态文明是人类社会发展的大趋势，各个国家的进程或快或慢，工业化的成熟度或高或低，具有一定的不确定性，但走向后现代的大趋势是确定的。中国不仅具有良好的后现代基因和较好的现代化基础，更具有充满后现代性品质的梦想与社会改革政策。中国特色社会主义教育需要和呼唤建设性后现代教育觉悟与教育思维。首先，教育者不应受到"中国现代化还没有完成，搞后现代为时过早"等错误观点的影响，而应提高后现代觉悟，自觉开展后现代的"第二次启蒙"。从全人类和整个国家的角度看，文化的发展进程并不是整齐划一地由简单的现代工业文明到复杂的后现代信息与生态文明的直线式模式。国家与国家之间有差距，同一国家不同地区之间也有差距。对于当今中国而言，绝大多数国民的人身安全和物质生活已经有了保障，中国发达城市的现代化水平已经非常接近国外发达国家的现代化程度，人们普遍存在着后现代文化需求。中国民众对片面追求 GDP 的工业化粗放式生产与经营模式和环境污染、过度消耗资源、发展不可持续，以及机械化管理、贫瘠与单调的文化、理性霸权等“现代病”有了较深刻的认识；同时，党和政府明确提出了生态文明建设和可持续发展的目标，并制定了相应的制度与法规。不论从文化发展的内在逻辑上讲，还是从中国社会发展政策的内容导向上讲，中国已经走在了建设性后现代的道路上。尽管政府文件中提出的教育改革发展目标是实现教育现代化，但从实际内容上分析，中国的教育现代化是具有后现代品性的现代化，中国式的教育后现代化正在教育现代化的进程中慢慢地成长。缺少后现代教育思维，就既看不懂今天的中国教育改革，更难以引领和推进中国教育未来的改革与发展。其次，教育改革者应该运用建设性后现代教育思维对现代教育中的现代性弊端开展深入的研究，全面的批判，拿出系统的后现代解决方案，通过一系列的“后现代教育事件”实实在在地除旧布新。最后，中国教育改革和发展的希望在于融合传统、现代与后现代教育的精华。在这一过程中，后现代教育思维的地位将越来越高，作用将越来越大，最终成为主导性的思维方式。从这个角度讲，今后中国教育改革者的后现代觉悟和后现代教育思维能力，是影响教育改革先进性和实效性的重要品性与才能。随着中国社会文化后现代品质的增多，建设性后现代教育思维正理所当然地成为推进中国教育改革和发展必不可少的进步力量。

**参考文献**

[1] [5] 格里芬：《后现代科学——科学魅力的再现》，马季方译，中央编译出版社 1995 年版，第 9、145 页。

[2] [8] [9] 怀特海：《过程与实在：宇宙论研究》（修订版），杨富斌译，中国人民大学出版社 2013 年版，第 3、29、32 页。

[3] 史伯：《国语·郑语》。

[4] [7] 王治河、樊美筠：《第二次启蒙》，北京大学出版社 2011 年版，第 55、92 页。

[6] 文明社会的五种品质是真、美、冒险精神、艺术、平和，参见怀特海：《观

念的冒险》（修订版），周邦宪译，北京联合出版公司 2014 年版，第 302 页。

［10］保罗·西利亚斯：《复杂性与后现代主义》，曾国屏译，上海科技教育出版社 2006 年版，第 18 页。

［11］北京大学现代科学与哲学研究中心：《复杂性新探》，人民出版社 2007 年版，第 7 页。

［12］苗东升：《复杂性科学研究》，中国书籍出版社 2013 年版，第 191 页。

# 家庭教育、学校教育和社会教育应克服的几种倾向

## ——从过程哲学的视角看

曲跃厚

教育是一个系统，家庭教育、学校教育和社会教育是三种主要的教育形式。家庭教育是家长对子女的教育，学校教育是教师对学生的教育，社会教育是政府公务人员对社会成员的教育。过程哲学是建设性后现代主义的理论先驱、当代英国著名哲学家 A. N. 怀特海的哲学，它强调的是宇宙万物之间的有机联系、相互依存、发展变化、和谐共生。从过程哲学的视角看，家庭教育、学校教育和社会教育是统一的。但在目前的教育实践中，它们往往被机械地割裂开来，有许多问题需要认真研究，有某些倾向应当予以克服。

## 一

家庭是最初的学校，父母是最早的教师。家庭教育贯穿于一个人成长过程的始终，但在怀特海看来，它主要是指家长在孩童出生后到 12 岁以前（当然，这是相对的）对他们的教育。这一阶段在人生受教育的过程中时间不长，但对孩童未来的发展影响深远，作用重大。因为孩童本是一张“白板”，先入为主的烙印格外深刻，也很难扭转。中国古谚中所说的“三岁看到老”，讲的就是这个道理。

在一个家庭中，每一个家庭成员，包括祖父母、父母和其他长辈成员，对孩童来说，都是教育者。他们的言行，都在不同程度上影响着孩童的成长。但其中，母亲无疑是最重要的教育者，母亲对孩童的教育往往有

着决定性的影响。怀特海最看重的就是母亲对孩童的这种影响。他指出："至于说到人的培养，人们所受到的最重要的培养是他们12岁以前从母亲那里接受的教养。"[1]他特别提到了历史上一些虽未受到过多少教育，但却阅历丰富且极为聪慧的妇女，并把她们称为"社会中最有文化修养的群体"。[2]这样的妇女在中国和外国的历史上都不乏其人。在中国古代，有家喻户晓的"孟母三迁"的故事。在当代西方，奥地利著名哲学家维特根斯坦在家里受教育直到14岁，他的母亲虽是家庭妇女，但却有着极高的音乐素养，勃拉姆斯是他们家的常客。维特根斯坦能够用口笛或单簧管吹奏完整的协奏曲，甚至一度想要成为一名乐队指挥。

母亲之所以在家庭教育中有着独特的地位和作用，或许和女性的生理及心理特点以及孩童的"恋母情结"有着直接的关联。从生理上说，母亲"十月怀胎，一朝分娩"。从受精到生产的过程虽也不乏愉悦和享受，但更多的却是身体的苦难。从心理上说，一般而言，母亲对孩童的最大情感就是一个"爱"字，这种情感决不像生产时剪断脐带那样简单，而是与生俱来、伴之终生的。生理和心理的这双重关联，决定了母亲不仅要生儿，而且要育儿。教育，便成为母亲神圣的责任和担当。另外，从孩童对母亲依恋的角度看，母亲的影响也是最大的。这种依恋既包括生理上的依恋，如吸乳；也包括心理上的依恋，如期望得到母亲的保护，特别是对女儿而言，这种心理依恋往往一直要延续到女儿找到自己的如意郎君之后。当然，这样说丝毫不意味着否认父亲和其他家庭成员在家庭教育中的地位作用，而只是说，在家庭这个集合体中，在家庭教育中，母亲的地位尤为突出，母亲的综合素质如何对孩童未来的成长乃至对整个教育和社会的发展至关重要。

在怀特海看来，教育是有节奏的。这是因为，"生命本质上是周期性的"。[3]我们可以把家庭教育比作教育这首宏大的交响乐的"序曲"或"呈式部"。在这一阶段，怀特海强调的是孩子通过"聆听母亲讲述的故事"[4]来学习和把握语言（包括口语和书面语），为更高阶段的教育打下坚实的基础。这时的家庭教育应注意克服两种倾向，一是孩童中心主义的倾向；二是成人化教育的倾向。

根据过程哲学，宇宙是一个机体，这个机体的各个部分密切相关、不可分割。家庭也是一个机体，这个机体的任何一个成员，包括孩童，都不会孤立地存在，都必须以“更加广阔的环境为背景来加以考察”。[5]这表明，正如宇宙没有中心一样，家庭也没有中心，家庭中的每一个成员都应该是平等的、互依的。在家庭关系中，父权中心主义不对，母权中心主义不对，孩童中心主义也不对，这种关系应体现在家庭教育中。但是，在中国已经进入老年社会、独生子女家庭占多数的今天，祖辈隔代亲、父母太溺爱、几个老人围着一个孩童转的现象十分普遍，这就有意无意地培养了许多孩童的自我中心意识。长幼有序、孝敬父母、孔融让梨的社会秩序和传统美德受到严重挑战，青少年犯罪和“啃老”现象十分严重。最近发生的某著名歌星之子“李某某案件”，就是放任孩子、“子不教、父之过”的一个典型案例。

从过程哲学的观点看，宇宙是一个过程，这一过程是由前后相继的各个不同阶段构成的，有其自身的韵律和节奏。教育也是如此。怀特海认为，教育的节奏分为浪漫阶段、精确阶段和综合运用三个阶段，他强调：“不同的科目和不同的学习方法应该在学生的智力发育达到适当的阶段时采用。”[6]这表明，教育有其自身的特点规律，其发展的阶段是不能随意跨越的。但是，在目前中国的家庭教育中，在人们普遍具有的所谓“不能输在起跑线上”的谬误的作祟下，许多家长以一种非自然的方式，将许多本来不属于儿童认知阶段的东西硬性指派给他们，如机械地背诵古代诗词、过多地参加各种补习班、过早地学习各种知识，以致有的孩童早早产生厌学情绪甚至想要休学，使得本该天真烂漫的孩童变得老气横秋，丧失了童真和对世界的好奇，成了一个个小大人。怀特海指出：“令人悲哀的是，儿童时代的金色年华却常常笼罩在为应付考试而进行的填鸭式教学的阴影里。”[7]这种应试教育的结果必然失败，其主要原因就是忽视了智力发展的节奏和特点，人为地打乱了教育的节奏，跨越了其阶段。

## 二

关于教育，怀特海谈得最多的是学校教育特别是大学教育，这和他的经历有着直接的关联。怀特海一生的大部分时间是在大学里度过的，他的学术生涯可以分为剑桥大学时期（1880—1910）、伦敦大学时期（1910—

1924）、哈佛大学时期（1924—1947）。他受到过良好的教育，也培养出许多优秀的学生，如罗素、奎因和凯恩斯等人，这些人成为各自领域里的翘楚，为人类和社会进步作出了重要贡献。在大学里受教育和教育人，使得作为哲学家和教育家的怀特海对学校教育有着常人难以望其项背的直觉和颖悟，也使得他对学校教育中存在的各种弊端的分析格外入木三分。

如果说家庭教育是教育这首交响乐的“序曲”或“呈式部”的话，那么学校教育就是教育这首交响乐的“展开部”。家庭教育对孩童的影响固然重要，但孩童的可塑性是很强的，学校就是塑造人的地方。学校教育作为家庭教育的延伸和拓展，在孩童从幼儿到成人成长过程中同样起着关键的作用。

学校教育是教育的主体，教师在学校教育中起主导作用。在怀特海关于教育过程和阶段的划分中，“浪漫阶段一直延续到13岁或14岁，从14岁到18岁是精确阶段，18岁到22岁是综合运用阶段”。[8]但这种划分是相对的，在现实的教育过程中，它们其实是相互交织的，正如量变中有部分质变、质变中有量的扩张一样。

怀特海追求的是一种活的、有机的、富于想象力和创造性的伟大而崇高的教育，这种教育的一个重要前提就是把人当作人，而不是把人当作物。这是因为，教育是人的活动，教育的对象是人。把人当作物，把教育的过程当作往行李箱里装物品的过程，显然是违背人的本性和教育的目的的。怀特海举过这样一个生动的例子：把靴子放进行李箱，它们会一直留在那里直到你把它们取出来为止；但给孩子喂了不合适的食物，情况就完全不同了。它清楚地表明，人不是物，教育也不是填鸭式的灌输。目前学校教育中存在的最大问题就是把人不当人，或者说把人当作灌输的对象和考试的机器（湖北某中学学生集体打着吊瓶准备高考的例子就是一个典型案例），这种非人的教育乃是教育的悲剧，是对学生灵魂和肉体的双重扼杀，必须坚决予以废除。

除此之外，根据过程哲学，目前的学校教育还应克服以下三种倾向。

一是把传授知识和启迪智慧对立起来的倾向。传道，是教育的基本功能之一。但是，这里的“道”绝不只是普通的知识，而是老子所说的那个“非常道”的“道”，是充满了智慧的“道”。怀特海认为，“教育的全部目的就是使人具有活跃的思维”。[9]这是一个比传授知识更加伟大、更有意义的目的。在他看来，知识是智慧的基础，但知识不等于智慧。没有知识固然不可能有智慧，但有了知识仍然可能没有智慧。这是因为，智慧既是对知识的掌握，更是获取新的知识的方法，是对知识的运用。很显然，智慧高于知识，是人们可以获得的最本质的自由。然而，目前的学校教育却在很大程度上把传授知识和启迪智慧对立起来，只重知识的灌输，不重智慧的启迪，导致学生被动地吸收了大量微不足道、空泛无益、缺乏创新的死板知识，甚至根本没有知识可言，从而使人丧失了自我，沦为知识的奴隶。一个鲜明的例证就是，尽管我们现在的军事知识比以往的先哲们要多了许多，但我们已经很难再见到像《孙子兵法》和《论持久战》这样充满智慧的军事著作了。

二是把遵守纪律和倡导自由对立起来的倾向。从知识通达智慧有一个前提，这个前提就是自由。在知识面前享有自由，是通往智慧的唯一道路。但是，自由从来就不是绝对的，而是相对的，有限制的，这种限制就是纪律。任何一门学科都有纪律，学科和纪律在英文中是一个词（discipline）。在科学发展的常规时期，在一个知识共同体中，每一个成员都必须遵守同样的纪律即这个共同体的范式，使用同样的语言（你说的话别人要能听得懂），运用同样的方法（你的实验结果别人要能重复出来）。否则，就不成其为一个共同体。但是，在科学发展的反常时期，在社会发展的转型时期，纪律和范式又会限制人们的思想，阻碍科学和社会的进步。因此，正如智慧高于知识一样，自由同样高于纪律。套用匈牙利诗人裴多菲的诗句说："学科诚可贵，纪律价更高。若为自由故，两者皆可抛。"而教育的重点和艺术恰恰在于，在实践中找到自由和纪律之间的必要张力。然而，目前的学校教育却往往片面强调纪律和权威，强调书本知识的绝对性和标准答案的唯一性，扼杀了学生丰富的想象力和创造性，把本来最具活力的青年人培养成了死读书、读死书的书呆子，真是"人类的悲剧"。[10]

三是把科技教育和人文教育对立起来的倾向。科学教育、技术教育和人文教育是教育的三个主要内容，三者相辅相成，不可分割。怀特海认为，"教育是教人们掌握如何运用知识的艺术"。[11]科学教育主要是观察自然并对自然现象的法则进行演绎推理的艺术，它回答的是"是什么"和"为什么"的问题，侧重的是逻辑思维（用脑）。技术教育主要是运用知识生产物质产品的艺术，它回答的是“怎么样”和“如何用”的问题，侧重的是知识的运用（动手）。人文教育（怀特海使用的语词是“文科教育”）则是通过学习语言、文学、历史、哲学等课程，学会观察社会进而学会生活的艺术，它回答的是“做什么样的人”和“怎样做人”的问题，侧重的是“培养人的灵魂”。[12]但是，目前的学校教育却往往割裂了三者之间的内在联系，或者把科学教育和技术教育对立起来（如把大学机械地分为研究型大学和应用型大学，仿佛研究和应用是无关的），或者把科学教育、技术教育和人文教育对立起来（如从中学开始就分理科班和文科班，仿佛理科和文科是无关的），结果“必然导致智力活动和性格方面的巨大损失”[13]，培养了大批眼高手低、高分低能或是虽有一定智商即科技修养，但又缺乏应有的情商、德商即审美情趣和社会责任感的畸形的人。近年来发生的云南大学马加爵杀人案、清华大学和复旦大学两名学生投毒案，就是这种最糟糕的教育的体现。套用康德的话来说，科技教育无人文教育则盲，人文教育无科技教育则空。这种割裂三者之间关系的教育，怎么可能培养出真正的大师呢？

## 三

社会是一所大学校，社会教育的内容远比家庭教育和学校教育更为丰富。尽管怀特海很少直接谈到社会教育问题，但这并不妨碍我们根据他的学说来研究这一问题。

一方面，在怀特海看来，机体和过程密切相关，两者以双重方式相关。首先，现实事物的共同体是一个机体，但又不是一个静止的机体。因此，与现实事物相关的宇宙的扩张是“过程”的首要意义，而其扩张的任一阶段上的宇宙则是“机体”的首要意义。在这个意义上，一个机体就是一种关联。其次，每一个现实实有本身都只能被描述为一个机体过程，它乃是从一个阶段进展到另一个阶段的过程，其中每一个阶段都是其后继阶段走向事物的完善的现实基础。[14]这表明，教育的对象——人，是处于一定关系中的人；教育本身是一个过程。家庭教育和学校教育从来就不是封闭的，而是在社会的大环境中进行的；或者换言之，是在社会教育的大背景中进行的，因而不可避免地受到社会环境和社会教育的影响。而且，家庭教育和学校教育是一首“未完成交响曲”，学生从学校中毕业并不意味着教育的结束，而是迈向了社会这个更大的学校，在那里，有着家庭教育和学校教育中学不到的更多的东西。

另一方面，怀特海认为，生活和实践是教育的唯一源泉，这和马克思关于“社会生活在本质上是实践的”[15]观点无疑是一致的。这表明，教育本身就是社会的，社会教育本身也是一种社会实践。教育没有游离于社会即生活和实践之外的主题，它只有一个独一无二的主题，“那就是五彩缤纷的生活。”[16]因此，“教育所要传授的是对思想的力量、思想的美、思想的条理的一种深刻的认识，以及一种特殊的知识，这种知识与知识掌握者的生活有着特别的关系”。[17]而这种认识和知识，仅靠家庭教育和学校教育显然是不可能掌握的。

社会教育的核心是社会主流价值观的教育，是科学、艺术、道德、审美、宗教对人的生命的价值的升华，是使人适应于他们注定要生活在其中的缤纷世界。社会教育面向的不仅是青少年，而且是全体社会成员，因而有着其他教育不可替代的特殊作用。在目前的社会教育中，应注重克服这样两种倾向。

一是弱化社会主流价值观教育的倾向。正如世界上没有两片相同的叶子一样，一个社会也往往存在着多种价值观。但是，在一个社会中占主流地位的价值观应该是而且必须是积极的、健康的、向上的。否则，这个社会就难以维系和发展。积极、健康、向上的主流价值观不可能自发地形成，必须经过认真的培育并转化为人之自觉的理想信念和行动，才能成为推动社会发展的正能量。在当代中国，占主流地位的社会价值观是社会主义核心价值体系（即马克思主义指导思想、中国特色社会主义共同理想、以爱国主义为核心的民族精神和以改革创新为核心的时代精神、社会主义荣辱观），是党的十八大提出的社会主义核心价值观（即富强、民主、文明、和谐，自由、平等、公正、法治，爱国、敬业、诚信、友善）。在这一社会主流价值观中，当前，对推动中国发展、实现中国梦来说尤为重要的是习近平总书记提出的“中国精神”，其最本质的内容就是以爱国主义为核心的民族精神和以改革创新为核心的时代精神。这种精神和怀特海所强调的教育必须“宣传义不容辞的责任和爱国主义精神”[18]以及教育必须“加强首创精神”[19]的观点有着深层的契合。因此，在社会教育中，必须牢固树立马克思主义在意识形态领域的指导地位，巩固全党全国人民团结奋斗的共同思想基础，壮大主流思想舆论，弘扬主旋律，传播正能量，在大是大非和政治原则问题上划清是非界限，澄清模糊认识，坚决克服弱化社会主流价值观教育的倾向。

二是言行不一、知行不一的倾向。怀特海认为，家庭教育、学校教育和社会教育是统一的，这是因为，在一个社会中，尽管每个人的价值观可能不尽一致，但是既要共生、交往、和谐、发展，就必须有人之为人的“内在一致的”价值观，“对内在一致性的要求是维护健全的理性主义精神的重要因素。”[20]如果家庭教育、学校教育和社会教育各唱各的调、各吹各的号，它所导致的就是一种离心力而非向心力，其后果无论是对个人、家庭还是社会来说都是不言而喻的。同样，家庭教育、学校教育和社会教育三者的统一，必然导致它所培养出来的人的言行的统一、知行的统一，这也是怀特海教育哲学的一个鲜明特征。他指出：“教育应该培养出这样的学生，他既能很好地掌握某些知识，又能够出色地做某些事情。这种实践和理论的紧密结合是相辅相成的。”[21]在他看来，教育是一种文化，“从本质上说，文化应该是为了行动。”[22]这就是说，教育要解决的不仅是学习知识的问题，更重要的是要解决做人的问题。教育的根本任务是“立德树人”。[23]无论是“立”也好还是“树”也好，都是行动，而离开了行动即实践，这一任务显然是不可能完成的。如果我们把思想和行动对立起来，只是掌握了一大堆知识，但又不能运用这些知识，照着这些知识的要求去做，甚至违背这些知识的要求的话，那就表明，我们并没有真正地掌握这些知识。同样，如果我们的教育培养出的是一些言行不一、表里不一、虚伪的“两面人”甚或“多面人”，而不是言行一致、知行统一的人，那就表明，我们的教育是失败的，它培养出的还不是一个自觉的、自由的、自为的、真正的、大写的人。在这个意义上说，践行社会主流价值观比培育社会主流价值观更重要。

**参考文献**

[1][2][3][4][6][7][8][9][10][11][12][13][16][17][18][19][21][22] 怀特海：《教育的目的》，生活·读书·新知三联书店 2002 年版，第 1、2—3、31、30、28、39—49、67、66、138、8、93、96、12、21、73、83、

85、84 页。

[5]［14］［20］怀特海：《过程与实在》，中国人民大学出版社 2013 年版，第 115、274、7 页。

[15]《马克思恩格斯文集》第 1 卷，人民出版社 2009 年版，第 505 页。

[23] 胡锦涛：《坚定不移沿着中国特色社会主义道路前进，为全面建成小康社会而奋斗》，《中国共产党第十次全国代表大会文件汇编》，人民出版社 2011 年版，第 32 页。

# 怀特海教育节奏学说的模式化研究

卢建筠

怀特海的过程哲学作为建设性后现代主义的核心与基础，对当代教育变革起着重要的推动作用，但这种作用力只有在其思想对具体的课堂教学及全程教育实践发生影响之后才能实现。为此，有必要探讨怀特海教育哲学的重要组成部分——教育节奏说——在教学教育模式上的具体体现，这种有一定操作性的教育模式或许是推动过程教育向实践领域渗透的有效切入点。

## 一 怀特海教育节奏学说的基本理论

教育发展与进步的机制及规律是怎样的？是直线型、静态积累的吗？传统教育的回答基本上是肯定的，至少是在潜意识层次的前提与假设上是如此，最明显的表征莫过于中国传统文化中这样一句广为流行的诗句："书山有路勤为径，学海无涯苦作舟。"但是，怀特海并非不这样认为。在他看来，活力是教育的关键之所在。教育就是要通过有活力的过程来培养有活力的智力和人格，教育有一定的波浪与节奏。他明确指出："要使知识充满活力，不能使知识僵化，而这是一切教育的核心问题。"[1]为了达到这一目的，需要广阔的知识来作为教育资源，而不是仅仅限于课内的内容。于是，怀特海非常重视最重要的教育资源——人类丰富多彩的生活。这就是说，通过宽度达到深度，构成了怀特海的一个富有特色的假设。他指出："教育需要解决的问题就是使学生通过树木看见森林。"[2]这里的"树木"就是学生学习的具体知识，"森林"则是其学习最后要达到的目的。要达到这样的教育目的，还有一个重要的前提条件，就是要尊重学校及个人的差异。怀特海反对校外的统一考试，认为无论是学校还是学生都应该具有一定的自主权。学校没有个性，则无法适应教师和学生的特殊性，也就难以达到潜在的目标。学生如果不能根据自己的特点而学习，也难以培养自己的个性，难以达成应有的目的。而有了这样的假设及其操作要则，就可能达到教育的目的，就可能产生有特色的学校，培育出有个性的学生，从而出现教育的多样化风格。因为“风格是智者的最高德性。”[3]那样才能真正出现万马奔腾、人才济济的局面，才能造就怀特海心目中的理想人才——即“具有业余爱好者基本优点的专家”。[4]

显然，怀特海关于教育的过程性假设无疑是其提出教育节奏学说的思想基础。

## 二　怀特海三大教育节奏的模式化探索

### 节奏之一：浪漫型教育节奏的模式

浪漫型的教育节奏是一种明显具有浓厚人本主义特色的教育思想。这种教育节奏非常重视开始，重视人生第一次的特殊价值，比如人生的开始，开学的第一天、第一个月、第一学期与第一学年以及第一个学校、第一个老师、一节课的开始、一门课程的开头、甚至早期教育，等等。怀特海说，“兴趣是专注和颖悟的先决条件”[5]，“浪漫是精确阶段的背景”[6]，这是对浪漫阶段功能性内涵的科学概括。他认为，“重要的浪漫阶段的内容像洪水一样涌向儿童，将他推向精神世界的生活”。[7]在此，丰富的情感得到保障，广阔的知识成为学习者成长的营养，个性化取向是其自然结果，深刻的体验则是其水到渠成的副产品，学生的茁壮成长也就是自然而然的事情了。

我们可以把浪漫型的教育节奏操作模式概括如下：独特的开始→丰富的过程→个性化的体验。在这一模式中，一定要注重学生精神世界的启动、充实与完善。按照怀特海的说法，浪漫阶段大约在人生的 13 岁左右结束。也就是说，人生从开始到少年期将属于浪漫阶段，这一阶段对于人的成长非常重要。怀特海坚信，“一个儿童在青少年浪漫期所形成的特点，将决定理想与想象如何塑造和丰富他未来的生活”。[8]而在浪漫阶段中，教育者要为学生提供丰富的知识以拓宽其人生视野，这就自然地要求教育者拥有广博的知识；更重要的是，教育者必须注意激发和保护学生的兴趣以培育其活跃而丰富的心灵。由于浪漫阶段的教育特别重视学生拥有广泛的见闻，鼓励学生的体验式学习和生活就成了教育的重要任务，其目的是使学生拥有充实健康的幼年，使其自信、积极、情感丰富的人格特质得到充分发展，以期度过开心多彩的童年，继而以壮怀激烈的少年成功地结束其人生的第一个教育节奏阶段。

显然，浪漫型的教育要求教育方式发生重大的转向，不再按照重视继承性、传授型、以教师控制为基本特点的教育方式来运作课堂，而应以研究性学习来设计教育，以丰富的情感与认知体验和广阔的视野来培养学生的宽阔胸怀，培养学生探索世界与贡献人类的精神。这样，就能把死知识变成活知识，把知识与获得知识的情感体验结合起来，把学习与人生结合起来，把结果性的知识演变为过程性的活知识了，从而还原知识的本来面目。比如，在一节课中，应注重面向学生参与和发展的情境设计，提供丰富而新异的材料，让学生拥有课堂学习的相对充分自由，激发和保护学生对学习的热爱，促进学生自主的探索式学习。浪漫型的教育节奏模式非常重视教育过程中的情感因素，重视学生的积极情绪在认知过程中的动力作用，重视广阔的教育生活背景。通过这种教育，学生初步奠立了自己的世界观的基石，这有助于童年或少年的立志，而教育最重要的宗旨——培养学生活跃的精神——也就有了重要的保证。这种模式要求在教育过程中重视研究性学习或教学，让学生真正成为学习的主人，给予其机会探索与试验，让学生自己体验成功的欢乐和失败的痛苦。这种学习是一种关乎个人身心生存、感受与发展的深度学习。可见，浪漫阶段的确是教育节奏的第一个重要时期，也是人生教育的根本。

**节奏之二：精确型教育节奏的模式**

浪漫阶段虽然是教育发展的重要基础，但毕竟要发展到下一个阶段，充实人生，培养具体的才干和品质，这就是精确阶段。如果说浪漫意味着广泛、想象与情绪色彩，精确阶段就是理性、深入与勤奋的代名词。在精确阶段，学习者要学会高度专注，因为“促进普通脑力活动的一种方法是培养一种特殊的专注”。[9]其实质是要学会专心，学会集中精力，学会自我约束与自我管理，能够享受深度投入的自主活动的乐趣并培养认真做事的习惯。需要补充的是，这种专注与中国当代教育中的题海战术有着实质性的区别，因为怀特海强调的是通过反思性练习来促进成长性提高，是快乐成长以获得内在的收获。在此，心理学中的“机能自主”概念有着较大的应用空间。学习者开始阶段的浅度学习经过自主性调整后可能觉察到了学习过程的乐趣，于是先前的痛苦很可能被忘记，而被自我发现的乐趣所代替，为自我强化所支持。另外，在精确阶段，学生要学习专门化的知识与技能，不能只是一味地讲求广泛的博雅，因为“在教育中只要你排斥专门化，你就是在破坏生活”。[10]专门化的发展不仅是职业的需求，也是人生自立的基础，即使是斯宾诺莎也要以磨眼镜片为生存的手段。而且，学会专门化就可能学会约束限制自己，学会保存精力，学会深度理解社会与世界。“成功的秘诀是速度，速度的秘诀是集中精力全力以赴。”[11]

我们可以把怀特海的精确教育节奏模式简化为如下的图式：勤奋的功夫→精确度的加强→专门化的掌握。精确型的教育节奏模式，其实就是青年学生实践自己的志向、探索适合自己的学习与活动方式、培养自己的学习与活动习惯、锤炼自己的性格以及学会付出的过程，这是任何人从事深入专门活动的必经阶段。显然，通过精确化的锻炼，少年便成长为较为成熟的青年了。但是，如果我们回到中国教育的现实就会发现，这种精确化活动不是太少了，而是过分超出了学生的承受限度，因为这里的自主成分太少，他主因素过多。如果缺乏内在动力，只是屈从于外界压力，任何活动都是不可持续的。而在现实的教育中，在以分数为主的简单评价机制下，学生、教师、学校都成了那种竭泽而渔式的教育的陪葬品，这种教育旨在精确化水平的提高，把学生变成了考试的机器、分数的奴隶，即使损害了学生以后的发展潜能也在所不惜。由于对精确的过分重视，这种教育缺乏活力，校园中缺乏生气，团结、紧张、严肃有余，活泼则严重不足。于是，这种教育培养了众多的“小大人”式的学生和“机器人”般的考生。因而培养的人才缺乏创造力，缺乏持续发展能力，缺乏对知识的真正热爱，其人格的发展也和全面发展的要求差距较大，更难达到圆满的境界。

总之，怀特海的精确教育节奏理论是浪漫期的具体深入和升华，是中学高年级及大学初期学习阶段的青年的成才之路，是学会勤奋、学会专注、注重细节、培养自律、进行自我定位的重要方式，是进入专门化的门槛，也是青少年践行自己人生志向的重要基础和主要途径，对于深化理解学习并促进学生的个体化成长有着重要价值，也是我们回归教育本原的重要思想动力。

**节奏之三：概括型教育节奏的模式化**

在怀特海的教育节奏理论中，概括阶段是第三个、也是最高的教育发展层次。因为只凭浪漫是不能解决具体问题的，浪漫只是教育的基础与背景，虽然这对人生的持续发展非常重要，但这种以广度上的知识与兴趣、热情为重点的学习毕竟还不能形成专业化的能力。即使浪漫加精确也不能达到人生发展的最高水平，因为精确的主要任务是在浪漫的基础上解决关于深度的学习、发展及专业化的问题。如果不能再提升一步，则教育就无法发生根本的转变与升华——这就需要怀特海教育节奏的第三个阶段：概括。[12]概括阶段主要相当于大学阶段的学习。怀特海曾以大学为例分析教育的实质："真正有价值的教育是使学生透彻理解一些普遍的原理"[13]，因为"大学的作用是使你摆脱细节去掌握原理"。[14]当然，大学的作用不仅如此，它还应该形成独特的学习与人生风格，因为"风格是智者的最高德性"。[15]但是，风格并非自然而来。实际上，"风格永远是专业化学习的结果，是专门化研究对文化作出的特有贡献。"[16]只有这样，才能达到大学的目标，即"把一个孩子的知识转变为成人的力量"。[17]

就是说，我们通过经验的升华，形成了普遍性、根本性的概念与理论，也形成了自己的风格，可以说通过一种尚未实现的、有待完善的、类似格式塔式的理想来吸引青年人上进，以浮士德式的精神来坚持自己的人生志向，促进其自我完善，以达到自己的人生成功。

我们可以把怀特海的概括阶段教育节奏模式化如下：直接经验的升华→根本理论的生成→人生高级境界的达成。

可见，在概括阶段的教育节奏中，情感力量转化为理性，精确的直接经验和知识升华为高层次的概念和理论。于是，知识的层次也就被简约化和系统化了，其人生信条也更加坚定，世界观更趋稳定，其自信的内涵不再限于表层情感上的信心，而是有了理智上的支持，从而可能产生出阿基米德式的那种"给我一个支点，我能撬动地球"的自信。这种人生境界，类似于冯友兰先生的在"大道"的涵养下从自然境界到功利境界和道德境界、最后到达天地层次的最高境界。

## 三 怀特海教育节奏学说的实质性分类

自由与纪律是教育领域永恒的矛盾，也是一个难以圆满解决的难题。怀特海在对教育节奏进行归纳的基础上，还提出了自由与纪律的节奏问题。当然，这两种分类实质上并不冲突，甚至是同一主题的不同体现。从根本上说，自由与纪律的节奏分类更具有合理性，因为这涉及教育最核心的主题：培养什么样的人？显然，自由是人类前进的终极目标，就像马克思主义主张的人类从必然王国进入自由王国一样。当然包含纪律的品质也是必需的，因为没有纪律的自由是不负责任的。只有通过自由与纪律的反复循环，人类才可能达到真正的自由，学生也才可能拥有真正自主的人格。

而且，在自由与纪律这两个节奏的交织互动过程中，自由与纪律在获取知识过程中具有不同的作用，因为教育不仅仅是获取知识，更要得到智慧。用怀特海的话就是："通往智慧的唯一的道路是在知识面前享有自由，但通往知识的唯一途径是在获取有条理的事实时保持纪律。"[18]这两者的统一还体现在两者互为发展的目的与条件，因为在设计完整的教育过程中，"其目的应该是使纪律成为自由选择的自发结果，而自由则应该因为纪律而得到丰富的机会"。[19]

再回到具体的教育过程，怀特海认为，无论是一节课还是一个教育活动或某一教育阶段，"教育的开始阶段和结束阶段的主要特征是自由，但是有一个纪律占主导地位的中间阶段，这时自由从属于纪律"。[20]如果一定要以具体的比例来区分教育中的自由和纪律的话，显然自由的成分应该更多一些，因为没有心灵的自由，就没有兴趣的产生，而"兴趣是专注和颖悟的先决条件"。[21]也可以说，纪律只是教育过程中实现自由的教育目的的中介性工具或手段。怀特海同时认为，"在教育中过分强调纪律是十分有害的，那种生动、活跃的思维习惯只能在恰当的自由气氛中产生。不加区别的纪律使大脑变得麻木不仁，因而无法达到实行纪律的目的"。[22]

我们可以把自由与纪律的具体节奏模式化如下：初期的有限自由

（以外部导向为主）→过程中的自由（具有较强的纪律性）→后期的高级自由（以自我导向为主）。为了深入理解自由与纪律之间错综复杂的关系，我们可以从以下两方面来理解它们在教育模式的互动机制：

一方面，自由是高级纪律的前提与内容。没有真正的自主，就没有真正的纪律。正如怀特海所坚持的那样，“唯有自我约束才是纪律，唯有通过享有广泛的自由才能得到这种纪律”。[23]如果没有充分的自由，特别是学习上的自由，孩子的自由心灵就难以得到充分的培育，也无法深入理解知识的实质。因为“如果在比较小的年纪反复灌输精确的科学知识，就会扼杀学生的首创精神和求知兴趣，使学生不可能理解科学题目的丰富内容”。[24]

另一方面，纪律又是自由的保障与丰富。没有纪律，就没有专注；精力不集中，就难以形成专门化，从而制约自由发展层次的升级。而且真正的自由是精神的自由，精神的自由就是自我约束与克制，是一种内心的投入与限制。因为精神的活动范围也是有限的，不可能涉及所有疆域，总是有具体而有限的对象。因此，有着纪律与收敛限制的自由才是负责任的、可持续的、真正的自由，才能使学生不断地促进其精神蓝图的实现。

概括地说，怀特海认为，真正的教育在起点上是自由浪漫的阶段，经过适当的、精确的纪律的阶段，最后达到自由的阶段。当然，这一过程不可能一次达到，而是一个螺旋式上升的循环。通过这种模式化的教育节奏，教育的目标、内容、运作及评价方式都可能发生根本的改观。

**参考文献**

［1］［2］［3］［4］［5］［6］［7］［8］［9］［10］［11］［13］［14］［15］［16］［17］［18］［19］［20］［21］［22］［23］［24］怀特海：《教育的目的》，生活·读书·新知三联书店 2002 年版，第 1、9、12、22、24、56、61、40、39、21、18、65、48、49、22、23、49、54、55、56、57、62、67 页。

［12］怀特海的“概括”（generalization）曾被译为“综合应用”（见怀特海：《教育的目的》，生活·读书·新知三联书店 2002 年版，第 35 页）。这也有其道理，因为这个英文词汇确有“普遍化应用”之意。但本文还是觉得翻译为“概括”更为传神，因为就其后面的相关解释来看，从经验与实践层次向普遍理论的提升、根本理论的建立等等，都与中文“概括”一词的内涵更为接近。

# 建设性后现代视域下的青少年堕胎问题研究

董玉卓　王治河

## 一　青少年堕胎泛滥：一个急需引起重视的重大社会问题

随着现代化的大规模展开，堕胎泛滥问题已经成为一个“世界性的现象”。[1]但作为后发国家，中国在青少年堕胎问题上已经大有超过发达国家之势，可谓提前实现了现代化。有关调查表明，在中国，人工流产患者每年多达1300万，居世界第一。其中超过一半的患者年龄在25岁以下，人数超过650万。女大学生成为高危人群，许多是还没有发育成熟的“90后”。每年9月份，中国大大小小的医院里都会迎来少女人流的高峰。“据中国人口网统计，18岁以下少女人流约占人流总量的1/4。”[2]据报载，一个14岁的女孩做了2次人流、1次大月份引产，子宫穿孔，最后被摘除。一个17岁的职高毕业女生，做了4次人工流产、2次大月份引产，最后也是子宫摘除。青少年对堕胎行为对人的生理和心理伤害因无知而无畏。铺天盖地的“无痛流产”广告则鼓吹“几秒钟结束”，更是让少女们觉得堕胎就“像吃冰激凌一样轻松”。“无痛？心里会不会痛？往后的后遗症会不会痛？”著名社会学家陈一筠质问道。[3]

事实上，大量医学研究表明，人工流产容易产生六大并发症：人流不全、子宫穿孔、漏吸、感染、出血和人流综合征。有的女孩因为流产甚至导致终身不孕，给自己的一生造成了难以磨灭的负面影响。流产与反复流产不仅导致女孩生理上的不孕不育，而且导致心理上的伤害。

国外一项针对流产女性的研究表明：“61.3%的流产女性有罪恶感，

55.3%的有悲伤感，52.5%患忧郁症，52.4%有羞耻感，52.1%感到后悔，42.5%感到孤独。”[4]可见，流产给女性留下的阴影是深重的。芬兰政府国家财政与健康发展研究中心出版的一份追踪研究报告表明：堕胎女性于堕胎一年内过世的比例是怀孕生产女性的4倍，堕胎女性于堕胎一年内自杀的比例是怀孕生产女性的7倍，堕胎女性于堕胎一年内意外性死亡的比例是怀孕生产女性的4倍，堕胎女性于堕胎一年内遭遇他杀过世的比例是怀孕生产女性的14倍。美国加州的一项医学研究也表明，堕胎女性于堕胎两年内过世的比例，也是怀孕生产女性的2倍。在堕胎后8年内，较之于怀孕生产女性自杀的比率，堕胎女性自杀比例高达154%，意外致死率达82%。[5]

事实证明，堕胎特别是青少年堕胎的后果是严重的，代价是极其沉重的，绝非是无良商家宣传的那样“像吃冰激凌一样轻松”。[6]

鉴于青少年堕胎后果的严重性，我国有学者把它提到了“重大社会危机”的高度，国外有学者甚至将之视为“灾难”。[7]因为这不仅导致大量无辜而可怜的幼小生命惨遭杀戮，而且严重影响青少年的身心健康。这些少女是未来的妻子和母亲，由于过早地怀孕和接受人工流产，使稚嫩的子宫受到伤害，导致伤痕累累的子宫难以孕育健康的胎儿。一个值得注意的现象是：当今媒体上两种广告频率较高：一是无痛人流，一是治疗不孕不育。按照陈一筠研究员的分析，这两者之间是有关联性的。因为流产与反复流产对女性生殖健康会产生长远的负面影响，伤痕累累的子宫不能再孕育胎儿，从而导致终身不能生育。

对“青少年堕胎泛滥”这样一个事关和谐社会和中华民族可持续发展的重要而急迫的现实问题[8]，广大家长表示了深深的忧虑；许多社会学家和教育工作者也对此进行了分析并大声呼吁全社会的关注，但迄今为止，从哲学角度对青少年堕胎问题进行反思的文章尚不多见。本文试图从建设性后现代哲学的视角探讨青少年堕胎现象的理论根源。本文的分析表明，“性教育的匮乏”固然是青少年堕胎泛滥的一个重要成因，但青少年堕胎泛滥背后还有其中的理论原因，那就是现代自由主义的影响，而现代自由主义背后是现代个人主义在作祟。也就是说，现代个人主义哲学是青少年堕胎泛滥背后的理论支撑物。而现代自由主义的堕胎观又和现代人对待传统的虚无主义态度密不可分，这种虚无主义的一个具体表现就是对传统堕胎观的彻底抛弃。

## 二　传统堕胎观

从“上天有好生之德”的立场出发，中国人在传统上对堕胎基本上持一种否定的态度。

主张“仁者爱人”的儒家十分重视强调人在宇宙中的地位，认为人是万物之灵，主张尊重生命，珍视生命。在他们看来，爱惜生命、乐于生存是人的本性。儒家关于生命观的核心思想是“重生”。孔子曰：“未知生，焉知死。”孟子在孔子思想基础之上认为，人的生命是天定的，或长或短，人类应该顺从它、面对它，而不可改变它。堕胎行为无疑是人为参与的、改变他人“命数”的行为，这是儒家思想不推崇的。

道教是我国的本土宗教。与其他宗教一样，道教的主要目的是珍爱人的生命，尊重人类自身及其他生命的价值。因此，道教反对堕胎，认为胎儿的生命也属人的生命，应该享有灵性。《老君说一百八十戒》第十三戒说：不得以药落去子。《老君说百病》中记载：教人堕胎是一病。

佛教将堕胎界定为一种杀生行为，认为它严重违反了佛教“不杀生”的戒律，堕胎者和协助堕胎者将遭受严重的果报。而且在佛教教义里，堕胎是五戒中最严重的罪。佛教认为，受精卵一经形成，生命就开始了，而执行堕胎的父方、母方和医生都应承担这一杀生的共业。

受我国传统文化影响，堕胎行为在道德上一直被国人嗤之以鼻。虽然我国古代早就有关于堕胎行为的记录，但是我国古人通常认为，自行堕胎或协助他人堕胎是一种“伤天害理”的行为，是会遭到“报应”的。这里的“天”通常指“天道”。天道赐你一子，你若将其杀死，便是逆天道而行。由于我国传统思想受佛教影响颇深，所以主张“因果报应”。显然，在我国古代，总体上是反对堕胎的，并在一定程度上鼓励生育。如东汉元帝曾下诏曰：“《令》云‘人有产子者复，勿算三岁’。令诸怀娠者，赐胎养谷人三斛，复其夫，勿算一岁，着以为令。”宋代更有关于堕胎后遭到报应的记载。据《夷坚志补》卷二十四《何侍郎》记载，何侍郎在假死状态中被接入冥司处理悬案，醒来后说：“在阴府中有妇人怀胞胎者，前后积数百口，冥官久不能决，故委吾治之，已委令托生畜类为猪豚矣。”犹记判云：“汝等能怀不能产，坏他性命太痴愚，而今罪业无容着，可向人间作母猪。”[9]

我国有学者分析，古人宣扬因果报的主要目的是双重的，一是以“恐怖下场”警示杀婴堕胎的恶果。“南宋十王图还生动营造地狱景象，堕胎杀婴妇女总是扛着沉重长枷，透露惊慌无助的情绪。”二是报应传说阐扬亲子缘分，即使人畜不同道，仍可延续情缘，甚至进行超自然接触。亲子关系不会因为死亡而断裂，还会突破轮回局限，继续亲情。乡里传颂许多救孤善行，成为“劝善录”增福添寿的阴德观，《二字经》窦燕山“出金嫁孤女”的事迹，传遍各地。[10]

毫无疑问，传统堕胎观的许多内容不乏封建迷信色彩，但其中“不杀生”、“热爱生命”等内容是有其合理内涵的，现代人应该发扬光大。遗憾的是，从一种对传统的虚无主义立场出发，现代自由主义者对传统堕胎观采取了全盘否定的态度，视之为散发霉味的垃圾，必欲除之而后快，这无疑是倒洗澡水连婴儿一起倒掉了。

## 三　现代自由主义的堕胎观

从强调女性的绝对自由和绝对个人权利的角度出发，西方现代自由主义者（尤其是现代女权主义者）普遍支持堕胎，强调女性的选择权。在他们看来，流产权是基本的人权，是两性平等所必需的。支持堕胎自由者认为，女性在怀孕的任何时候都有堕胎的自由，这是当然的生育权利。现代自由主义者强调，我的身体我做主。个人拥有绝对的权利处理自己的身体，包括流产。“母亲无疑有权决定是保留婴儿还是拿掉婴儿，因为那是她的身体。”[11]她们认为，胎儿不是人，即便胎儿具有成为人的潜在可能性。所以，胎儿不应享有人的权利，也不受法律保护。有的女权主义者把流产仅仅看作“纯粹的医疗程序”，胚胎则被看作“概念的产物”。[12]

也有女权主义者从保护个人隐私权的角度为堕胎辩护，认为堕胎属于个人隐私，无论是法律还是社会都不得干涉女性的隐私权。对于堕胎的“选择权”应该是女性的基本权利，因为胎儿是长在孕妇的体内，时刻影响的是孕妇的衣食住行，女性有权选择胎儿的去留。如果没有这种选择权，那么女性就没有在真正意义上得到平等和自由。她们还强调，禁止堕胎的规定并不能使女性停止堕胎，反而会使堕胎行为“从阳光下转入地下”。那些不想要孩子的女性，在禁止堕胎的规定下，往往不会因为法律规定而留下孩子，而是转而去寻求一些非法的、不安全的、甚至危及生命的堕胎机构去解决问题。这无疑是从另一个角度增加了对女性的生命健康权利的威胁程度。因此，只有使堕胎合法化，国家予以支持，堕胎行为才能更安全。也只有这样，女性才算是同男性一样有了相等的权利，才能实现真正意义上的男女平等。

客观地说，现代自由主义和现代女权主义的初衷是值得钦佩的，那就是面对上千年来在父权制主导下的男性对女性的压迫，她们积极为女性争自由，为女性争取平等的权利，其正面价值自不待言。然而，过分强调个体和自我的权利势必导致对他人权利的漠视，从而导致对责任和义务的漠视。一些女权主义者在后来的岁月里也开始反思自己当初的自由主义立场。“当我年轻的时候，像许多美国年轻的女权主义者一样认为，流产权是我要争取的女权主义的首要原则。但当我年纪渐长，我开始意识到，事情不是那样简单。”[13]现代自由主义和女权主义面临的一个巨大的理论悖论和现实困境是：当她们高喊“自由”、“权利”的时候，可曾想过那些婴儿——那些尚不会说话、无力表达自己意见的幼小生命的自由与权利？特别是他们要活下去的权利即“生命的权利”？[14]

## 四　对现代自由主义堕胎观的后现代反思

青少年堕胎泛滥为什么会在我国发生？一个流行的解释是我国“性教育的匮乏”。

毋庸置疑，性教育的匮乏是一个重要原因。但传统性教育本身的局限性也使得它无力独自承担阻遏青少年堕胎泛滥的重任。国外的研究表明，“传统的性教育对于青少年性行为、避孕措施的使用或者怀孕影响甚微，甚至完全没有影响”。[15]按照有的西方学者的分析，传统性教育本身包含着矛盾：它本身是为了保持青少年的纯洁和避免怀孕，但与此同时它又通过信息和形象告诉青少年如何发生性关系。[16]它本身就是个“悖论”。这就导致许多人误认为“性教育越早，发生性行为越早”。这是很多学校、家长和父母诟病性教育甚至不敢和孩子谈性的原因之一。

从建设性后现代主义的视角看，性教育的积极作用是应该肯定的，特别是在我们这样一个封建制度存在长达数千年的国度里。然而，将青少年堕胎泛滥完全归结为“性教育的匮乏”，不仅容易使人忽略青少年堕胎泛滥背后的社会政治原因（如对西式现代化的盲目崇拜）和经济原因（如资本和利益集团的介入），而且容易使人忽略现代自由主义堕胎观背后的理论支撑物即现代个人主义。

历史地看，现代个人主义在反抗神权和暴君的统治、推进人类的解放上居功至伟。然而随着时间的推移，其内在的理论缺陷也日益得以暴露。

站在建设性后现代议的视域看，个人主义的最大缺陷是对事物之间的“内在联系”和“共同体”的失察和对责任的回避。[17]你是你的，但你又不是你的。因为你的存在是以千千万万其他人的存在为前提和依靠的，是他者给予的。正是在这个意义上，佛教称“此身”为“受身”。因此，你对他们责无旁贷地负有某种责任，因为你先天地“亏欠他们”。

按照过程哲学的“内在互依性概念”，一个人之完美的存在在一定意义上取决于所有人之完美的存在。用玛约丽·苏哈克的话来说，“我们不是偶然互依的，而是必然如此”。在这个意义上我们才能说：“互依性是生命的真正要素。”[18]因为一个人的自我乃是他者中的自我，是和他者（包括环境）密切相关的。孤零零的自我连同他的自由都是虚妄的。

例如，从个人主义的“性自由主义”出发，有人替极易导致未婚先孕的“一夜情”进行辩护，鼓吹男女发生性关系只要你情我愿就可以了，不必顾及其他。因为是两个独立自由的个体，所以有权自由支配自己的身体和感情。其他因素如物质利益问题或道德问题与此无涉，不应予以考虑。

小说这样写可以，但事实远没有这么简单。正如某作者所做的“思想实验”为我们描述的那样：“自然的性交”——即不采取任何避孕措施——的开始，如果男女都想要，都可以自由地满足“小小的欲望”，那是平等的，也是“性自由主义”所提倡的。但事实上，性交不是只有“开始”没有后果的。按照“自然的性交”，女性都会怀孕——当然，两个人中除非有天生不孕不育者，这样的人不具有统计意义——我们假设在这种“性自由主义”下发生的性交，女性都怀孕了。

女性怀孕了，怎么办呢？无非是两条路：生下这孩子或打掉这胚胎。

如果要这孩子，女性则需要足够的孕假、营养并需要辛苦的十月怀胎。而这一系列的活动在现实社会中都需要经济条件来保障。设想，这个女性是为了“性自由主义”而与那个男性发生性交的，而且这种性交属于“一夜情”，那么那个男的有权“自由决定”是否承担这些必需的经济负担。常识告诉我们，对“一夜情”性交而产生的女性怀孕，男性是断然不会承担这些经济负担的。在理论上，男性也不会承担。因为第一，每个人都有使自己一个行为利益最大化的本能，男性在此次“一夜情”中只有既享受了性利益又不付出任何经济利益，他的行为利益才是最大化的。按利益恒等原则，只有女性在此行为中受损利益最大，才能成就此行为中的男性所获利益最大。第二，在现实社会中，男性如果承诺承担这些费用，他将承受巨大的经济压力和道德舆论压力。追求行为利益最大化的本能，会促使他逃避这样的承担。

如果不要这胚胎，那么按照现在最普遍的做法就是女性堕胎。堕胎也不是一件简单的事情，除了女性受到的心理压力和身体损伤带来的损失不算，堕胎需要医药费、营养费。而按照我们上面的分析，此次“一夜情”中的男性是断然不会付出这些费用的。其结果还是：这些钱得由女性自己掏。这种“赔了身体又折钱”的傻事，聪明的女性怎么去做呢？

但是，“严酷的事实告诉我们，1990 年代初，中国大陆每 10 万新生婴儿中先天性梅毒病发率仅为 0.01%，而到 2005 年，这一比例上升到了 19.68%，年增长率高达 72%。”此外，据路透社 2007 年 1 月 12 日转引来自中国大陆官方的统计，中国年均共有近 200 万女性人工堕胎，其中“四分之一是未成年少女”![19]这不仅意味着每年成千上万的青少年因为堕胎身心遭受摧残，而且意味着成千上万无辜的幼小生命惨遭杀害。

这一系列严重后果，让个人主义和“性自由主义”完全承担责任自然有失公允，但与之一点干系也没有恐怕也难以服众。

从后现代主义的视角看，个人主义自有其积极的一面，但同时也有其虚妄的一面，它是一柄双刃剑。对个人主义积极的一面（如肯定个体价值、标举个人尊严）我们应予充分地肯定，但对其负面效果则应引起足够的警觉。借用鲁迅对新文化启蒙论者的警告，假使娜拉是一个很特别的人物，自己情愿做牺牲，那是她的选择，人们无权阻止；但是，作为启蒙者，“我们无权去劝诱人做牺牲”。[20]同理，个人主义者要玩性自由主义的

“一夜情”或“杯水主义”尽可自己去玩，但无权让涉世不深的少男少女去埋单。有一种看法是，既然能怀孕，就能作出决定是否终止妊娠。建设性后现代思想的反问是：你觉得让一个还是孩子的少女自己作决定合理吗？[21]

正如著名建设性后现代女权主义思想家苏哈克深刻地指出的那样，世界是“美丽的”，但也是“危险的”。[22]世界之所以是危险的，缘于事物之间的“联系”是“不可逃避的存在事实”。我们的行为直接间接地对他者发生着影响，一如我们不可避免地被他人影响一样。[23]

显然，青少年堕胎问题这背后所涉及的关于生命的意义和价值等问题被现代自由主义者和个人主义者一概忽略了。他们在一味追求欲望满足的过程中，忽略了由于满足欲望而导致的后果及相应的责任。

## 五 建设性后现代的厚道堕胎观

青少年堕胎泛滥问题能遏制吗？现代自由主义者给出的答案是否定的。他们认为这是一个“世界潮流”，由于内中涉及为自己而争，为平等而战，因此“不论你喜欢还是讨厌，不论是好还是坏，这个趋势无人能阻挡。虽然早恋早孕是一个令人悲哀的副产品，是一个严重摧残少女的副产品。”[24]然而，不迷信“华山只有一条路”的建设性后现代思想家却坚信，现代西式堕胎观并非普世真理。从大的时间跨度来看，它只是产生于现代西方的一种特殊的意识形态。也就是说，这种堕胎观未必适用于中国——这个自古以来就推重道义担当、笃信“上天有好生之德”的国度。事实上，就连西方人本身，随着反思现代性的后现代大潮的蓬勃兴起，也已经开始检讨现代西式堕胎观的弊端。美国联邦政府和各州政府近年来推出的“守贞”教育就可看作反驳现代自由主义堕胎观的改弦更张之举。“每年以数亿美元的拨款支持公立学校教育少男少女怎样做到婚前贞洁、婚后忠诚，回归到富于承诺的一夫一妻关系这一主流文明的轨道上。”[25]许多民间机构积极响应，联合推出了“健康婚姻运动”，主要是开展婚前婚后的培训辅导，让更多人享有幸福、稳定的婚姻和安全而健康的性关系。有鉴于此，西方许多有识之士真诚地劝告国人：“希望中国人民不要再走我们走过的弯路，重犯我们犯过的错误，那样代价太昂贵了。”[26]

在阻遏青少年堕胎泛滥、大量减少青少年堕胎悲剧、避免中国年轻一代人重蹈西方青少年覆辙方面，从政府到学校到社会，我们不是只能眼睁睁地看着悲剧一天天发生，而是有很多努力可做。在这方面，建设性后现代思想家的许多主张不乏借鉴价值。

在反思和批判现代自由主义堕胎观的基础上，建设性后现代思想家提出了自己的厚道堕胎观。从尊重他者的后现代核心价值观出发，建设性后现代主义的堕胎观强调对生命的厚道，对少女的厚道，对婴儿的厚道，并主张在青少年中展开责任教育、共情教育和敬畏生命教育。

一要防患于未然。和当前流行的将青少年堕胎泛滥当作孤立事件，采取头疼医头脚疼医脚的办法不同，建设性后现代思想家主张，“不存在单一的预防青少年怀孕的解决方案”[27]，应多管齐下，标本兼治，本着“上医治未病”的原则，从根源处防患于未然。这要求政府积极有所作为，特别是加大各种堕胎法的立法和执行力度，加强对各种从事流产的医院和诊所的管理，提高流产的门槛，如硬性规定“青少年流产必须征得家长同意”。国外的研究也表明，“堕胎需通知家长并获得家长同意”，这一措施“大大减少了青少年堕胎率。”[28]“如果少女知道她父母将知道，这将大大减少她主动与人发生性关系的可能。如果发生的话，也会非常小心，以免怀孕。”[29]女孩家长出于关心自己孩子幸福的考虑，出于关心自己未来的外孙外孙女的幸福考虑，也愿意出手干预此事。因为子宫毁了，将永远失去做母亲的权利。此外，还应严厉控制和打击无良商家，严禁无良商家针对青少年的各种所谓“无痛流产”的忽悠广告，要求学校把性教育作为必修课程来设置。鉴于传统性教育的局限，建议加大“防堕胎教育”的力度，使学生从小就懂得堕胎的严重危害。要使青少年明确意识到，性交会导致怀孕，避孕措施可以预防怀孕。国外的研究表明，要使避孕有效，必须使青少年对他们的性行为后果具有预期，使青少年意识到堕胎的危害，特别是要讲清长期的危害，包括对男女双方身心的伤害，以便提前做好避孕计划。与此同时，也要寻求全社会的支持，使家长明白，与其指责和谴责也是受害者的青少年本人，不如积极采取预防措施，从各个方面堵塞青少年流产泛滥的漏洞，做到防患于未然。

二要推重责任。与现代堕胎观把重心放在个人的自由和权利上相左，后现代堕胎观更加强调责任感和关爱他者。在建设性后现代主义者那里，权利是重要的，但不是绝对的。因为在他们看来，人是社会关系的产物，因此没有哪种权利是绝对的。“所有的权利都不得不被放在一个更大的视角来看，在这个更大的视角中，其他权利也被考虑。真正的问题是：各种各样的权利是如何彼此联系的。”[30]在后现代思想家列维纳斯来说，“主体的自由不是最高和最根本的价值。”[31]生活中有某种东西比我们的生命更重要，那就是他者的生命。因为我们先天地“亏欠他人”。[32]也就是说，自由不是先天的，而是被赋予的。义务永远先于自由。在列维纳斯的自由观中，自由是与对他人的责任联系在一起的。

现代自由派的个人主义把世界看作由契约联系在一起的自主个体的集合，把社会共同体和关系（特别是人与人之间的内在关系）看作是人为的、派生的。今天，越来越多的有识之士认识到：“美国社会以及美国影响下的世界在个人主义之路上走得太远了。因此需要矫正和平衡。”[33]建设性后现代主义主张的是社群主义，把世界看作一个相互联系的网，人是内在地联系在一起的，相互依赖，相互担当，相互滋养。为此，建设性后现代主义者强调责任的重要性，强调“关心他者”，特别是关心弱小者。[34]他们强调的是共赢，是考虑各方的感受，既包括女性的感受、男性的感受，也包括婴儿的感受。

与此相适应，建设性后现代的厚道堕胎观主张在青少年中大力开展责任教育。所谓责任教育，就是教育青少年做一个有责任感的人，使他们意识到性行为绝不是一个纯粹的男欢女爱、你情我愿的问题，而是一个道德问题，其中涉及厚重的责任。“因此，发生性关系前要想仔细了，负责任地想好了。”[35]这就需要设立三道防火墙：第一，鼓励青少年说“不”(Just say No or not yet)，如果真爱我那就请等待。第二，无预防措施则免谈（Just say Not without using something)，如果一定要性交，没有避孕措施绝对不行，女孩要勇敢地“发出自己的声音”。第三，为青少年的发展开辟新的天地（I have other thing to do)，使他们意识到人生还有许多比性更重要、更令人激动的事。[36]

二要敬畏生命。建设性后现代主义者主张共情主义，这是一种人饥己饥、人溺己溺、将心比心的情感，即“一种与他者感同身受、休戚与共的情感”。[37]这种共情主义存在于许多文明中，是许多传统文化的基因。儒家的仁者爱人、民胞物与、推己及人，耶稣的“你要别人如何对你，就要如何对人”，犹太教的爱人如己，伊斯兰教的“对孤儿怜恤，对贫穷人疼慈”，佛教的无缘慈、同体悲，道家的齐物、厚生、生而不有，以及印度文明将白云和蜜蜂看作“爱的使者”，印第安人说树会“疼”，表达的都是这种共情主义的情怀。这种情怀为我们在堕胎问题上善待他者（包括善待女性和婴儿）提供了情感支撑，因为它要求我们直接“感受他者的痛苦”。[38]

这种共情主义的情怀内在地要求我们敬畏和热爱生命，这既包括敬畏和热爱他者的生命，也包括热爱我们自己的生命，不把生命当儿戏，不轻言流产，因为流产不仅残害婴儿，而且伤害女性。由于母子/母女是一体同肢、血肉相连的，因此“把一个婴儿从母亲的子宫中撕裂出来而不撕裂母亲本身是纯粹是不可能的”。[39]这意味着青少年轻易流产不仅对婴儿这一幼小的生命不厚道，而且对少女本身也不厚道。

与此相应地，建设性后现代主义的厚道堕胎观主张，在青少年中大力开展共情教育和敬畏生命教育。具体做法是通过讲述生命的故事和把婴儿在母亲子宫里活动的高清晰图片展示给青少年，使他们对鲜活幼小的生命有直观的印象，而不是将之视为一个机械零件或纯粹的“概念产物”。在这一方面，西方广为流传的《一个未出生婴儿的日记》为进行共情教育和敬畏生命教育提供了可资借鉴的范例。该日记借一个未出生婴儿之手这样写道：

“10 月 5 日：今天，我的生命开始了。我的父母还不知道呢。虽然我小得像一颗苹果籽，但我的确已经存在了。我将是女孩。我将有金黄色的头发和碧绿的眼睛，我将爱花。

10 月 19 日：有人说我还不是一个真的人，仅仅我妈妈存在。但我是一个真的人，就如同一片面包屑已经是真的面包一样。我妈妈是真的，我也是真的。

10 月 23 日：现在我的嘴开始张开了。我在想，一年以后，我就可以笑和说话了。我知道我发出的第一词将是‘妈妈’。

10 月 25 日：我的心脏开始跳动。

11 月 12 日：小手指开始在我手上长起来了，它们看起来好小啊。不过我将能够用它们轻抚妈妈的头发。

11 月 20 日：直到今天，医生才告诉妈妈，她肚子里已经有了小生命，我就在她的心脏下面存在着。哇，妈妈你幸福吗？

11 月 25 日：妈妈爸爸估计在为我起名字呢。

12 月 10 日：我开始长头发了。

12 月 12 日：我即将能看了。现在周围还是黑的。当妈妈带我来到这个世界上的时候，那应该是一个充满阳光和鲜花的世界。但我最想看的是妈妈。

12 月 24 日：我想知道妈妈是否听到了我的心语。

12 月 28 日：但是今天，妈妈却杀了我！”[40]

共情教育可以培养青少年“对女性的慈悲，对胎儿的慈悲”[41]，从而发展一种热爱生命、善待他者的厚道价值观。这无疑是从根本上杜绝青少年堕胎泛滥的一个有效途径。

**参考文献**


[1] Alaka Malwade, *The sociocultural and political aspects of abortion: global perspectives.* Westport, Conn: Praeger, 2003, p. 1.

[2] 冯金彩：《迷失的性教育——少女怀孕现象堪忧》，《十堰晚报》，2010 年 8 月 23 日。

[3] [6] 李晓宏：《“青苹果”的烦恼》，《人民日报》，2010 年 9 月 16 日。

[4] Stephen D. Schwarz, *Understanding Abortion: From Mixed Feelings to Rational Thought*, New York: Lexington Books, 2012, p. 178.

[5] David C. Reardon, “Abortion Is Four Times Deadlier Than Childbirth”, *The Post – Abortion Review*, 8 (2), April – June 2000.

[7] [16] [21] Catriona I. Macleod, *Adolescence*, *Pregnancy and Abortion*, London & New York: Routledge, 2011, pp. 44、44、49.

[8] 本文所讨论的“青少年堕胎”主要指青少年视流产为儿戏，随意终止妊娠，不包括强奸致孕和因病堕胎等其他特殊情况。

[9] 洪迈：《夷坚志补》卷 24，《何侍郎》，第 1767 页。

[10] 刘馨珺：《鬼怪文化与性别：从宋代堕胎杀婴谈起》，《学术研究》，2013 年第 3 期。

[11] Judith Jarvis Thomson, “A Defense of Abortion”, *Philosophy & Public Affairs*, Vol. 1, No. 1 (Fall 1971).

[12] Leslie Cannold, *The Abortion Myth: Feminism, Morality, and the Hard Choices*

*Women Make*, Middletown, CT, Wesleyan University Press, 2001, p. 126.

[13] Krista Jacob, *Abortion under Attack: Women on the Challenges Facing Choice*. Emeryville, CA, Seal Press, 2006, p. 32.

[14] John B. Cobb, Jr. *Matters of Life and Death*, Westminster: John Knox Press, 1991, p. 73.

[15] B. C. Miller, J. J. Card, R. L. Paikoff, and J. L. Peterson (Eds.), *Preventing Adolescent Pregnancy*, Newbury Park, CA, Sage, 1992, p. 265.

[17] [32] 王治河、樊美筠：《第二次启蒙》，北京大学出版社 2011 年版，第 171、341 页。

[18] Marjorie Suchocki, *The Fall to Violence*. New York: Continuum, 1999, p. 69.

[19] 华岩子:《批判李银河之一：批判性自由主义》(1)，http://www.wyzxsx.com/Article/Class22/200905/86031.html，2009 年 12 月 4 日。

[20] 鲁迅：《娜拉走后怎样》，《鲁迅全集》第 1 卷，人民文学出版社 1973 年版，第 170 页。

[22] Marjorie Hewitt Suchocki. *God Christ Church: A Practical Guide to Process Theology*. New York: Crossroad, 1988, p. 22.

[23] Kathlyn A. Breazeale, "Marriage After Patriarchy?" *Creative Transformation* 8. No. 3 (1999), p. 6.

[24] 湖北招生考试网:《逐年上升的少女怀孕率带来什么警示》，http://www.edu-hb.com/Html/201205/26/20120526174705.htm。

[25] [26] 陈一筠：《少女怀孕：谁是真正的罪魁祸首》，http://blog.sina.com.cn/s/blog_4b0ca5850100a4ae.html。

[27] B. C. Miller, J. J. Card, R. L. Paikoff, and J. L. Peterson (Eds.), *Preventing Adolescent Pregnancy*, Newbury Park, CA, Sage, 1992, p. 282.

[28][29][33][34] Michael Tooley, et al. *Abortion: Three Perspectives*, New York: Oxford University Press, 2009, pp. 106、107、75、73-74.

[30] John B. Cobb, Jr. *Matters of Life and Death*, Westminster: John Knox Press, 1991, p. 73.

[31] R. Kearney, Dialogues with Contemporary Continental Thinkers, Manchester, Manchester University press, 1984, p. 63.

[35] Stephen D. Schwarz, *Understanding Abortion: From Mixed Feelings to Rational Thought*, Lexington Books, 2011, p. 181.

[36] B. C. Miller, J. J. Card, R. L. Paikoff, and J. L. Peterson (Eds.), *Preventing Adolescent Pregnancy*, Newbury Park, CA, Sage, 1992, p. 266.

[37] 樊美筠、王治河：《走向一种共情主义》，《世界文化论坛》，2013 年第 59 期。

[38] Michael Slote, *From Enlightenment to Receptivity: Rethinking Our Values*, New York: Oxford University Press, 2013, p. 9.

[39] David C. Reardon, *Making Abortion Rare*, Springfield, IL: Acorn Books, 1996, p. 5.

[40] [41] Laurie Shrage, *Abortion and Social Responsibility: Depolarizing the Debate*. New York: Oxford University Press, 2003, pp. 136、138.

# 过程哲学的原理

# 论怀特海的哲学观

杨富斌

怀特海创立的过程哲学有其独特的哲学观。只有深刻理解怀特海的哲学观，才能真正理解怀特海过程哲学的独创性贡献。本文侧重考察怀特海的哲学观。

## 一　哲学是宇宙论

首先，哲学是宇宙论。怀特海在《过程与实在》中明确指出，他所阐述的新哲学，目的是要阐述一种严密的宇宙论观念，通过探讨各种经验论题来揭示这些宇宙论观念的意义，最后建立一种适当的宇宙论。这本书的副标题就是“宇宙论研究”。当然，他所理解的宇宙论与哲学史上其他哲学宇宙论具有明显的差异。

从概念上说，哲学意义上的“宇宙论”一词最早由德国哲学家沃尔弗使用。到18世纪，西方人已开始普遍运用沃尔弗的这一提法来分析哲学史问题，如德国哲学家康德把托马斯·阿奎那关于上帝存在的证明叫作宇宙论证明，并在《纯粹理性批判》中提出了宇宙论的四个二律背反，总结了以前哲学中各种宇宙论的对立观点。黑格尔认为，宇宙论研究应包括世界的偶然性、必然性、永恒性、有限性、规律性、人的自由和恶的起源等问题。一些西方哲学家认为，哲学宇宙论仍然有存在的价值，而且宇宙论与本体论有区别。两者的不同在于：宇宙论探求这个世界什么是真实的，而本体论则探求对任何世界都有效的关系与原则。[1]

怀特海正是在探求世界上什么是真实的（real）意义上使用“宇宙论”概念的。整个《过程与实在》就是根据量子力学和相对论等现代科学理论所揭示的宇宙万物的本性及其存在的真相试图阐明，世界上各种现实存在的生成过程是最实在的。

在怀特海看来，宇宙是一个由各种现实存在相互作用、相互影响、相互摄入而不断生成的现实过程。任何现实存在，不管是以实体性形式存在的东西（如山川、日月、星辰、树木等），还是以非实体形式存在的东西（如信息、波、场、精神、意识、思维等），只有处于不断生成的现实过程中，才是真正的、实在的存在。如若脱离了不断生成的现实过程，它们就是非实在、非真实的。这乃是怀特海的过程原理所要表明的宇宙真理："一个现实存在是如何生成的，构成了这个现实存在是什么；因而现实存在的这两种描述方式并不是互不相干的。现实存在的'存在'是由其'生成'所构成的。这就是'过程原理'。"[2]

其次，怀特海详细阐述了过程哲学宇宙论研究的范围、目的和方法：

一是其宇宙论研究是以重新发现从笛卡儿开始到休谟为止这个阶段的哲学思想为基础的，并把其宇宙论研究叫作有机哲学。他强调，其宇宙论研究的目的是要强调柏拉图、亚里士多德等古希腊哲学大师和从笛卡儿到休谟这些近代哲学大师的著作中被后来的创造体系的哲学家们所抛弃的内容，即有关过程和关系的思想。

二是他强调《过程与实在》第一编解释了有机哲学宇宙论使用的方法，并概要地阐述了构成其有机哲学宇宙论的观念体系。[3]第二编则致力于揭示这个观念体系可以恰当地解释那些构成西方文明思想的复杂结构的观念和问题。

三是指出哲学史揭示了在不同历史时期支配着欧洲思想的两种宇宙论，这就是柏拉图的《蒂迈欧篇》表达的宇宙论和17世纪的宇宙论，后者的主要代表人物有伽利略、笛卡儿、牛顿和洛克。前者的缺陷在于其中所包含的过程宇宙论缺乏自然科学的基础；后者的缺陷则在于以牛顿力学为基础，坚持了机械的宇宙观，忽略了宇宙的有机联系和发展。怀特海要发展的过程宇宙论遵循的是一条明智的研究路径：即把先前这两种宇宙论结合起来，并根据自洽性和知识进步的要求作出相应的修正。

怀特海致力于构建宇宙论的目的主要在于：首先，他要以一种新的方式认识世界。换言之，他要为我们描绘一幅新的世界图景，进而为我们提供一种新的观察世界的方式。其次，他要对世界作综合性的总体性研究，这种研究致力于阐明西方哲学中以往含混不清的问题，把许多在现代世界中被分割为碎片的东西重新整合起来。最后，他的宇宙论研究是为了同近现代西方的认识论哲学区分开来。由于近代西方哲学发生了康德哲学引起的所谓“哥白尼革命”，使主流西方哲学家认为所有哲学问题都可以归结为认识论问题，甚至认为哲学就是认识论，而传统形而上学中的宇宙论和本体论研究则被视为根本不能证实的思辨哲学或形而上学问题被抛在了一边。由于坚持这种认识论哲学的基本立场，近代哲学进一步强化了自然与文化、主体与客体、心灵与世界、事实与价值、第一性质与第二性质的区分和对立。为了克服这一严重弊端，怀特海明确地反对把哲学归结为认识论，认为哲学在本质上首先是宇宙论研究，只有在宇宙论和本体论的前提下才能真正地探讨认识论问题。

## 二　哲学是形而上学

怀特海明确地把过程哲学叫作思辨哲学或形而上学。这在现当代西方主流哲学明确拒斥思辨哲学或形而上学的大背景下，尤其别具一格。

形而上学（metaphysics）本来是亚里士多德一部著作的名称，意为“物理学之后”。从13世纪开始，“形而上学”被作为哲学概念使用，用以指称研究超经验的东西的学问，或者用作哲学的别称，其意一般多指建立一个观念体系，以对实在的性质作出判断，或以一种方法去把握所知的实在的性质。而怀特海致力于构建的过程形而上学与哲学史上形形色色的形而上学既有某些相通之处，又有明显的区别，主要表现在：

首先，怀特海认为，形而上学是一种形成知识的重要方法。在他看来，思辨哲学与形而上学是同义的。他在《过程与实在》中开宗明义地指出：“这些演讲的宗旨是要对思辨哲学进行探讨，其首要任务便是对‘思辨哲学’作出界定，并为其作为一种形成重要知识的方法做辩护。”[4]可见，在怀特海看来，思辨哲学不仅是一种形成知识的方法，而且是形成重要知识的方法。

其次，怀特海认为，他要建立的“形而上学不过是对适合于全部实践细节的普遍原理所做的描述而已”。[5]在他看来，“凡是可以在‘实践’中发现的东西，都一定在形而上学的描述范围之内。如果这种描述不能包含这种‘实践’，这种形而上学就是不充分的，需要做修正。只要我们满足于我们的形而上学学说，我们就不要诉诸实践去补充形而上学”[6]。因此，他强调，“思辨哲学的目的是要致力于阐述一种内在一致的、合乎逻辑的且具有必然性的一般观念体系，根据这一体系，我们经验中的每个要素都能得到解释”。[7]

当然，怀特海也明确地认识到：“任何形而上学体系都不能完全地期望满足这些实效性的检验。这样一种体系充其量是对所寻求的那些普遍真理的逼近。特别是，不存在任何精确陈述的、可作为出发点的公理式的确定性，甚至根本不存在用来构成它们的语言。唯一可能的方法是以词语表达方式作为出发点，而若以这些词语表达方式的现行意义本身来看，它们则是定义不明和含混不清的。”[8]因此，除非通过进一步的说明，这些表达方式不是可以直接进行推理的前提。因为词语力求陈述的是一些一般原理，而这些一般原理必须通过经验事实来说明。

再次，怀特海指出，他的思辨形而上学既有理性的一面，也有经验的一面。其理性方面是由“内在一致的”和“合乎逻辑的”这些术语来表达的，其经验方面是由“适用的”和“适当的”这些术语来表达的。也就是说，根据怀特海的理解，思辨形而上学并非是与经验没有任何关联的纯理性思辨。相反，他要创立的思辨形而上学也有经验的一面，与经验有关联。这种关联性表现在，这种思辨形而上学体系对每一项经验都具有适当性，全部经验的基本结构都表现出同这种思辨哲学相一致，因而这种相关性又是普遍的、必然的。思辨哲学对全部经验具有必然的普遍性这一学说意味着，过程宇宙论所理解的宇宙具有一种本质，这种本质禁止其自身之外的关系，思辨哲学的目的就是要寻求宇宙的这种普遍联系的本质。

最后，怀特海还强调：“哲学家们决不要奢望最终构成这些形而上学的第一原理。人在洞察力方面的弱点和语言自身的缺陷会无情地妨碍这一目标的实现。各种词汇和短语必定会在其一般意义上被加以引申，使其超越通常的用法。然而，不管这些语言要素如何被固定化为专门术语，它们仍然是一些隐喻，需要暗中借助于富有想象性的跳跃来补充。”[9]这就是说，任何哲学家（包括怀特海本人）都不可能最终构成这些形而上学的第一原理。因为人的洞察力是有限的，人的语言也总有难以克服的缺陷，两者都会妨碍最终完成形而上学的第一原理。因此，他特别提醒人们：

“我们试图在事物的性质上一探究竟，追根溯源，这种努力是多么肤浅无力和不尽完善啊！在哲学讨论中，关于终极性陈述即使对其确定性有丝毫独断式的确信，都是一种愚蠢的表现。”[10]

但是，一方面，形而上学的第一原理决不是不可知的、不能为人的洞察力把握的。这便同一切实证主义关于形而上学原理不可知的观点区别开来了。坚持形而上学第一原理是可知的，是指人们“只能逐步地接近某种原理体系”，而不能最终完成这种体系。这就正如物理科学不可能穷尽物理世界的一切规律一样。另一方面，“形而上学的第一原理决不能没有具体的实例”。[11]相反，它们总是通过一个个具体实例体现出来的。然而，通过严格的经验主义方法发现一般原理的做法已经破产，而且这种破产不仅仅局限于形而上学。即使在自然科学中严格坚持归纳法，也将使科学停滞不前。因此，在构建形而上学的第一原理和所有科学发现中，必须充分发挥自由想象的作用。他批评培根忽略了自由想象的作用，指出“这种自由想象是由内在一致性和合乎逻辑性的要求支配的。真正的发现方法宛如飞机的航行；它从特殊的观察基地起飞，继而在有想象力的普遍性的稀薄空气中飞行，最后降落在由理性的解释使之更为敏锐的新的观察基地上”。[12]

综上所述，怀特海的过程形而上学既承认思辨哲学是一种产生知识的重要方法，也表明哲学同具体科学的重要区别在于哲学形而上学研究具有重要意义，它对人类文化发展和语言意义的确定都有重要作用，因为哲学研究的主题就是宇宙的普遍原理。

## 三　哲学的主题是普遍原理

首先，哲学应当对一切经验现象有普遍意识。在怀特海看来，当哲学只是沉溺于卓越的说明技巧时，便会使自己的有用性丧失殆尽，就是在用错误的工具侵蚀特殊的科学。他说：“哲学的终极诉求应当是对我们在实践中所经验到的一切具有普遍意识。无论是何种预设思路，只要其能表现贯穿于理性社会各个时代的社会表达方式的特征，都必定会在哲学理论中找到其用武之地。”[13]这就是说，具体科学的目的和意义在于对具体事实的说明。哲学则是对这些具体说明和解释中所贯穿的普遍原理的揭示和说明。如果哲学不是致力于揭示这种普遍原理，而是致力于说明具体的经验事实，这便是哲学对特殊科学研究领域的僭越。自近代科学从古代自然哲学中独立出来以后，任何企图把哲学理解为“科学之科学”的观点都已经根本站不住脚了。

其次，哲学研究既要有抽象的理性概括，又要使这些普遍概括能经得住逻辑和事实的检验。即在面对具体现实时，哲学既要有大胆的抽象概括和探险性的理性思辨，又必须在逻辑和事实面前保持全然的谦卑态度。“当哲学既不大胆也不谦逊，而仅仅反映异常人格的情绪性预设时，这便是哲学的病态。”[14]这就是说，如果一个哲学家既没有对具体的现实存在的抽象概括和理性思辨，没有达到普遍原理的层次，同时又没有遵循严格的逻辑方法，不是直接面对客观事实进行概括，而是纯粹按照自己的抽象思维和主观想象提出一些情绪性的预设的话，那么这种哲学便是错误的和病态的，而非正常的和健康的。

再次，哲学的任务是要说明如何从具体事物中作出抽象概括。怀特海指出，哲学的这种说明性意图经常被人误解。如果要追问如何从普遍的东西构成具体的特殊事实，那就完全错了。这个问题的答案是：“完全不可能。”“真正的哲学是：具体事实如何体现从其本身抽象出来而又分有其自身性质的那些存在？”“换言之，哲学是对抽象概括的说明，不是对具体的说明。”[15]所以，怀特海认为，各种类型的柏拉图学派的哲学，由于天才地掌握了这一终极真理，尽管与任意的幻想和返祖的神秘主义有许多联系，但至今依然保持着持续的魅力，因为它们所要寻求的是事实中的形式。然而，在怀特海看来，每一种事实都不只是自己的形式，都“分有”了整个事实世界。这样一来，怀特海的过程哲学便同各种柏拉图学派的哲学区分开来了。正是基于这种认识，我们可以得出结论说，根据怀特海的观点，哲学的研究对象就是贯穿于自然、社会和人类思维之中的普遍规律或普遍原理（generalities）。

最后，哲学是从有限和无限的关系中突破有限、认识无限的。在怀特海看来，哲学研究和科学研究的最终目的都是从已知走向未知，通过有限认识无限。但是，科学致力于从有限中认识无限，因而侧重于在有限的现实世界中寻求因果关系；而哲学则是从有限与无限的关系中认识无限，因此哲学总是要突破现实世界的有限性，在有限之外去寻找无限，即在科学之外去寻求和射杀“猎物”。[16]综观怀特海的著述，似乎他并没有直接对“哲学是什么”的问题作出明确的回答，但他确实认真地思考过“什么东西使一种理论成为哲学理论?”[17]他的答案是：“哲学是心灵对于无知地接受的理论的一种态度。所谓‘无知地接受’，我的意思是说，没有就一种理论牵涉到的无限多的情况来理解这种理论的全部意义。”[18]他解释说，哲学的态度就是要坚定不移地试图去扩大对进入我们当前思想中的一切概念的应用范围的理解。也就是说，哲学并不满足于人们已经用文字表达出来的概念、思想和思维，力图扩大我们当前思想的范围。如果有人满足于已有的概念、命题的应用范围，那他就不是哲学家。没有一个哲学家会满足于与人们的通常看法相一致，不管这些人是他的同事还是他先前的自我。哲学家“总是在突破有限性的界限”[19]，致力于扩大已有知识、概念、思想和思维的应用范围。比如，哲学家总是试图扩大物理学已经达到的知识的应用范围，把它们应用于物理学尚未研究、也无法研究的宇宙的其他领域，如心理领域、精神领域、道德领域、价值领域和其他未知的物质领域。当然，在这样做的时候，哲学家一定要小心谨慎，切不要以为这一定会成功。一旦成功，那就是哲学家的洞见获得了成功。否则，就要修改这种思辨性的假定。

由于哲学探索的是普遍原理，而且是不断更新的普遍原理，通常就很难用语言明确地表达出来。因此，怀特海说：“如果谁想把哲学用话语表示出来，那它是神秘的。因为神秘主义就是直接洞察至今没有说出来的深奥的东西。但是哲学的目的是把神秘主义理性化：不是通过解释来取消它，而是引入有新意的、在理性上协调的对其特征的表述。”[20]可见，一方面，怀特海认为，哲学不可能用语言清楚明白地表达出来，在很大程度上它需要人们苦思冥想，通过意念来把握；另一方面，哲学又必须用理性的语言来表述人们对世界的冥想和体验，否则就要陷入神秘主义。把神秘主义理性化，这就是怀特海所理解的哲学的目的。

正是在这个前提下，怀特海提出了这样一个著名论断：“哲学类似于诗。”[21]也就是说，哲学和诗一样，都力图表达我们关于文明的终极的良知，所涉及的都是形成字句的直接意义以外的东西。两者的区别在于：“诗与韵律联姻，哲学则与数学结盟。”[22]

## 四　哲学的成功在于能提供一般观念

首先，哲学是通向更大的普遍性的航行。怀特海认为，一门具体科学的领域通常只限于某一类事实，其陈述都与这个事实之外的事实无关。任何一门具体科学都是针对一组特定的事实而产生的，正是这个状况保证了这一类事实之间具有各种确定的关系，人们似乎都能意识到这种关系，并能用语言来充分地加以描述。因此，在怀特海看来，“具体科学探讨的主题通常易于探究，而且易于用语词来表达”。[23]

而“哲学研究宛如通向更大的普遍性的航行。正是由于这个原因，在科学的幼年时期，人们的注意力主要是放在发现可有益地应用于相关主题的最一般的观念上，哲学与科学还没有严格地区分开来。……在科学发展的晚期阶段，除了偶然的干扰以外，大多数科学都毫无疑问地接受了它们赖以发展的一般概念，其主要的关注点是如何协调和直接证实那些更加具体的陈述”。[24]

因此，在怀特海看来，“一种新观念通常会引入一种新选择。……在经由一位哲学大师的思想冲击之后，哲学再也不会回到其原先的状态了”。[25]从这个意义上说，从柏拉图、亚里士多德、阿奎那、笛卡儿、斯宾诺莎、莱布尼茨、洛克、贝克莱、休谟，一直到康德和黑格尔的哲学前后相继，表明新的哲学观念一直在不断出现，哲学一直在进步。

最后，怀特海强调：“哲学的有用性功能就是促进文明思想最普遍的系统化。专门知识与常识总是相互作用的：专门科学的作用是修正常识，而哲学的作用则是把想象力与常识相融合，从而形成对专家的制约，同时也扩大他们的想象力。通过提供一般概念，哲学应当使人们更易于理解那些孕育在自然母腹中尚未成为现实的无限多样的特殊情况。”[26]因为如果没有这些一般概念，就不可能形成科学的理论体系，经验性的认识就上升不到科学的层面。一些有识之士认为，中国古代科学之所以后来停滞不前，比如没有形成化学、物理学等现代科学理论的形态，从某种意义上说，就是因为没有形成一般的概念。怀特海认为，在哲学史上，思辨哲学因为过于野心勃勃而一直遭人反对。因为它要建立和阐述的是关于宇宙的普遍原理，而这些普遍原理既不直接明显，也不容易发现。这就给人这样一种印象，似乎思辨哲学家都是一些空谈家，都是一些不切实际的理想主义者。但有意思的是，人们又“承认理性主义是具体科学在自己的有限范围内获得进步的方法”。[27]怀特海认为，承认理性主义的积极作用，但又不承认以理性主义为基本工具的哲学或者形而上学，这实际上是自相矛盾的。

在怀特海看来，这种观点实际上在暗中把过去的独断论检验标准强加给了哲学。怀特海说：“如果用同样的标准来强行检验科学，科学也是不成功的。”[28]因为从科学史来看，一门具体科学的发展也是不断地由新理论替代旧理论的历史。例如，化学上氧化说代替燃素说，天文学上日心说代替地心说，物理学上相对论和量子力学代替牛顿力学，等等。如果以同样的标准来衡量这些自然科学，它们也是不成功的。为什么坚持理性主义精神的人们对自然科学理论的不断更替采取如此宽容的态度，却唯独对哲学理论的不断更替采取如此教条或独断的态度呢？如果从继承性上来看，“我们对十七世纪笛卡儿哲学的继承就远甚于继承那个世纪的物理学”。[29]

怀特海进一步分析说，对哲学思辨的主要反对意见是其无用性，即认为哲学没有任何用处。[30]这种哲学无用论起源于 16 世纪，最终是由弗兰西斯・培根表达出来的。持这一观点的人认为，我们应当描述具体事实，并从中概括出具有普遍性的规律。这种普遍性应当严格限制在所描述的那些细节的系统化方面，普遍性解释对这一方法并无任何意义。因此有人认为，任何普遍的解释体系，不管其真假如何，本质上都是空洞无用的。怀特海不赞同这种观点及其论证方式。他指出：“不幸的是，对这种反对意见来说，除非把事实解释为系统中的一个要素，否则根本不存在任何能够理解的自足的原初事实。无论何时我们试图表达直接的经验问题，我们都会发现，对这一问题的理解都会引导我们超越经验自身，超越其现在、过去和未来，并达到据以展示其确定性的普遍。”[31]这就是说，我们只有把一个事实理解为一个普遍系统中的一个要素，才能真正理解这个原初事实在整个有机系统中的地位及其作用。如果仅仅把一个原初事实理解为孤立的、与系统中其他要素没有相互联系的独立事实，那么这个事实就不能得到真正的理解。无论何时，只要我们试图全面而深入地说明一个经验事实，就必须超出这一事实，把这一事实放在它所处的整个系统中并超越其现在、过去和未来，才能真正地对这一事实给出一个普遍而必然的系统说明。

哲学如何才能使自身摆脱无用性的缺陷呢？怀特海的办法之一是：“哲学由于同宗教、自然科学和社会科学的密切联系使自身摆脱了无用的坏名声。哲学由于将宗教和科学融为一种合乎理性的思想体系而使自身获得了主要的意义。”[32]在怀特海看来，宗教能把哲学理性的普遍性与特定社会和特定时代产生的、并以特定前因为条件的诸多情感和目的结合起来。宗教把一般观念转化成特殊思想、特殊情感和特殊目的，其目标指向的是扩展个体的利益，使之超越有违其初衷的特殊性。哲学应当与宗教建立密切联系，应当向宗教学习。因为宗教能把一般观念、终极关怀变成具体的思想、情感和目的，因而能打动人心，能使个体获得直接利益。宗教作为一种终极的渴望，能把主要属于概念思想本身的非现世的普遍原理注入持续的特殊情感之中。在高级机体中，只有实现了这种注入，才会消除纯粹情感和概念经验之间的节奏感造成的终生厌烦。机体的情感和概念这两个方面要求协调一致，宗教在这种协调过程中发挥了重要作用。在怀特海看来，对纯粹经验进行理智性证明的要求长期以来也是推动欧洲科学发展的动力。“从这个意义上说，科学的旨趣不过是不同形式的宗教旨趣而已。任何对科学献身于‘真理’这一理想的探究都将会确认这一陈述。”[33]由此不难理解，为什么近代科学的先驱大多是宗教徒，如近代天文学家哥白尼、生物学家孟德尔等。科学与宗教同源，科学的兴趣只是宗教兴趣的一种变化——这并非天方夜谭，而是不争的事实。

## 五　哲学的进步性和传统哲学对理性作用的夸大

首先，怀特海认为，哲学自柏拉图以来一直在不断地进步。显然，他既不同意哲学史“是一堆哲学僵尸的战场”的观点，也不同意哲学的发展是“狗熊掰棒子”式的历史的观点。他不赞成这样一种流行很广的观点：即每一种新的哲学体系总是把先前的哲学体系推倒重来，因此哲学自产生以来似乎没有什么真正的进步；哲学史只是各不相同的哲学体系相互替代的历史而已。

在怀特海看来，尽管从历史上看，每一种具体的哲学都免不了被其他哲学所替代的命运，但从总体上看，哲学一直是在不断前进的。哲学同其他任何科学一样，其内容一直在不断更新，观点一直在不断发展，并逐渐地接近对宇宙本性和总体的正确把握。

在我们看来，怀特海的这一观点非常正确地概括了西方哲学自古希腊以来的实际发展状况，对我们正确认识哲学和科学的关系、哲学的社会作用和功能也具有重要的意义。长期以来，各种科学主义哲学思潮和哲学无用论的重要依据之一，就是同科学进步相比，哲学没有自己进步的历史，似乎自产生以来一直在原地踏步，这与科学自产生以来不断进步形成了显明的对照。而怀特海则认为，其实，同17世纪的物理学等具体科学相比，人们可能更重视17世纪哲学的成果。如果说今天的人类不再坚持17世纪的哲学，那么今天的物理科学更不会再坚持17世纪的物理学。

其次，在怀特海看来，传统哲学所犯的主要错误是夸大了理性概括的作用。因为哲学对具体事实作出一定的理性概括，从目的上看是合理的，但传统哲学对这种概括所取得的成功的估计则被过分夸大了。这种夸大主要有两种形式：一是所谓“误置具体性之谬误”。这种谬误表现在，把本来是对现实存在的某种抽象当作具体，似乎这种抽象可以脱离现实存在而独立存在。这就把具体放错了地方，怀特海称之为“误置具体性之谬误”。比如，引力是牛顿物理学对各种现实存在尤其是天体之间存在的一种力的抽象，这种引力依赖于这些具体的天体，没有这些天体的存在，就不会有引力。但有人则认为，引力是一种独立存在，即使没有这些天体，引力会照样独立存在。这就犯了怀特海所说的误置具体性之谬误。

传统哲学的另一种夸大，是在确定性和前提方面对逻辑方法做了错误的估计。在怀特海看来，“哲学一直受到一种不幸观念的困扰，这就是认为哲学方法可以独断地表示那些各自清晰、明确和确定的前提，并可在这些前提之上建立起一种思想演绎体系”。[34]而他认为，精确地表达终极的一般原理是进行哲学讨论的目标，而不是其起因。长期以来，哲学一直被数学的样板所误导。即使在数学中，对终极的逻辑原理的陈述也被各种困难所困扰，这些困难迄今也未能克服。因为确证一种理性体系应当检验其第一原理是否取得了普遍的成功，而不是看其是否有特别的确定性或原初的清晰性。怀特海强调，在这方面，必须特别注意防止归谬法的滥用，许多哲学原理都深受其害。在推理过程中，当一系列推理出现矛盾时，人们往往会得出的唯一结论便是，这种推理的各种前提中至少有一个是假的。

人们通常不再进一步质疑，就轻率地断定这个错误的前提可以立刻被确定。在数学中，这种假定通常可以被证明为是正确的。哲学家们由此而受到误导，认为在哲学中也是这样。其实，在哲学论证中，当存在的范畴还没有得到很好的定义时，哲学论证的每一个前提都是可以存疑的。怀特海指出："如果我们把任何一种哲学范畴体系都看作一种复合的断定，并且把逻辑学家或真或假的选择应用于这种体系，那么答案必定是，这种范畴体系是错的。对于现已阐明的任何科学原理的类似问题，必定都可以给予同样的回答。"[35]

从这个意义上说，形而上学范畴不是对明显事理的独断性陈述，而是对各种终极的一般原理的试探性表达。任何哲学都会有一些尚未详细阐述的条件、例外和局限，并且根据更为一般的概念可以作出新的解释。迄今为止，我们还不知道如何把一种哲学或形而上学体系打造为一种合乎逻辑的真理。但是，由此并不能否定哲学的积极作用。在怀特海看来，哲学体系是一个母体，从中可以衍生出适用于各种具体环境的真命题。目前我们只能信任我们受过训练的天赋，让我们的天赋来帮助我们区分这种哲学体系可以适用的各种具体情况。

使用哲学这一母体就是要我们根据严密的逻辑，大胆地以之为根据来论证。因此，应当以最精确和最确定的方式来阐述这种哲学体系，以便使这种论证能得以进行。这种论证的结果还应当由此能面对其应当适用的各种具体境况。

这样做的主要好处在于，人们会根据这种哲学来经常地拷问经验，并使人们的观察获得更强大的穿透力。采用这一方法的结果有三种：一是其结论与观察事实相一致；二是其结论与观察事实大体一致但细节上不尽相同；三是其结论与观察事实完全相反。

在第一种情况下，观察事实得到了更充分的认识，并且说明这种哲学体系适用于现实世界。在第二种情况下，对事实的观察和这个哲学体系的细节都需要进行批判和反思。而在第三种情况下，则需要对理论进行根本的重建，要么将其限制在某个特殊的领域，要么抛弃其主要的思想范畴。

在这里，怀特海提出了一个非常重要的论断："自从人类以文明语言奠定了理性生活的最初根基以来，全部富有成效的思想进步，要么是通过艺术家富有诗性的洞察力来实现的，要么是通过思想家富有想象力地来阐述可用逻辑前提的思想体系而实现的。从某种程度上说，进步永远是对那些明显的东西的超越。”[36]这表明，诗性的洞察力和理性的观念探险是人类思想进步的主要动力。理性主义在人类的思想探险活动中一直占据主导地位。在怀特海看来，“理性主义是一种思想澄清过程的探险，这种探险不断进步，永无止境。然而，这种探险即使部分地取得成功，也具有重要意义。”[37]

**参考文献**

[1] 冯契主编：《外国哲学大辞典》，上海辞书出版社 2008 年版，第 21 页。

[2] [4] [5] [6] [7] [8] [9] [10] [11] [12] [13] [14] [15] [23] [24] [25] [26] [27] [28] [29] [30] [31] [32] [33] [34] [35] [36] [37] 怀特海：《过程与实在》，中国人民大学出版社 2013 年版，第 29、3、61、15、3、16、5、5、5、6、20—21、21、24—25、12、12、13、21、17、17、18、17、17、18、18、9、10、11、11 页。

[3] 关于怀特海过程哲学的研究方法和观念体系，作者将另文阐述。

[16] See A. N. Whitehead: Immortality, pp. 682 – 700. The Philosophy of Alfred North Whitehead, *The Library of Living Philosophy Volume* Ⅲ, edited by Paul Arthur Schilpp. The Library of Lving Philosophers, Inc. 1951.

[17] [18] [19] [20] [21] [22] 怀特海：《思维方式》，商务印书馆 2006 年版，第 149、149、150、151—152、152、152 页。

# 怀特海的“摄入”概念

王立志

1924年，63岁的怀特海因在1919年完成的《自然知识原理》中表现出的澄澈的哲学思想和对人类状况的至高追求受聘于哈佛大学哲学系。在哈佛，怀特海完成了《科学与近代世界》《过程与实在》《观念的冒险》。怀特海本人把这三部著作看作一个整体，其中包含的各种观点相互依赖、相互参照、相互生发，其共同宗旨是：通过研究人类经验的种种变化，探究并表达理解事物性质的方式。怀特海过程哲学的这一核心问题围绕着他独创的“摄入”概念展开，厘清“摄入”概念的来龙去脉是理解过程哲学的关键。

## 一　摄入概念的谱系与内涵

在《科学与近代世界》第四章中，怀特海第一次运用了他自己独创的摄入（prehension）概念。“Prehend”本义是抓，与它同根的词有comprehension、apprehension，前者意为理解、领会、综合；后者意为明了、忧虑、逮捕。“pre－”是预先、在先、前定、事先的意思。“pre－hension”兼具抓、领会、忧虑三层含义，表达了机体的多重生存状态。怀特海有时也用“grasp into”代替“prehend”，这是对机体生存最直观、最形象的表达。

“摄入”概念在怀特海哲学体系的核心地位在《过程与实在》中得到了进一步彰显。在这部著作中，他把摄入（prehension）换成了感受（feeling）。《过程与实在》围绕着“摄入”（感受）概念展开，他把“摄入论”单列一编，分五章进行讨论。“摄入”概念隐藏着《过程与实在》

的秘密，也隐藏着整个过程哲学的秘密。

对怀特海而言，实有（actual entity）是机体宇宙的细胞。实有通过“摄入”成为自己，“实有的本质仅在于它是摄入的东西这一事实”。[1]怀特海把机体看作是一个功能协调系统。[2]实有作为一个摄入者，它是一个活动中心。任何摄入活动都由三个要素组成：摄入的主体、被摄入的材料和主体形式。从摄入的材料来看，摄入可分为物理摄入和概念摄入；从摄入的材料在摄入过程中产生的效果来看，摄入可以分为肯定摄入和否定摄入。肯定的摄入即感受，否定的摄入即从感受中排除。这四种基本的操作样式在实有合生的过程中是怎样相互连接的？这是“摄入”最隐蔽的协调机制。

在怀特海看来，实有和永恒客体是实在的两种基本类型：实有的摄入是物理摄入，永恒客体的摄入是概念摄入。物理摄入是具体的，概念摄入是抽象的。按照怀特海的说法，无论是“肯定的摄入”还是“否定的摄入”都离不开主体形式，比如激动、评价、意向、反对、厌恶、意识，等等。[3]主体形式具有功能统一性，每一种主体形式都是一种机体与环境发生作用的方式。主体形式是复杂的，它只能在主体生成的过程中得到显现，为了表达“摄入”的多重性，怀特海把主体形式分为两个因子：质的模式（qualitative pattern）和强度的量的模式（pattern of intensive quantity）。这两个模式彼此涵摄，不能抽象地分开。我们可以用下面的公式来表示主体形式与两个因子的关系：主体形式 = 质的模式 × 强度的量的模式（其中 × 表示矢量相乘）。

对于摄入是怎样一个过程，怀特海在《过程与实在》“说明性范畴”中作了如下说明：

> 实有通过作用（function）形成自身，在这个过程中实有扮演着多种角色，但仍然不失自我同一性。实有是自我创生。在创生的过程中，它把多种作用转化为一种连贯的作用。
>
> 若一个实有在另一个实有的自我创生中起作用，那么，前者就在后者中“客观化”了。永恒客体在实有的自我创生中发挥作用，就意味着永恒客体将进入这个实有之中。
>
> 实有建构自我、合生的最后阶段是一种复杂的、确定的感受。这

个最终阶段名之曰“满足”。

实有生成过程中的每一个要素，无论它多么复杂，在最终的“满足”中都有自身一致的功能。

在合生过程中，存在着一系列的阶段，新的摄入通过整合先前的摄入而出现。在整合的过程中，感受者把它们的主体形式和材料贡献给新的整合性摄入。否定的摄入贡献主体形式。这一整合过程一直持续到全部摄入都成为确定的、整合性满足的成分为止。[4]

概而言之，摄入是一个自组织的创生过程，它始于觉知，终于满足。《观念的冒险》是机体宇宙论在历史领域的应用。怀特海的“历史”指的是“文明的宇宙”，包括必然的物理世界、应然的伦理世界和概然的观念世界。在这本著作中，怀特海把“摄入”看作活动的样态。[5]他力图研究作为人类精神活动（高级经验）结晶的观念在人“文化”世界的过程中扮演怎样的角色。怀特海从四个角度透视了观念在历史中生成自身、发挥作用、产生效果的机制，前三者分别以社会学、宇宙论、哲学为名，对行动领域、物理领域和精神领域进行了透视，最后以“文明”统摄前三个领域，并指出人类在前三个领域中的冒险活动，利之最大者莫过于和平，这是人类存在的最高准则。在这里，观念作为人类集体摄入的结晶，它不是知识的对象，而是历史“显现”自身的方式。

## 二　摄入概念的思想史渊源

哲学是对抽象概念的批判。文明如果不能超越流行的抽象概念，便会在获得一些进步之后陷入停滞。一个活跃的哲学派别对概念的发展是十分重要的，就像一个活跃的铁路工程学派对燃料的运输一样重要。[6]怀特海提出，应把哲学建筑在机体的概念之上，他试图通过最小限度的批判性调整，使哲学回到通俗的构思方向上来。[7]他说：“越是详细地讨论笛卡儿、洛克和休谟，就会越清楚机体哲学是如何扎根于17世纪的思想沃土之中，并且会弄清楚机体哲学是怎样在某些关键问题上与那个时代的思想走了不同的路线。”[8]

怀特海对近代科学的批判是通过分析培根在《自然史》中写的下面

这段话开始的：

> 对精微知觉的探究是一种高贵的研究课题。知觉是打开自然界的另一把钥匙，和官觉有同样的作用，有时比官觉还好。此外，这还是观察自然的主要方法，因为知觉中的东西出现得早，效果的出现则要等很长时间。[9]

怀特海认为，这段话当中隐含着与近代科学不同的理解自然的方式。培根的思路与后来占统治地位的物理思维不同，他仔细地把知觉和感觉的经验区别开来，并表达了一个更基本的真理。在怀特海看来，培根的时代及其往后的两个世纪，科学哲学成了对物理学状况的说明。18 世纪的哲学家根本就不是哲学家，他们是一批头脑清晰的天才，用 17 世纪的一些科学抽象概念分析广袤无垠的宇宙，在当时人们感兴趣的那一类观念中，他们获得的胜利是极其辉煌的。凡是不合乎他们那套体系的东西，一概置之不理，加以嘲笑或表示不信任。他们极其厌恶哥特式的建筑，表明他们对模糊不清的透视没有同情的理解。那是一个理性的世纪，是健康、豪迈、纯正的理性占统治地位的世纪，但那种理性却是用一只眼睛透视的理性，这种理性的视野缺少深度。[10]科学哲学要面对全部事实，仅有物理学是不够的。培根的这段话恰恰强调了被物理学忽视了的更精微的事实，对这一事实的探究是全面理解世界的关键。

怀特海把洛克看作继培根之后机体哲学的又一个源头。他认为，摄入和感受可以和洛克的“观念”一词的各种意义相对比。与洛克对“观念”一词的使用相比，怀特海把观念限制在意识的精神状态方面（conscious mentality），摄入和感受具有更一般、更中性的意义。[11]尽管洛克的观念以笛卡儿的二元论和主谓逻辑为前提，但他发现心灵是一个统一体，这个统一体来自于对存在于具体事物之中的观念的积极的摄入。[12]在洛克这里，实体是假定的实体，它只不过是观念所从出的那个源头的象征。依照洛克的思路，作为观念之集合的主体来自于那个源头。洛克强调，观念世界生生不息，心灵有天赋的能力，观念从经验中涌现，观念源出于世界。总之，在洛克那里，这个世界是充满活力的，还没有变成僵硬、冰冷的机器；自我意识的同一如同生物机体的同一一样，他的思想超越了体现在合成论中的自然与心灵的机械观。[13]

存在就是被感知（*esse is percipi*），是贝克莱非物质主义最主要的原理。怀特海创造性地解读了贝克莱的感知，从而使世界以崭新的面貌呈现在我们面前。他写道："现实是事物聚集到摄入单元的过程，因此，我们所认知的是摄入而不是事物。这个摄入单元以此时此地来确立自身，被这样集中到这个抓取单元（grasped unity）中的事物，与其他的地点和时间有本质的关联。因此，我用摄入统一的过程代替贝克莱的心灵概念。"[14]怀特海通过转换视角，重新解释了贝克莱的"存在就是被感知"。他继续阐述道："聚集到此时此地现实的单元中的东西已经不再是城堡、云和行星，而是从摄入单元出发看到的并处在该单元的时空内的城堡、云和行星。"贝克莱这里的"存在"指的是观念的存在，而不是客观的物质世界。因为，从他的观点看来，从不同的地点透视就得到不同的物质世界，比如城堡、云和行星。问题的关键是，客观的物质世界以什么样的方式和我们发生联系。观念是我们与世界联系的结果，我们的知识是以观念为直接对象的，无论是实际印在感官上的观念、由于注意心灵的情感和活动而知觉到的观念，还是借助记忆和想象对前两种方式得到的观念进行混合、分开或表象的观念。[15]总之，被感知是观念存在的方式。贝克莱抛弃物质世界的目的是为了把人们的注意力引向另一种实在，即观念的实在。因为这种实在是人创造（感知也是一种创造）的结果。这种转向还有另一层意义，人们会把注意力聚焦于感知活动，因为观念实在是感知创造出来的。"天上的所有星辰和地上的万物，总之构成这个宏大世界的所有物体，都不在心灵之外；它们的存在就是被感知或被认识。"[16]换言之，被感知或被认识是观念实在存在的方式。从这一思想路线看来，具体性误置的问题消失了，因为观念永远是此时此地得到的观念，它与具体性须臾不离。

## 三　摄入概念中的诗性智慧

对于怀特海来说，摆脱唯物机械论的困扰，从自然机械论走向自然机体论，除了经验主义者的路线之外，还有另一条道路，那就是自然诗。在怀特海看来，诗歌证明了人类的审美直觉和科学唯物论的冲突。哲学不是抽象的玄思，哲学是对抽象的批评，哲学家应当从诗人那里听取教训，应当诉诸朴素的经验。它要面对有颜色、味道、声音和其他感官对象组成的世界，哲学一旦沉浸于抽象的科学体系中，就失去了它应有的价值。

怀特海想把科学与诗熔于一炉，使理性智慧和诗性智慧并存于自己的思想世界中。他认为，雪莱是把科学与诗完美结合的典范。在诗人的眼中，这个世界是具体的、有机的，自己无时无刻不与这个世界融为一体。他靠自己的身体觉知这个有生命的世界，对于他来说，这个世界只有两件事物：我的身体和身体周围的环境即伸展出去的自然。身体与环境交融互摄，我是一个摄入统一体，我就是我所摄入的，诗人永远和自然万物是相通的。与诗人相比，生活在抽象的科学体系中的科学家则生活在自己的理论监狱里。对于他们来说，自然是封闭着的，人是一个旁观者。当人用这种对待自然的方式对待自己时，他就切断了自己与自然、与实在的联系，成了一个封闭系统。由此，他把自己关进了“自我的监狱”。身陷囹圄的“我”和另一个同样处境的“我”只能在监狱中独白，根本没有沟通的可能。“我”就是我所感觉到的世界，这个命题对于科学家和诗人来说含义是完全不同的。当怀特海在讨论了华兹华斯和雪莱的诗之后，特别引入了对主观主义、客观主义和共同世界三个概念的讨论，其用意在于说明，从诗和科学的角度来理解这些术语的含义是怎样的大相径庭。诗中的事物是具体的、交融互摄的；科学（机械唯物论）中的事物则是抽象的、彼此孤立隔绝的。诗中的事物是我的身体知觉到的，它既是世界给予我的，也是我从世界中摄入的，这是一个从外向内的路向。每一个事物都把自己投射出去（ob－ject），同时每一个事物又把它之外的每一个事物全部接受进来（per－cepte）；被我感知到的事物就是我从大千世界中强调（im－port）的，强调这个词的意思是，把某些事物运进来（“im－”是向里的意思，port 是运输、携带）。在诗人那里，没有主体和客体之分，每一个事物和其他的事物拥有一个共同的世界，在这个世界中，万物平等齐一。科学的世界是“我”对观察（用眼睛看）所得的一孔之见进行设定的结果。这个世界上所有的事物都是活的，无时无刻不在变化，哪有等着你描画的情况存在呢？在诗人那里，一切都是具体的，科学家所谓的两种性质的区别是不存在的。怀特海从摄入概念出发，把第二性质纳入共同世界。他的观点是：没有感性的共同世界，就没有思想的共同世界；感性是思想的基础，诗的世界比科学的世界更广阔。

怀特海在分析了华兹华斯和雪莱诗歌所表述的自然机体论特征后指出：一种自然哲学必须涉及六个概念——变化、价值、永恒客体、持续、机体和融合。[17]永恒客体是怀特海在讨论自然诗时提出的新概念，这一概念的引入是为了解决摄入如何可能的问题。永恒客体是摄入的对象。摄入的对象规定着摄入者，摄入者的每一次摄入都是一个自我更新的过程。

## 四 摄入与因果效验

在怀特海的机体哲学中，因果效验是知觉的基本形式之一，它是实有在机体宇宙中与外部世界发生关联的原始方式。由于它的表现方式只是被模糊地感觉到，所以我们有时候倾向于忽略或低估其在经验整体中的价值与实在性。在高等有机体中，因果效验的力量被第二种占支配地位的知觉模式——直接表象遮蔽住了。[18]区分因果效验和直接表象这两种知觉模式，强调因果效验的原初性，是怀特海机体哲学的突出特点之一。

怀特海试图通过因果效验展示作为世界背景的非定域性的自然，这是怀特海的机体哲学不同于近代哲学的地方，也是他把《过程与实在》讨论的范围限定在从笛卡儿到休谟的近代哲学的原因。因为“近代哲学最初和最困难的任务之一就是要理解近代科学符号系统的真正意义和全部重要性”。[19]理解这种重要性的前提是找到获得这种符号系统的方式和它原初的背景。怀特海认为，这种精确的符号系统是通过直接表象获得的，这个符号世界是对因果效验的具体世界进一步抽象的结果，在这种意义上，近代哲学是悬空的。怀特海对因果效验的强调是从人类虚构的世界回到真实世界的努力。从这个角度，我们容易理解怀特海为什么说“精确性是虚妄的”。因果效验是一种比直接表象更内在的知觉模式，通过它得到的世界是前科学的、前符号的，这是一种诗性的智慧。直接表象的首要功能是从因果效验所获得的那个世界中提取出对机体有特殊价值的世界要素，它虽然能为我们的世界添加更大的清晰度，但哲学恰当性的最终检验标准却存在于因果效验这种模糊的、但更为内在的经验之中。

怀特海认为，因果效验这种知觉模式在传统哲学中没有受到重视，哲学家们不重视通过他们的内在情感获得宇宙信息，而把注意力集中于视觉的感受（摄入）。[20]因果效验作为原初的知觉模式是把事物知觉为我们直接经验到的条件或决定因素，也就是“既定的过去参与到当下的形成之中”。直接表象则是把事物知觉为从一个特定的中心或观点出发，在空间上或几何学上加以投射的东西。以直接表象为基础的近代哲学由于把注意力放在了几何关系所揭示的世界，从而获得宇宙的清晰图景；同时，这种方式也牺牲了这个世界的创造性、自我决定性，从而变成了一个没有生气的世界。通过直接表象所知觉到的世界是由几何关系和可辨别特征构成的、清楚明白的共时性世界即一个精确划分的世界。依照怀特海的看法，实在世界是一个机体自我决定和因果效验双重作用的创生过程。因果效验这种知觉方式是模糊的，是一种矢量感受（摄入）。直接表象只为我们提供了一个精确的、无向量关系的世界。这个清楚而明确的世界，只有通过对来自经验或环境整体若干因素加以抽象或强调才能达到。直接表象得到的是一个抽象的世界，因果效验得到的是一个具体的世界。在抽象的过程中，经验中的某些因素作为“背景噪声”被排除或忽略掉了。

怀特海的因果效验是一种指引。在怀特海那里，因果效验应该看作是一个概念群的名称，而不是一种具体的知觉方式，直接表象亦然。当他讨论休谟与因果效验、康德与因果效验时，他暗示我们，休谟和康德的哲学是以牛顿力学为典范的，是在定域性世界中讨论问题，直接表象是休谟的印象、康德的范畴诸概念的总称。爱因斯坦对定域性的破坏使人们认识到，存在着一个与“现有世界”迥然不同的新世界——非定域的世界，对这个世界的把握需要一种新的思想方式、新的言说方式。因果效验把人们关注的焦点转移到原初的非定域的世界里，这乃是新哲学出场的前奏。

## 五　摄入概念在形而上学重建中的作用

怀特海试图通过对从笛卡儿肇始到休谟结束的那一段欧洲哲学思想的重新发现，为新哲学找到更深层的根基。在他看来，这种根基不是实体而是功能。怀特海的这种主张，与实用主义的代表人物威廉·詹姆斯和新康德主义的代表人物恩斯特·卡西尔的基本立场是一致的，它代表了20世纪西方哲学的一个基本动向。

科学研究“现—象”，是一种“过程分析”。“科学哲学”研究那个隐而不显的“象”如何成为可见的形式，这个形式用符号来象征。符号是人造出来指示“乾坤万象”的。怀特海所说的思辨的形而上学实际上是创造的形而上学。分析哲学通过研究“语言”来研究思想，它是“科学”，但不是第一科学，因为命题是“创造物”，不是创造活动本身。“第一科学”的研究对象是创造活动本身。在这种意义上，摄入是“第一科学”的研究对象，是怀特海重建形而上学的基石。

如何理解摄入概念在怀特海重建形而上学中的地位问题，必须回到哲学史。笛卡儿把人类认识事物的能力放在了一个名之曰“心灵”的内在实体之中，心灵成了自然的镜子，知识成了对象的表象。在笛卡儿和洛克那里，心灵是一个独立于自然界之外的神秘世界。如何探索这个隐秘的世界呢？笛卡儿的“怀疑”与“沉思”都是探索这个世界的努力。洛克在《人类理智论》的第一、二卷中坚持心灵实体的假定，在第三、四卷中又无意识地放弃了这个假定。怀特海对此给予了特别的关注，他把洛克关于实体的陈述看作是机体哲学的第一前提。[21]休谟的《人性论》可以看作是对心灵世界的现象学表述。他以研究心灵世界产物的方式研究人性，在休谟那里，人是一束感知，感知是生成着的，那个生成的过程就是人性本身。到了康德就更进一层，他以研究“心灵的建筑术”为己任。康德把知识形成的前提条件进行了精致的分析，在人的创造物——科学知识、命题中探索认识之谜。康德哲学的秘密是“逻辑”，他把隐藏在“创造物中的逻辑”看作是通往心灵世界的道路。对形而上世界的探索，怀特海与康德不同，他不用内敛回溯的方式，而是采取外摄合生的方式。他走的是前康德的路线。在怀特海的形而上世界里，没有近代哲学意义上的主体，唯一的实在是超体（superjet），超体是无休止的摄入。“超体”无常住，始终处于生成变化中。为这个“超体”提供一个全景透视是怀特海形而上学的目标，这也是他把《过程与实在》看作是宇宙论研究的根本原因。

怀特海通过摄入概念展示了宇宙创造的本性。宇宙这一本性的清晰呈现，是生活的希望所在。怀特海的形而上学让人看到自己参与其中的世界是一个新质不断涌现、充满无限可能和希望的世界。这对沉沦于技术帝国、被机械唯物论束缚住头脑、不知去向何方的现代人来说，是至关重要的。

**参考文献**

[1] Whitehead, *Process and Reality*, The Macmillam Company, New York, 1929, p. 65.

[2] Whitehead, *Science and The Modern World*, Cambridge University Press, 1930, pp. 178、179.

[3] Whitehead, *Process and Reality*, p. 35.

[4] Whitehead, *Process and Reality*, pp. 38 – 39.

[5] 怀特海:《观念的冒险》，译林出版社 2012 年版，第 192 页。

[6] 怀特海:《科学与近代世界》，商务印书馆 1997 年版，第 57 页。

[7] Whitehead, *Process and Reality*, The Macmillam Company, New York, 1929, p. 111.

[8] Whitehead, *Process and Reality*, The Macmillam Company, New York, 1929, p. 198.

[9] 怀特海:《科学与近代世界》，商务印书馆 1997 年版，第 47 页。

[10] 怀特海:《科学与近代世界》，商务印书馆 1997 年版，第 57 页。

[11] Whitehead, *Process and Reality*, The Macmillam Company, New York, 1929, p. 37.

[12] Whitehead, *Process and Reality*, The Macmillam Company, New York, 1929, p. 84.

[13] Whitehead, *Science and The Modern World*, Cambridge University Press, 1930, p. 184.

[14] Whitehead, *Science and The Modern World*, Cambridge University Press, 1930, p. 87.

[15] 北京大学哲学系编:《16—18 世纪欧洲各国哲学》，商务印书馆 1975 年版，第 538 页。

[16] 周晓亮主编:《西方哲学史》第四卷，凤凰出版集团 2006 年版，第 385 页。

[17] Whitehead, Science and The Modern World, Cambridge University Press, 1930, p. 109.

[18] 菲力普·罗斯:《怀特海》，中华书局 2004 年版，第 79 页。

［19］卡西尔：《人论》，上海译文出版社 2007 年版，第 67 页。

［20］Whitehead, *Process and Reality*, The Macmillam Company, New York, 1929, p. 121.

［21］Whitehead, *Process and Reality*, The Macmillam Company, New York, 1929, p. 89.

# 怀特海的价值论

陈伟功

与传统价值论相比，怀特海的价值论颇具特色。如果说以往人们大都在人文科学和“规范”范围内探讨价值论问题，那么，怀特海的价值论则吸收了相对论、量子力学以及数理逻辑等基础科学理论，在“事件”、“现实存在”、“过程”等“事实”基础上进行论证。近代以来，大多数价值论研究以“事实与价值”的二分预设为前提，从主体和客体二元对立的思维方式出发研究价值问题，把价值视为客体所具有的满足主体需要的属性。而怀特海的价值论则解构了这种二元对立的思维方式，主张一种整体论的和有机联系的思维方式，并以此为出发点研究价值论。正如王玉樑先生所言：“怀特海的过程哲学价值论在西方价值哲学史上独具特色，既不同于主观主义价值论，也不同于客观主义价值论，而是以有机体或系统与环境相互作用去理解价值，对生态伦理学、环境伦理学、世界的可持续发展有重要意义。”[1]

## 一　价值内涵

对于“价值”概念的内涵，“满足需要论”以主客二分对立的思维方式进行探讨，容易为一般人所接受。然而，如果从更宽广的视域进行反思，这种观点的哲学立场无疑是人类中心主义的，依然属于现代性语境。如果说人类中心主义和现代性话语存在一些急需解决的问题，那么从哲学基础上对这个语境中的价值概念进行解构与重建就成为必要的了。

怀特海指出：“全部现代哲学都是以如何根据主词与谓词、实体和属性、特殊与普遍来描述世界这个难题为转移的。”[2]如果这种二元对立的描述是成问题的，我们应当如何描述世界呢？怀特海认为，哲学就是要对现实发生的各种事件、经验的组成要素进行观察和分析，对直接经验的解释就是对这种哲学的证明。在这种视角与方法中，怀特海对价值的内涵作出了独特的解释，形成了其过程哲学别具一格的价值论思想。

### （一）价值是现实存在的内在实在性

在日常语境中，世界是由众多物体构成的。在哲学上，可以将这些物体抽象为某种“实体”，不论是物质的实体还是精神的实体，它们都是构成世界的基本要素。怀特海明确地反对这种实体性思维方式，并自觉地以过程—关系的动态世界观超越了实体性思维方式的还原论静态世界观。他认为，世界是由事件或者现实存在（actual entity）构成的，而事件或现实存在都是能经验的机体，它们始终处于不断运动变化的生成过程中，而且各种现实存在之间具有千丝万缕的关联性。我们探讨价值，实际上就是在探讨这些事件或现实存在的价值。

传统观点通常认为，价值就是客观事物能满足人们需要的某种属性。简言之，价值就是事物的有用性。怀特海则认为，这种工具主义价值观只看到了事物对他者的价值，而现实存在自身固有的价值则被忽视了。在他看来，价值首先是现实存在内在固有的，既不是他者赋予的，也不只是对他者才有价值。从这个意义上说，价值就是现实存在的内在实在性。[3]换言之，价值内在于现实存在本身。一个事物成为现实存在，同时就拥有了自身的利益，而这个自身利益就是事物的自身价值、内在价值。而他者的价值则在于，它有助于这个作为自身利益的内在价值，因而他者的价值才是一种工具价值，是现实存在内在价值的衍生价值。[4]有学者指出，在《过程与实在》中，怀特海极力避免使用“价值”一词，正是为了表明现实存在的价值具有特定的内在性，价值与事实并不是对立的。[5]因此，在怀特海看来，价值并非仅仅体现为满足人类需要的存在，亦非仅仅是某种实体的属性，也不只是处在主客体关系中的某种存在。就其根本而言，价值首先是现实存在成为自身的依据，即其内在的实在性。从这个意义上说，只要现实存在或事件存在，它就有价值。只有在首先具有这种内在价值的基础上，它才有可能具有满足他者需要的工具性价值。以往价值论的缺陷正是在于，只看到了现实存在的工具性价值，忽略了其内在固有的价值，从而使工具性价值也失去了现实存在的根据。在现实生活中，不少人之所以具有错误的价值观，根本原因就在于这些人往往没有看到或者不懂得任何现实事物本身（包括每个个人本身）首先具有自身的内在价值，然后才可能有有利于他者的工具性价值。

### （二）价值存在于有限与无限的关系之中

怀特海指出："当人们把活动还原成为'单纯的创造过程的现在'的时候，它就会丧失自己的意义：价值的缺失把进行推理的所有各种可能性都摧毁了。"[6]所谓"单纯的创造过程的现在"就是人们常说的纯粹事实。如果只在这个意义上谈论事实，也就是说，把它的过去和将来排除出去，只谈论现在，那么价值在这里就缺失了、不在场了。怀特海认为，现实存在的价值必定包含着过去和将来，它只有在无限的关系中才能存在。如果仅仅强调当下，看不到现实存在的过去和未来，或者换言之，如果不从生成的视角看待现实存在或事件的价值，那么就绝对孤立的事件、事实本身来说，则根本无所谓价值可言。怀特海坚持现实存在本身就有价值的观点，实际上正是从现实存在的生成视角出发而提出来的。只要是从生成视角看待价值，就必然会涉及现实存在的有限与无限的关系。怀特海认为，从这一视角看，价值就存在于有限与无限的关系之中。

正是在这个意义上，怀特海进一步指出，持续的世界就是价值的世界。然而，"就其本性而言，价值是不受时间的任何限制的，因而是不朽的。它的本质并不植根于任何一种不断流逝的境遇之中"。[7]也就是说，怀特海既强调处于不断生成中的现实存在本身就有价值，同时这种价值又不受时间的限制。在这个意义上，价值又是持续的和永恒的。当下的境遇之所以有价值，就是因为它分有了这种永恒的价值。而这种价值也不能离开这个由不断逝去的事实所构成的世界，否则价值就失去其现实的基础。之所以是这样，其根本原因就在于，价值世界与事实世界实际上都是"从宇宙出发进行的抽象，而且，其中的每一种抽象都包含着对生存的总体性的参照。独立自足的抽象是根本不存在的"。[8]

因此，在《数学与善》一文里，怀特海强调，有限在本质上关涉着无限的背景，而无限本身是没有意义与价值的。只有通过体现在有限的存在之中，无限才能获得自身的意义与价值，而有限的存在与无限的宇宙在本质上则是相互关联的。无限并没有自己的特性，只有有限才是现实活动的必要条件。因此，所有的价值都是有限的禀赋。有限的存在如果离开承载其自身的关联性，便毫无意义。而无限离开其有限价值的体现，则是空洞的。[9]因此，价值就存在于有限存在与无限宇宙的关系之中。

顺便提一句，因为有限存在的活动会导致集合体的样式，而数学正是研究这种样式的，这种样式作为有限的存在，在无限的宇宙中就体现出自己的价值。因此，怀特海以《数学与善》为题撰写了讨论价值问题的论文。许多人初次看到怀特海这篇论文的题目时通常会疑惑不解：数学与善有什么关系呢？然而，细细品读则不难发现，这是一篇从深层角度探讨价值问题的著名论文，值得学界进一步深入研究。

### （三）价值生成的条件

价值作为现实存在或事件的内在属性，既然存在于有限与无限的关系之中，那么它是如何生成的？这种生成需要哪些条件呢？怀特海对此作了分析。

怀特海认为，任何现实存在或事件都可以从两方面来把握：一是事件呈现出来的形式或样式；二是事件作为一个经验的、感受的过程。具体而言，一个事件具有价值是因为：一方面，该事件有一种有限的结构，它呈现为某种特定的样式，由于受到这种特定样式的限制，它因而没有呈现为别的样式。每个事件就是在特定的样式中活动的，可以说，每个事件就是其样式的一种例示。事件必然要呈现为某种样式，但不能说样式就是事件的全部，样式仅仅是价值产生的必要条件。价值是事件的价值，而非样式的价值。另一方面，事件也呈现为一定的活动过程，这种过程是经验的、感受的过程，是样式的基础，也是价值的必要条件。样式和活动是价值存在的两种最一般的本体论条件，同时它们又构成价值的充要条件。只要事件实现了这两个条件，它就具有了价值。[10]

### （四）价值的具体性

传统价值理论认为，因为价值并非事物本身的属性，而是在与特定主体的关系中由主体赋予事物的一种属性，或者说是从事物中抽象出来的某种属性，因此这种价值可以同事物相分离。从这个意义上说，传统价值论所理解的价值不具有具体性、个体性，而是具有某种抽象的普遍性。怀特海不同意这一观点，他主张，价值必须在现实存在或事件的现实性和个体性中被确定，世界上没有纯粹的价值，价值总是具体的，它是创造的感受单元，它产生于多种多样的具体的样式之中，这些不同的具体价值感受在其区别中是可比较的，这种可比较性即称为“价值”。[11]怀特海没有像柏拉图那样去预设一个抽象的完整的价值理念世界，相反在他看来，在现实世界中，价值只能是具体的。当然，每一种这样的具体价值无疑都不是整个价值本身，而只是一种价值感受；而价值则是这些不同价值感受的基础，它是使价值感受成为可能的东西。

### （五）价值的主体性

根据怀特海的观点，既然成为现实存在就是成为依据自身并服务于自身的价值，同时也成为服务于他者的价值，那么，只有主体可以依据自身并服务于自身，因而离开主体谈论价值就是没有意义的。人们常常认为，事物作为客体总是为他物而存在的，只有工具价值。而在怀特海看来，主体性产生于事件的统一性中，并非只有人类才具有主体性。从过程哲学的视角看，所有现实存在都是能动的主体。现实世界中纯粹受动的客体实际上根本不存在。因此，所有现实存在之间实际上都是相互作用的主体间关系，而不是传统哲学所讲的能动主体与消极被动的客体之间的关系。传统哲学的观点是以主客二分为前提的，而过程哲学则是以全部现实存在都是能动的主体为前提的。所谓主客二分的观点，在过程哲学那里根本就不存在。在怀特海看来，即使在人类那里，人的大部分经验也是无意识的，简单地将主体性等同于意识的主体性是不合理的。因为主体性属于所有现实存在，因而所有现实存在都有其自身固有的价值，这便充分地表现了价值的主体性属性。

需要强调的是，根据过程哲学，价值的这种主体性属性绝非是指同一事物对不同的主体具有不同的价值，或者说同一事物对有的主体有价值，而对另一些主体则没有价值。它是指现实存在本身作为主体性存在具有自身内在固有的价值。没有这种主体性，也就没有其自身的内在价值。

总之，由上述可见，怀特海的过程哲学给我们揭示的价值概念十分独特，其内涵相当丰富。他从现实存在领域出发解释价值的内涵、生成和作用，对我们考察宇宙、社会和人生的价值极富启发意义。虽然他是在本体论意义上谈论价值的，但我们认为，他的价值论思想对认识论、历史观、伦理学和美学等也有重要的启发意义。[12]

## 二　价值层级

### （一）价值层级的含义

在怀特海看来，虽然世界上的所有现实存在本身都有内在固有的价值，但其价值大小并不完全等同。怀特海用“价值层级”这个概念来指称事件价值的高低排列。从生物进化的纵向维度考察，他认为，宇宙中的最低级事件处于虚空中，它们彼此并不相同。对于世界的物理存在而言，高级事件通常会继承低级事件的特性，更高一级的是生命在其中出现的事件，最高级的则是中枢神经系统产生的事件，其中的某些层级已产生了意识。在每一个层级内部都可以作进一步的区分，而在最高层级中作进一步的区分尤为重要。

从同一时间内的横向维度考察，怀特海采用了“强度”概念来表示经验价值的变量。他认为，经验的强度越大，其主体性便越强烈。即现实事件不仅具有物理性感受，而且还有概念性感受。这些感受越丰富、越敏感，其价值便越高。怀特海还从美学中借用了“对比”概念，认为如果以往的经验与现在的经验可以对比，就可以增加经验的强度。以此推论，人类因其复杂性程度更大，其感受、经验更为丰富，因而人类在本体论上比简单有机体更有价值。

### （二）价值层级与平等

价值层级是否会为人类社会的不平等提供理论基础，从而为人类中心主义提供证明呢？我们认为，答案是否定的。因为在怀特海看来，承认价值层级与坚持平等观念并不矛盾。坚持价值层级理论并不会必然导致人类中心主义。尽管怀特海似乎对此没有提供更多的说明，但他的继承者对此进行了辩护。例如，格里芬区分了“内在价值”与“本质价值”，认为前者是基于个体的复合度，后者则是基于个体的总价值。拥有较少内在价值的个体，在生态圈中可能拥有更大的外在价值，因此每一个体的总体本质价值基本上是平等的。[13]

我们认为，坚持价值层级理论并不会必然导致社会的不平等。因为个体在价值层级中的地位并不必然地决定其道德意义，不能把价值与道德价值相混淆。在价值层级中的地位是一回事，而以人类为中心的不平等则是另一回事。这似乎又提出了“是”与“应当”、“实然”与“应然”的问题。如果说怀特海通过把价值界定为事件的内在实在性而解构了事实与价值的二元对立问题，那么他通过对道德价值的解释也在某种程度上解决了价值层级概念并不会必然导致不平等的问题。

### （三）价值层级的无限多样性

在《论不朽》一文中，怀特海不仅强调了“恶所具有的一个侧面，就是当一种更加高级的、适当的强度层级，在受到某种比较低级的层级之侵入的阻挠的时候所出现的情况”；他还强调，“各种理念的层级变化是无止境的，而且不应当把它理解成为一条单一的、一般性逐渐增加的线索。也许，可以把这种变化设想成为某种包含着各种维度的无限性的蔓延”。[14]

这就是说，在怀特海看来，价值层级不仅是客观存在的，不同价值间的确有高低之分。在这个活动的世界中，层级较高的存在及其实现即为“善”，否则即为“恶”；相对层级较低的存在及其实现即为“恶”，否则即为“善”。他还强调，价值层级是无限的，处于不断的生成和变化过程之中，而且也并非是线性的、单一的一种层级，而是表现为无限的多样性。

## 三　道德价值

### （一）道德即未来

在怀特海看来，价值世界是积极的世界，它通过人的道德判断和审美判断对现实存在进行调整，这种调整活动就是“评价”，或可称之为“价值认定”。价值世界与事实世界通过这种评价而关联在一起，表现为价值对事实的修正过程。他指出：“价值世界的首要基础，就是为了进入积极的事实世界而对全部可能性进行协调的过程。”[15]显然，这种协调过程是指向未来的，而道德价值必定与对未来的这一贡献有关。

因此，怀特海强调，一种经验越是广泛地涉及未来，其目的就越是道德的。从这个意义上说，所有涉及未来后果的思考，都属于道德价值的范畴。他强烈地反对西方传统理论中努力寻找永恒不变的道德原则的做法，认为当一个经验在意向上对以后的经验成为客体时，我们便处于道德领域。因为道德价值与未来的后果相关，它的功能在于提升美的经验。只有从未来生成的指向上，才有可能判断一种行为是否符合道德。如果没有未来指向，只从静态视角看，则无法衡量一种行为是否符合道德，是否有道德价值。

### （二）道德即完满

怀特海说：“道德在于支配过程，以便使重要性增加到最大限度”；“道德总是达到和谐、强度和生动的统一的目的。这种统一包含了这种情境下的重要性的完满。”[16]这就是说，在他看来，道德的目的就是达到完满，即在某种情境中获得完满。这并不意味着要牺牲某个个体或群体的利益，以此来满足另外的个体或群体的需要；而是强调道德就是在特定情境下达到完成，趋于完满。

与此相关，怀特海把平和（peace）视为最高的道德价值。他指出，“平和的经验很大程度上超越目的的控制。它犹如一种天赋……它造成意识兴趣更宽广的范围，扩大注意的领域。因此，平和是最大程度的自我控制——这种程度大到了乃至于‘自我’的消失，兴趣转化为比个性更广泛的协调行为”。[17]这就是说，平和作为最大程度的自我控制，已使人近乎达到“忘我”的状态，超越了平常意义上的具体目的。一旦处于这种状态，主体思考的就不是以谁为中心的问题，更遑论牺牲谁的利益、满足谁的利益问题了。

### （三）道德善的生成

根据怀特海的观点，既然价值是现实存在内在固有的，那就不能说价值是善还是恶。那么，道德价值的善又是如何从价值中生成的呢？怀特海说：“样式具有重要性这一概念同文明一样古老。每一种艺术都奠基于对样式的研究。社会组织的凝聚力也依靠行为样式的保持，并且文明的进展也依靠这类行为样式的幸运的修正。因此，样式对自然现象的输入，这类样式的稳定，以及这类样式的修正，对善的实现来说，都是必要条件。"[18]这就是说，事件的样式具有重要性。针对样式的行动，如保持、输入、修正等，都能分别地单独实现善的价值，这样的价值就是道德价值的善。在怀特海看来，每一种现实存在都是一种经验的主体，都有自己的欲望，甚至有"概念期盼"。如果它们得到了满足，这就是善；反之则是恶。

总之，怀特海的思辨形而上学价值论探讨了价值内涵、价值层级、评价及道德价值等问题。怀特海的观点与培里的《一般价值论》、杜威的《评价理论》、乌尔班的《评价：性质及其法则——一般价值论导论》、刘易斯的《对知识和评价的分析》等西方学者的观点明显不同，也与我国学者在近年来关于价值问题的讨论中提出的主要观点有所不同。但不可否认的是，怀特海过程哲学强调价值是现实存在或事件本身内在固有的，价值存在于有限与无限的关系之中，价值分为不同层级，价值具有具体性和主体性等观点，为我们进一步研究价值论提供了一种新的视角和路径。

**参考文献**

［1］王玉樑：《21 世纪价值哲学：从自发到自觉》，人民出版社 2006 年版，第 100 页。

［2］怀特海：《过程与实在》（修订版），中国人民大学出版社 2013 年版，第 63 页。

［3］怀特海：《科学与近代世界》，商务印书馆 1959 年版，第 91 页。

［4］A. N. Whitehead, *Religion in the making*. New York：Fordham University Press, 2007, p. 100.

［5］Michael Halewood, *Fact, Values, Individuals, and others：Towards a Metaphysics of Value*, Edited By Roland Faber, B. G. H. C. , *Beyond Metaphysics? Explorations in Alfred North Whitehead's Late Thought*. 2010：Amsterdam – New York, NY. p. 231.

［6］［7］［8］［9］［10］［14］［15］［18］P. A. Schilpp, The Library of Living Philosophers：*The Philosophy of Alfred Whitehead*, Northwestern University &Southern Illinois University, 1951, pp. 684、684、7、674 –675、439、696、697、677 –678.

［11］A. N. Whitehead, *Religion in the making*. New York：Fordham University Press,

2007, p. 103.

[12] 董立河：《怀特海价值理论初探》，《天津社会科学》2003年第6期。

[13] Brian G. Henning, *Re - Centering Process Thought: Recovering Beauty in A. N. Whitehead's Late Work*, Edited By Roland Faber, B. G. H. C., *Beyond Metaphysics? Explorations in Alfred North Whitehead's Late Thought*. 2010: Amsterdam - New York, NY. p. 207.

[16] 怀特海：《思维方式》，商务印书馆2010年版，第16—17页。

[17] A. N. Whitehead, *Adventures of ideas*. New York: The Free Press. 1967, p. 285.

# 怀特海有机美学初探

樊美筠

作为过程哲学或有机哲学的奠基人，怀特海是20世纪少数几个洞见到现代性弊端的伟大思想家之一。考虑到怀特海是在20世纪20年代提出有机哲学的，而利奥波德的《沙乡年鉴》和卡森的《寂静的春天》分别发表于1949年和1962年，我们不得不感佩哲学家的远见卓识。用西方学者的话说，我们用了近80年的时间才意识到怀特海思想的价值。正是在这个意义上，怀特海被称为是“第一个宇宙哲学家”。[1]随着西式现代化弊端的日益暴露，随着后现代主义研究的深入展开，作为建设性后现代主义理论源头的怀特海哲学，也越来越引起人们的关注，在国际上“日益成为一门显学”，在中国“也有了很大的发展”。[2]

但遗憾的是，怀特海的有机美学或过程美学一直是我国过程思想研究领域的一个空白。不论是我们的美学教科书还是美学史专著，都鲜有章节专门讨论怀特海的美学，这一领域的专著和文章也很少见到。本文试图通过梳理怀特海有机美学及其生态伦理，抛砖引玉，引起国内学界对过程美学的关注和讨论，推动和丰富当代中国的生态美学研究。

## 一　从是否存在怀特海美学谈起

长期以来，国外学术界一直有一种很强的声音，认为不存在所谓怀特海美学。其理由不仅是因为怀特海从未写过一本专门谈论美和崇高的著作，而且因为他很少谈及艺术和艺术哲学（包括当时流行的现代主义美学理论及作品）。著名诗人查尔斯·奥尔森就是这种观点的一个代表，尽管这位“黑山派”开山鼻祖非常欣赏怀特海的形而上学，但对他的美学却颇有微词。他写道：“如果你仅仅读他的哲学，他真的是伟大的。如果你读他所写的别的东西特别是文化和美学方面的东西，你会意识到那句古老的谚语有多正确：没有人是全能的。”[3]

从现代主义美学的立场看，如果把美仅仅局限于感性认识或美的表面，把美学等同于艺术、艺术鉴赏或艺术哲学，那么怀特海的确没有提供一个现代意义上的美学理论。但如果换一个角度看，即从后现代的视域看，就会发现怀特海的美学理论其实是极为丰富的，因为他的整个哲学和形而上学都是美学。在怀特海那里，艺术不仅指音乐、绘画、雕塑等狭义的美术，更是一种生活的艺术、一种生活方式或存在方式。艺术是现实的艺术、生活的艺术，“艺术就是文明”。[4]在怀特海眼里，狭义的艺术创造仅仅是宇宙创造的一个更加集中的复杂版。现代美学只关心艺术，却不关心世界。殊不知，世界才是最大的作品，是最伟大的感性对象。在这个意义上，以世界为审美对象的怀特海美学无疑是存在的。用过程美学家赫宁的话说：“怀特海的形而上学就是一种美学。”[5]

## 二　怀特海美学是一种大美学

说怀特海的形而上学是一种美学，是由他的哲学的特性决定的。众所周知，怀特海的过程哲学是对柏拉图以来西方实体哲学的挑战，它用关系中的“动在”（actual entity）概念取代了独立不变的“实体”（substance）概念。所谓“动在”[6]，是宇宙最小的细胞，“是构成世界的终极实在物。在它的背后，不可能找到任何更实在的事物”。[7]它又被称为“点滴的经验，复杂且又相互联系”。[8]“动在”之所以不同于传统哲学中的“实体”，就在于它是过程中的存在，无时不处于变化与生成的运动之中。怀特海明确指出：“现实世界就是一个过程，这个过程就是动在的生成。因而，动在也就是被创造物；它们也被称作‘现实事态’”[9]“‘一个动在是‘如何生成的’也就构成了‘那动在是什么’：以至于对一个动在的这两种描述不是独立的。它的‘存在’就由它的‘生成’构成。这就是‘过程原理’。”[10]此外，尤为重要的是，“动在”不可独立存在。世界无一物可以独立存在。它永远有赖于他者，永远是在与他者的互动互入中实现着自己的主体目标，向着和谐与完善行进。这意味着在怀特海的形而上学和宇宙论体系中，“关系”具有至关重要的地位。现实是由关系规定的，关系构成了事物本身，一切存在都是关系的存在。这里的关系主要指内在关系，特别是价值关系，它包括从具有自我意识的存在的审美反应到物质世界的基本的吸引和排斥关系。凡物都有其价值，其存在就是其价值所在。“相关性和过程性是从上到下、自下而上无所不存在的特性。”[11]万物均处于由不和谐向和谐发展的过程中，即处于向着美演进的过程中。

在怀特海那里，美是一个普遍性的哲学概念，可以被广泛地应用到“所有实在和所有存在形式”。[12]在赫宁看来，在怀特海那里，每一过程都旨在达致美，因此怀特海的形而上学也是一种美学。因为他将美的范畴扩展到了动在的整个生命中，既包括主体生命，也包括客体和超体。对怀特海来说，宇宙的目的是达致美。在这个意义上，可以把他的哲学看成美学或美的形而上学。正如有西方学者所指出的，“不夸张地说，怀特海对现实的形而上学的综合在本质上是彻头彻尾地、有意识地审美的”。[13]尽管怀特海经常发展和修正他的观点，但他对价值特别是审美价值的强调“却从未发生任何实质性的改变”。[14]

这种大美学的概念无疑解构了艺术与现实的对立，它强调“艺术不是一个可以独立的王国，它是一个与世界，与现实水乳交融连接在一起的王国”。[15]怀特海在《观念的历险》中明确指出，美不仅仅局限在艺术上，它有广阔的应用范围，宇宙中任何因素都能够展现美。作为一个有机的整体，宇宙本身能够展示美。美不仅仅存在于我们的经验中，也存在于我们所经验的客体中。美是“对象的一个属性”。[16]在怀特海眼里，完全非美的对象是不存在的。由于怀特海是在综合的意义上谈论美的，因此在他那里，美存在着多种形式。感性的美只是美的一种形式，除此之外，“还有理性之美、道德美、社会美、宗教美以及其他美”。[17]

这也许就是怀特海为什么没有单独写一部美学著作的原因，因为按照怀特海的高足诺思若普的分析，“也许他相信他已经在他写过的书中表达了他的美学思想”。在这个意义上，我们可以称怀特海美学为一种有机美学或过程美学。这是一种大美学。这种大美学不仅丰富和拓展了美学，而且从根本上颠覆了现代形形色色的“主体性美学”以及“美学即艺术哲学”这一现代美学的核心理念，将美学从狭窄的纯艺术的象牙塔中解放了出来。在这个意义上，它不仅是对现代美学的解放，更是对现代美学的丰富。

## 三　怀特海有机美学的主要内容

### （一）强调审美经验的普遍性

对怀特海来说，哲学研究的出发点和落脚点是直接经验。而经验在他那里本质上是一种审美经验。怀特海这里所说的审美经验不仅指“人的有意识的经验”，“而且指宇宙的所有实在”。[18]著名怀特海专家罗斯认为，怀特海的过程哲学是一种发展“基于价值的审美经验的形而上学和宇宙论的体系的新奇的尝试”。[19]

为了避免现代人的先入之见，怀特海发明了“摄入”（prehension）一词来表达本体论意义上的事物之间互即互入的互在关系。“摄入”在怀特海那里是一种综合，它本质上是一种“审美综合”。[20]这种审美综合在怀特海美学中又意味着“感情的综合”。按照他的解释，“一个现实的事实是一个审美的经验。所有的审美经验都是感情”。[21]

事实上，在希腊语里，美学一词最初的本义指的就是感情或经验的东西。[22]他补充道：“感情是现实性的别名。”从这里出发，怀特海得出结论说，任何事件的现实关系的基本形式都是感情，整个宇宙就是一个“情感的海洋”，是“彻头彻尾情感性的”。[23]将宇宙视作“情感的海洋”，无疑为怀特海强调审美经验的普遍性提供了宇宙论基础，尽管这一观点有些骇世惊俗。

由于每一动在都有感情，都有某种审美价值，因此不存在“绝对非美的对象或绝对非美的经验”。审美价值的归零就是现实性的归零。[24]在过程美学中，一事物的美可多可少，但绝不会是零。宇宙是审美价值的多维连续统一，不存在绝对的鸿沟。在《作为统一和多样平衡的美》一文中，哈茨霍恩明确写道：“完全非美的对象是不存在的。”[25]

毫无疑问，怀特海扩展了审美经验的范围。[26]问题是：怀特海的审美经验与传统美学讲的人的审美经验之间是什么关系？应该澄清的是，怀特海虽然扩展了审美范围，但并不意味着他认为有机物也有意识。虽然在怀特海那里每一个动在都具有内在的审美价值，但这并不意味着所有审美价值都是同等的。相反，它们在重要性上是不同的。也就是说，“美是存在着层级的”。[27]美的这种层级是根据审美的丰富性来划分的。怀特海据此提出了评价（审美）重要性的六个范畴：和谐的个性、可持续性、新奇性、对比、深度、栩栩如生或力度，这些范畴在本质上无一不是“审美的”。[28]

对怀特海来说，感知世界本质上就是感受世界的审美价值。他对具体经验和经验的所指的阐述具有不容置疑的审美特征。[29]他的学生诺思若普回忆说：“在20年代早期，当怀特海带着他们逐章逐句地读《自然知识原理》和《自然的概念》时，他经常停下来，指出具体事实的审美特质。在他看来，所有科学、哲学和反思都是从这些审美特质开始的。”[30]在《自然的概念》中，怀特海多次表达了这样的观点：审美价值和审美经验能够成为“关于存在的形而上的综合的钥匙”。[31]显然，在怀特海心目中，“美学是形而上学的哲学出发点”，而这一出发点长期以来被人们忽视了。[32]

不难看出，强调审美经验的普遍性不仅拓展了审美经验的范围，而且使怀特海与美学主观主义区别开来了。在怀特海那里，美决不“只存在于注视者的眼睛里”，是一个完全主观的和相对的判断。相应地，美学也决“不是主观主义的”，相反，美是客观的。

按照罗斯的分析，怀特海视价值的审美经验为经验的主要事实。对怀特海来说，动在是审美的、关系的存在。“所有真实的或现实的关系都是审美关系。”[33]也就是说，审美关系是客观的。这就使他与康德的主观主义美学区分开来了。在康德那里，审美经验的真正来源既不是客体，也不是主体与客体的关系，而是“主体自己的认知机制”。这就使康德走向了美学主观主义。

### （二）美是动态的和谐

在怀特海那里，究竟什么是美呢？怀特海在《观念的冒险》中给美下过一个著名的定义：“美是一经验缘现中诸因素的互适。”[34]换句话说，美的本质就在于取得神奇的平衡：既达致整体的和谐，又成全了部分，美是多样性的动态统一。美是艺术的艺术，是平衡相似和差异的艺术。它既不是使统一最大化的艺术，也不是使多样性最大化的艺术。这是一种与静态的和谐、肤浅的和谐不同的动态的和谐、深度的和谐。静态的和谐往往容不下差异和不同，是一种同质的和谐。在怀特海看来，这是“一种低级的和谐”，因为其中充斥着“顺从与含混”。[35]其整体和谐往往是以牺牲个体为代价的。

而动态的美和深度的美则存在于既实现了整体的和谐、又不牺牲整体的各个部分的高超艺术中。“一个美丽的对象体系有这样一个特性：当其被接纳进适于自己享乐的一系列事态时，它很快地建立起一系列具有强烈特点的明显对象。沙特尔大教堂那著名门廊里的诸雕塑，既各自作为部分构成了整体，同时又展示了作为单个雕塑的个体价值。表现性质美的单纯模式是不存在的。有那样一个雕塑，它们各自有自身个体的美，同时又构成整体的美。”[36]

这意味着，与现代美学欣赏“东方压倒西风”的决绝惨烈不同，怀特海的美学鼓励发展一种相互支持的美学关系。整体的每一个成员表现得越好，每一个成员越愿意支持其他成员，该整体就越好。不难看出，在怀特海那里，美是关系性的，“美是一种关系的结构”。[37]在这个意义上，怀特海美学是一种关系美学。美的丰富性来自关系的丰富性，来自容纳多样性与差异性的能力。按照这个原则，最低层次的美就是最小多样性统一的；最高层次的美就是最多多样性的恰当统一。

从美是动态和谐的观点出发，怀特海对现代工业文明的斗争哲学进行了批评。他认为：“在过去三个世代中，人们完全把注意力导向了生存竞争这一面。于是就产生了特别严重的灾难。19 世纪的口号就是生存竞争、竞争、阶级斗争、国与国之间的商业竞争、武装斗争等等。”[38]在怀特海看来，这种斗争哲学提供给我们的画面是失真的。事实的真相是，和谐的关系才是更根本、更重要的。

为什么和谐的关系更重要呢？怀特海的解释是，宇宙万物只有在相互和谐中才能存在和发展。[39]他在《科学与近代世界》一书中举了许多例子证明他的论点：一棵树单独生存要受到变幻无常的环境的不利时机的影响，风可能吹折它，温度的变化可能妨碍树叶的生长，雨可能冲刷土壤，树叶可能被吹走而不能做肥料。在特殊环境或人工培植下，单独的树木尽管可以生长得很好，但在自然环境下，树木就要联合成树林才能生长得更好。每一棵树可能在完满的生长方面失去一些东西，但它们的彼此互助保持了生存的条件。土壤被保持住了并且有了树荫，造成肥料所必需的微生物也不会被晒死、冻死或冲走。一片森林就是互相倚靠的物种组织起来以后的胜利。[40]

虽然美可以用和谐来界定，但在怀特海那里，和谐不是一种静止不变的和谐，而是处于一种生生不已的过程之中，这个过程永远有冒险，永远有不和谐的参与。怀特海强调，并非所有的和谐都是好的，并非所有的不和谐都是坏的。他指出，有的时候，“甚至不协和也比逐渐沦为麻木或顺从（那是麻木的前奏）的感觉好。低水平的‘完善’比具有更高的‘不完善’要低级”。[41]“总是有不完善的事态比那些实现了某类特定完善的事态好。事实上，存在着高级和低级的完善。一个以更高级种类为目标的不完善是超出低级的完善的。”[42]在这里，怀特海对不和谐给予了充分的重视与肯定。

所以，怀特海的美的观念中永远有差异、冒险甚至不和谐存在，永远是一个向着更高级的和谐不断生成的过程。他所强调的和谐是动态的、强烈的和深层的。美丽的对象体系“各自有自身个体的美，同时又构成整体的美”。[43]他还强调，“和谐最终是一种定性的情感的和谐。但是，持久个体的介入从实在中唤起了一种已经协调了的情感的力量，任何感觉的表面景象都不可能产生这种力量。这并不是理智的解释问题，所存在的是基本情感的真正融合”。[44]例如，“一个哥特式大教堂——比如卡尔特教团修道院——的雕塑和窗花格就促进了和谐。它们引导目光向上看见上方的拱顶；它们又引导目光水平向前看见圣坛的崇高象征；由于它们的细节之美，它们值得瞩目；然而通过指导目光去捕捉整体的辉煌，它们又避免仅仅对于细节的关注。但是，如果离开它们的至上的个性，离开它们以自己的正义感所唤起的情感资源，雕塑和窗花格就不能体现它们的贡献。出于它为自身的考虑，每个细节都要求永恒地存在；而出于为整个作品的考虑，每个细节又放弃自己”。[45]

美是和谐，而且是一种动态的和谐，这与过程哲学对过程与生成的强调是一致的。按照过程哲学，事物的存在就是事物的生成；反之亦然。过程不仅“处于宇宙的核心”，[46]是宇宙最根本的实在，而且是无止境的。[47]在微观的个体动在层面，美的这种动态性体现在美贯穿于整个动在合生过程的始终，从客观材料的选取、主观目的对这些材料的综合到新的动在的产生，无不活跃着美的身影。其中，审美的驱动起着至关重要的作用，因为趋向美、达致美是事物的目的，所有动在都旨在达致某种形式的美。

在大的社会组织（如社会和文明）层面，追求、维持和保持他们认为有价值的美的形式也是贯穿其过程始终的。不思进取，满足于静态的美、静态的和谐，会导致一种文明的衰败。在怀特海看来，就连完美也受不了单调的、无休无止的重复。因此，“冒险精神是必不可少的，所谓冒险精神就是对新的完美的追求”。[48]没有哪一种美能够永垂不朽，从美（和谐）到不美（不睦）再到新的和谐，是宇宙的运动韵律。因此，不睦是必要的。怀特海认为，将审美经验看作完全是有秩序的、和谐的经验，是一个大错。末流诗歌常常在韵律上完美无缺，而一流诗歌在韵律上从来都不是完美无缺的。绝对的循规蹈矩是僵死的，因为它使未来成为不可避免的结局，因而具有机械论和宿命论的色彩。因此，与静态和谐观拒斥不睦相左，怀特海的美学欢迎不睦，因为它指出了一条通向新形式的美的道路，这种新形式的美能够带来新鲜与激情。

这听起来有一种悲剧色彩，因为不论我们如何珍惜我们所喜欢的事物，它们注定都要消失在持续不断的过程之中。而且美的形式也处于变化之中，其中包括了旧形式美的毁灭和新形式美的诞生。这乃是宇宙的必然，因为宇宙在根本上就是处于变化之中的。

需要指出的是，怀特海所说的美的消失不是归于虚无，而是昭示一种新的历险，一种奔向尚未实现的新美的历险。在这个新美中，以往所有有限的美的成就得以永久保存。[49]它以这种形式延续了自己的生命。

### （三）美是道德的基础

怀特海有机美学的一大特色是将美看作道德的基础。在他看来，“只有当真实的世界是美的时候，它才是善的”。[50]这意味着伦理学在一定意义上有赖于美学，因为善即内在的善、本身的善是善的经验，而善的经验的标准是美学的。因此，将美最大化不仅是一种道德义务，也是一种美的义务。

怀特海深度揭示了美与善的亲缘关系。在他看来，美可以不依赖道德而实现，但善必须反映美，因此所有的善同时也是美的。所有的秩序都是美学秩序，审美秩序既是生命的过程，也是生命的目标。“道德秩序只不过是美学秩序的那些确定方面罢了。”[51]因为审美秩序是一切秩序的来源，道德和理性都是根据美来获得合法性的。这意味着，在过程美学中，只有根据内在关系原则组织起来的事物才是美的。

怀特海认为，当我们对自然之美缺乏敬畏的时候，将会导致两点罪恶：一是忽视每一有机体与其环境的真实关系；二是忽视环境本身的内在价值。当怀特海将自然视为一种多视角的审美连续体时，他同时赋予了这一审美视角一种道德维度：“对自身、对他者以及整体来说，任何事物都有一些审美价值。由于这一特征，道德的概念就产生了。”[52]按照他的解释，宇宙的每一个审美视角，作为各个部分对整体的感受，都是对神圣和崇敬的直觉，这是一切宗教的基础，也是一切道德的基础。这不禁使我们想起利奥波德的“大地伦理学”。利奥波德认为：“一个事物，只有在它有助于保持生物共同体的完整、稳定和美的时候，才是对的，否则就是错误的。”[53]可以说，对怀特海和利奥波德而言，由于自然的审美连续体具有美的内在价值，它就证明了道德关怀的正当性。正如奥丁教授指出的那样，“大地伦理本身就是建立在大地美学基础上的”。[54]

怀特海对“美是道德的基础”的强调，特别是他对美与善的内在关系的揭示，不仅对于我们在理论层面上重新思考美学与伦理学的关系具有重大意义，而且对于我们探索如何从生态美学入手推动道德教育的落实也不乏启迪意义。因为美可以帮助我们强化伦理的作用，深化互相尊敬与互相关心。

### （四）高扬美的重要性

怀特海有机美学的另一个贡献，是从宇宙论和生存论的角度对美的重要性的强调。在怀特海看来，美并非某种微不足道的东西，也并非只属于美容美发和时尚杂志。相反，“美是宇宙中的一个重大事实”。[55]对怀特海来说，宇宙创造性的过程不是无目的的，相反，每一个生成过程都是为了取得美。因为宇宙的目的就是成就美，就是产生美。只有当世界是美的时候，它才是好的。也就是说，宇宙在本质上是审美的，生命在本质上也是如此。美是存在的内在动力。“在最宽泛的意义上，美是经验的内在奖酬。”因此，我们必须重新考虑美作为一个生命的价值的作用。怀特海在其《自传》中曾满怀深情地谈到妻子艾芙琳对自己的影响，认为妻子丰富多彩的生活使他明白，“道德的和美学意义上的美，是生存的目的；善良、爱和艺术上的满足是实现它们的形式”。[56]

正是对美的热望，使怀特海对现代工业文明对美的忽视与冷落深恶痛绝。他写道：“我们必须承认在过去的二百年里，至少是在西方社会，我们抛弃了美。我们让它生存在每个人的努力之外。因为人们对于美学在一个民族的生命中具有什么意义，也全都是睁眼瞎子。就是今天，我认为我们也远没有作出正确的估价。这一严重错误的产生，还有一个有力的附带因素，这就是科学上认为运动着的物质是自然界中具体的实在这一信念。因此，审美价值就变成了一个外来的和不相干的附属物了。”[57]而在放弃它的过程中，我们转向了一个单一的价值体系，这就是经济主义。当讨论它的价值时，我们的注意力从美丽的事物上转移到金钱的诱惑上。怀特海称现代人对美的这种漠视为“审美麻木”，是一种丑的表征。

拒绝承认宇宙中的美，忽视生命秩序的审美维度，必然导致我们个体生活中的心理失序，并进而导致我们生命关系中的失序。其结果是，我们“整个文明出轨”了，“我们的文明失序”了。这种失序体现在心理治疗师詹姆士·黑尔曼所描述的下列现象中：对物质财富的过度追求所导致的心理失衡，使用便宜的染料，疯狂的声音，结构和空间，坐在破椅子上在办公室的白炽灯下度过一天，成为持续不断的单调的机器噪声和人造植物的受害者。然后，在一天结束后，加入堵车大军的行列。这一切到底为了什么呢？在黑尔曼看来，现代社会所面临的所有这些重大社会、政治和经济问题都可以在对美的压抑中找到答案。[58]他进一步追问道：一个压抑美、拒绝美的价值的社会，可能可持续发展吗？过程美学家卢巴斯基也认为，在现代社会，由于美的缺失带来的内心的空虚被残酷的占有欲所填满。因此，除非美成为我们文化生活的愿景，否则就不会有“向生态范例的成功转变”。[59]

在过程美学家看来，如果宇宙本身是美的，如果我们生活在一个审美的世界，如果美是“生活结构的一部分”，是与迈向生态世界观、建设生态文明相一致的，那么我们调试自己适应宇宙的主要方式就应该是美感，就是审美地回应。[60]正是美呼唤着我们从与世界的愉悦经验中提升敏感性，提升生态意识、敬畏意识和慷慨意识。因此，它补充着并赋予道德以活力，从而使世界沿着公平与平等的方向行进。此外，美也是自我转化的诱因，美可以使我们超越自己的欲望，寻求与那些比我们更大的生命体结合在一起。因此，卢巴斯基认为，鼓励青年一代为世界的美做贡献，可以视为“我们维护世界的最重要的一个战略”。

## 四　怀特海美学的生态意蕴

怀特海美学的意义是多重的。篇幅所限，本文仅就其生态意义谈几点意见。

### （一）通过消除事实与价值的对立，为生态运动提供了本体论的支撑

通过从关系的角度界定实在，怀特海为我们提供了看待我们自己和我们所处世界的“一个激进的高度新奇的视角”，即一种“新奇的世界观”。[61]这是一种生态世界观，它帮助我们“消除了价值与事实对立的高墙”。它使我们意识到，在过程的世界里，价值不是某种与事实对立的东西，而是事实本身的一个不可分割的有机组成部分。通过肯定“原始的事实已然是价值—事实”，通过将价值重新引入被机械唯物主义祛魅（美）了的世界，过程美学直接挑战了作为现代工业文明哲学基础的机械唯物主义的核心假定，即“构成世界的真实事件无感觉、无价值，是可以被量化的单位”。正如冈特所说：“当我们错待自然的时候，我们同时也就错待了自然本身的审美目的。”[62]而通过把世界看作是有价值、有感情的美的存在，过程美学使世界达致返魅即返美，还我们一个丰富多彩的灵动世界、一个美的世界，这在客观上为生态运动提供了本体论支撑。

### （二）批判现代工业文明对美的放逐，呼唤一种对美充满热望的生态文明

在一些人眼里，与同时代放弃美与和谐的主流相比，强调美与和谐的怀特海美学是一个“令人奇怪的退步”。正如沙维罗所说的那样，在现代性强势的今天，谁还敢说“宇宙的目的是致力于生产美”呢？一个不争的事实是：与怀特海相左，“20世纪大多数美学理论家和创新艺术家倾向于贬低美这个概念”。[63]杰姆逊甚至声称：“今天所有的美都是庸俗的，而当代伪美学主义对美的诉求是一种意识形态的花招而非创造性的

资源。”[64]

在怀特海看来，对美的忽视、压抑与放逐乃是现代物本主义的工业文明的一个灾难性错误。人们“对于美学在一个民族的生命中具有什么意义，也全都是睁眼瞎子。就是今天，我认为我们也远没有作出正确的估价”。审美价值依然被看作“一个外来的和不相干的附属物”。[65]

由于认为单纯的物质没有价值的假定，使人们对待自然和艺术的美缺乏尊敬。当西方世界都市化的过程迅速发展，需要对新的物质环境的美学性质进行最精微和最迫切的研究时，认为这类观念没有考虑价值的说法达到了最高潮。在工业化最发达的国家中，美学与艺术被看成一种儿戏。19世纪中叶，在伦敦就能看到这种思想的惊人实例。优美绝伦的泰晤士河曲折地通过城区，但在查林十字路上却大煞风景地架起了一座铁路桥，设计这座桥时根本没有考虑审美价值。[66]怀特海认为，从“滥用物力”和“审美创造性的受压抑”等恶果中，不难预测工业文明的衰败。而一种新型的生态文明必定要高扬美的重要性，必定要以美为目的，它不仅达致人与人的完美和谐，而且达致人与自然的完美和谐。在这个意义上，生态文明是一种美的文明。

### （三）为生态伦理学奠定了基础

怀特海的过程美学无疑也为环境伦理学奠定了基础，因为它意味着一种范式转换，从一种自我中心主义或人类中心主义转向生态和谐主义。按照过程美学，宇宙间的每一动在都具有内在的美的价值，都包含情感，蕴含着美，因此它们都是我们的同胞，都值得我们珍惜与呵护。不仅自然界中的所有动物都得到了平等的道德关怀，而且自然界中的所有生命也都将得到平等的道德关怀。

从这种有机联系的视野出发，怀特海首先从哲学上提出了“友好环境”（environment of friends）的概念。认为每一个共同体都需要一个“友好环境”。在他看来，人类要生存，就要增强对环境的敏感性和对他者的敏感性，从而发展出一种相互支持而非相互毁灭的关系。这乃是一切生态伦理的核心内容和基础。

### （四）丰富了生态美学

按照曾繁仁先生的界定，生态美学“是后现代语境下产生的新兴学科”。[67]过程美学无疑可以为生态美学的建设提供宝贵的思想资源。正如尼古拉斯·吉尔指出的那样，“事实、价值和美学的统一是一个前现代的预设，现代哲学拆毁了它。然而怀特海的审美宇宙论显示，它可以被带回到一个建设性后现代的形式中”。[68]在我看来，由于在宇宙论的视野上对事实与价值、主体与客体对立高墙的解构，特别是由于对鲜活的有机整体概念和“复魅”的自然概念的强调，过程美学在根本上是生态的，它与生态美学具有深刻的一致性。在这个意义上，过程美学就是生态美学。

正是这种浓郁的生态维度，使过程美学对远离自然、远离自然美的现代商品文化深恶痛绝。尽管《没有标准：康德、怀特海、德勒兹与美学》一书的作者沙维罗指责过程美学没有“直接的政治应用”，没有直接批判资本主义，但他也承认，怀特海的美学虽然与20世纪的现代主义美学格格不入，但对于批判和反思今日四处弥漫的商品文化，特别是把创造性“完全局限在提供样品、转让、重组的实践上”，怀特海美学不乏现实意义。[69]它有助于我们警惕和远离“商品文化的自大与满足”[70]，重新燃起对“存在的激情”。[71]

在过程美学家冈特看来，由于过程美学把多样性看作美的核心价值，这有助于我们“在美与生态系统的健康之间找到一个基础性的联系；怀特海使认同和评价美在一个非常现实的意义上成为可能”。[72]当我们毁灭大自然的美、用同一性替代多样性、用同质性代替个性、用单调代替灵动、用苍白代替栩栩如生的时候，我们实际上不仅是在毁灭自然，也是在毁灭美本身。怀特海在《科学与现代世界》中明确谈到，科学唯物主义者对美的无知使得他们“虽然掌握了关于太阳、关于大气层、关于地球旋转的所有知识，但依然会错过日落的辉煌”。[73]

著名美学家、怀特海的高足苏珊·朗格曾经说过，一种哲学理论不应被要求提供“无可辩驳的证明”，而应被要求提供“产生洞见和发现的概念”。[74]用这个标准看待怀特海的过程美学，我们不得不承认，它里面确实充满了宝贵的洞见，值得我们倾心探索。

**参考文献**

[1] Sean Esbjörn - Hargens, “*Integrating Whitehead: Towards an Environmental*

Ethic." accessed on February 27, 2012 at http://www. integralworld. net/hargens. html.

[2] 付洪泉：《怀特海的过程思想及其意义》，《光明日报》2008 年 8 月 26 日。

[3] *The Collected Poems of Charles Olson.* Berkeley : University of California Press, 1997, 302. cited in Steven Shaviro, *Without Criteria: Kant, Whitehead, Deleuze, and Aesthetics* Cambridge, MA: MIT Press, 2009, p. 152.

[4] Whitehead, *Adventures of Ideas.* Free Press, 1933, p. 349.

[5] Brian G. Henning, *The Ethics of Creativity: Beauty, Morality, and Nature in a Processive Cosmos.* p. 100.

[6] "actual entity" 一词国内学界多译为"现实实有"，我们则倾向于译成"动在"。

[7] [8] [9] [10] 怀特海：《过程与实在》，贵州人民出版社 2006 年版，第 19、19、30、31 页。

[11] 罗伯特·梅斯勒：《过程—关系哲学：浅释怀特海》，贵州人民出版社 2009 年版，第 10 页。

[12] Steven Shaviro, *Without Criteria: Kant, Whitehead, Deleuze, and Aesthetics* Cambridge, MA: MIT Press, 2009, p. 155.

[13] Richad M. Millard, "Whitehead's Aesthetic Perspective." *Educational Theory* 11 (4): pp. 255 – 268.

[14] Richad M. Millard, "Whitehead's Aesthetic Perspective." *Educational Theory* 11 (4): pp. 255 – 268.

[15] Donald Sherburne, *A Whiteheadian aesthetic.* New Haven: Yale University Press, 1961, p. 190.

[16] John B. Cobb, "*Toward Clarity in Aesthetics*," Philosophy and Phenomenological Research (1957) Volume: 18, Issue: 2, *p.* 174.

[17] *William J. Garland*, "*What is Whitehead's Highest Good?*", http://web-syte. com/alan/hgstgood. htm.

[18] Kaplicky, Martin, "Aesthetics in the Philosophy of Alfred North Whitehead", *Estetika: The Central European Journal of Aesthetics*, 48, 2 (2011): pp. 157 – 171.

[19] Philip Rose, *On Whitehead*, Wadsworth Press, 2002, p. 2.

[20] SMW, p. 245.

[21] Whitehead, New York: Macmillan, 1926, p. 115.

[22] Daniel A. Dombrowski, *Divine Beauty: the Aesthetics of Charles Hartshorne.* Vanderbilt University Press, 2004, p. 2.

[23] Richad M. Millard, "Whitehead's Aesthetic Perspective." *Educational Theory* 11

(4): pp. 255 – 268.

[24] Hartshorne, *Creative Synthesis and Philosophic Method*, *S. C. M. Press*, 1970, *p*. 305.

[25] Hartshorne, "*Beauty as Balance of Unity and Variety.*" Center for Process Studies. unpub.

[26] Kaplicky, Martin, "Aesthetics in the Philosophy of Alfred North Whitehead", *Estetika*: *The Central European Journal of Aesthetics*, 48, 2 (2011): pp. 157 – 171.

[27] Whitehead, *Adventures of Ideas*. New York: Free Press, [1933] 1967, p. 324.

[28] Richad M. Millard, "Whitehead's Aesthetic Perspective." *Educational Theory* 11 (4): p. 258.

[29] [30] F. S. C. Northrop, "Foreword." Donald Sherburne, *A Whiteheadian aesthetic.* New Haven : Yale University Press, 1961, p. xxviii.

[31] Alfred North Whitehead, *The Concept Of Nature*. Ann Arbor: University of Michigan Press, 1957, p. 5.

[32] Kaplicky, Martin, "Aesthetics in the Philosophy of Alfred North Whitehead", *Estetika*: *The Central European Journal of Aesthetics*, 48, 2 (2011): p. 157.

[33] Philip Rose, *On Whitehead*, Wadsworth Press, 2002, p. 5.

[34] Whitehead, *Adventures of Ideas*. New York: Free Press, [1933] 1967, p. 324.

[35] [36] [41] [42] [43] 怀特海:《观念的冒险》, 贵州人民出版社 2000 年版, 第 309、309—310、309、302、309—310 页。

[37] Mesle, C. Robert. "*Aesthetic Value and Relational Power*: *An Essay on Personhood.*" Process Studies 13, no. 1 (Spring 1983): pp. 59 – 70.

[38] [40] [57] [65] [66] 怀特海:《科学与近代世界》, 商务印书馆 1997 年版, 第 197、197—198、195、195、187—188 页。

[39] 樊美筠:《怀特海和中国哲学中的"和谐"观念》,《哲学与文化》(台湾) 卷, 第 34 期, 第 7 页。

[44] [45] 怀特海:《怀特海文录》, 浙江文艺出版社 1999 年版, 第 292、293 页。

[46] William J. Garland, "*What is Whitehead's Highest Good*?" http: //websyte. com/alan/hgstgood. htm.

[47] 因此, 有学者建议将怀特海的名著《过程与实在》意译成《过程即实在》。

[48] Whitehead, *Adventures of Ideas*. New York: Free Press, [1933] 1967, p. 332.

[49] *What is Whitehead's Highest Good*? http: //websyte. com/alan/hgstgood. htm.

[50] Whitehead, Alfred North. *Adventures of Ideas*. New York: Free Press, [1933] 1967, p. 345.

[51] *Religion in the Making*.

[52] Whitehead, *Modes of Thought*. New York: The Free Press, 1981, p. 111.

[53] Aldo Leopold, *A Sand County Almanac and Sketches Here and There*. New York: Oxford University Press, 1977, pp. 224 - 225.

[54] Steve Odin, "*Whitehead's Perspectivism as a Basis for Environmental Ethics A Process View on the Japanese Concept of Nature.*" Paper for 8th International Whitehead Congress, 2011.

[55] Whitehead, *Modes of Thought*. New York: The Free Press, 1981, p. 120.

[56] Whitehead, *Essays in Science and Philosophy*, Greenwood Press, 1968, pp. 8 - 9.

[58] Hillman, James, "The Practice of Beauty", in *Uncontrollable Beauty: Toward a New Aesthetics*, Bill Beckley and David Shapiro, eds. New York: Allworth Press, 1998, p. 265.

[59] Sandra, "The Importance of Beauty." *Conference Paper for International Conference on Moral Education from Process Perspective*, November, 2010, Claremont, CA.

[60] Hillman, James, "*The Practice of Beauty*", p. 268.

[61] Philip Rose, *On Whitehead*, Wadsworth Press, 2002, p. 2.

[62] Pete A. Y. Gunter, "A Whiteheadian Aesthetics of Nature: Beauty and the Forest." *Process Studies* 33, 2 (2004): 322.

[63] Steven Shaviro, *Without Criteria: Kant, Whitehead, Deleuze, and Aesthetics* Cambridge, MA: MIT Press, 2009, p. 152.

[64] Fredric Jameson, *The Cultural Turn: Selected Writings on the Postmodern* 1983—1998. New York: Verso, 1998, p. 135.

[67] 曾繁仁:《生态美学导论》，商务印书馆 2010 年版，第 453 页。

[68] Gier. *The Virtue of Nonviolence*. p. 27.

[69] Steven Shaviro, *Without Criteria: Kant, Whitehead, Deleuze, and Aesthetics* Cambridge, MA: MIT Press, 2009, p. 157.

[70] Steven Shaviro, *Without Criteria: Kant, Whitehead, Deleuze, and Aesthetics* Cambridge, MA: MIT Press, 2009, p. 158.

[71] *Process and Reality*, p. 351.

[72] Pete A. Y. Gunter, "A Whiteheadian Aesthetics of Nature: Beauty and the Forest." *Process Studies* 33, 2 (2004): 314 - 322.

[73] Whitehead. *Science and the Modern World*, New York: The Free Press, 1967, p. 199.

[74] Langer, Susanne, *Reflections On Art*. Baltimore, Johns Hopkins Press, 1958, p. xii.

过程哲学与中国

# 东圣西圣、心同理同

## ——兼谈熊十力、怀特海及中西文化融摄会通的新契机

郭海鹏

1918年，当代新儒家开山祖师熊十力（1885—1968）因在广州目睹“党人竞权争利，革命终无善终”，慨叹“党人绝无在身心上做功夫者，如何拨乱反正?”于是决然弃政从学，“欲专力于学术，导人群以正见”。[1]同年，在伦敦，过程哲学的开山鼻祖怀特海（1861—1947）在思考：科学要处理的终极数据是什么？空间如何根植于经验之中?[2]开始对牛顿物理学及其背后的现代“科学唯物论”宇宙观进行批判。这两位分别在东方和西方开宗立派的大哲学家，论生命气象各有精彩，论学问有诸多相通之处，堪称东圣西圣、心同理同。本文尝试比较两位宗师的生命、学问及其发展，以揭示另一种会通中学西学的可能性。

## 一　东圣西圣：熊十力与怀特海

怀特海1861年生于英国肯特郡，其父为教会牧师。15岁入读英格兰西南部一所历史悠久的私立学校，接受严格的希腊文和拉丁文教育。19岁进入剑桥大学三一学院专攻数学。1903年，怀特海成为皇家学会会员，同年开始与其学生罗素合作撰写20世纪逻辑学和数学的划时代巨著——《数学原理》。1910年，怀特海任伦敦大学数学讲师，后任皇家学院教授，因受柏格森生命哲学和爱因斯坦相对论的影响转向科学哲学。1924年，怀特海从伦敦大学退休，应聘到美国哈佛大学，开始了他作为一个伟大哲学家厚积薄发的创作期。1929年出版的《过程与实在》标志他所开创的

过程哲学体系的建立。1947 年，怀特海辞世，享年86 岁。

熊十力 1885 年生于湖北黄冈，其父为县学生员（秀才），掌教乡塾。因家世清贫，未有机会接受正规的教育和系统的学术训练。18 岁弃学投军，以强国富民、变革社会为己任，后积极参与辛亥革命。1918 年，弃政从学。1920 年，35 岁的熊十力投学于南京支那内学院欧阳竟无门下，专攻佛学。1922 年，赴北大任教，讲授唯识学。1932 年出版的《新唯识论》，标志着其哲学体系的建立，奠定了当代新儒学的弘基。1949 年神州鼎革，熊十力决意留在大陆。1966 年，“文革”爆发，他被打成“反动学术权威”，身心俱受摧残。1968 年，于上海辞世，享年84 岁。

不难看出，怀特海和熊十力的学术背景和进学路径颇有不同。怀特海自小受到正规的学术训练，其兴趣从数学和逻辑学开始，后受到 20 世纪初由相对论和量子力学引发的物理学革命的影响，转而思考科学哲学；因不满牛顿物理学及其世界观的局限，而建立以“机体”概念为中心的过程哲学体系。熊十力则是自学成才，先由变革社会之雄心出发，投身辛亥革命；后因不满于社会乱象，弃政向学，专研中国哲学，欲以学术重塑民族精神、提振民族道德。其学初叩佛教唯识学，后觉其短，反求诸己，归本《大易》，成就其“体用不二”的新唯识论哲学体系。

一种通常的看法是，西方学术重智，中国学术重德，这可以从怀特海和熊十力对哲学的态度上得到体现。怀特海继承了希腊哲学的爱智传统，认为哲学的主要目的是抽象和解释，因而他志在构建一个能够包括人类所有经验领域的宇宙论。而熊十力则接续了儒家内圣外王之道，立志革心救世，认为“哲学根本业务，在启示人类以人生最终鹄的，即返得实性，圆明寂静，而毋坠于迷乱虚诳之生活”。这并不是说怀特海哲学只是一种宇宙论，熊十力哲学只是一种道德学问。恰恰相反，怀特海很清楚宇宙论与人类科学、美学、伦理和宗教等诸经验之间的相互影响。他相信，如果一个社会的世界观不支持道德，那么这个社会的道德生活就必然堕落。[3]而熊十力为求人生之真谛，舍儒家践履笃行之身心性命之学，直探宇宙造化之基源，构造出“体用不二”、“翕辟成变”的本体论和宇宙论体系。

两人构造哲学体系的方法也各有特点。作为一个数学家出身的哲学家，怀特海的思维方式受到《几何原本》所体现的公理化思想的影响，这是大多数西方学者构建理论体系的经典方法。按照这种方法，先给出基本的概念、定义和不证自明的公理，再按照一套推理规则，逐步推导，以得到一系列真命题和定理。怀特海和罗素合著的《数学原理》一书就充分体现了这一方法。但是，《过程与实在》所采用的却是“飞机航行”的思辨哲学方法：“从特殊观察的地面起飞，在充满想象的普遍概括的稀薄空气中翱翔，最后重新降落在经过理性阐释而变得更为严格的新观察基地之上。”[4]这种方法的出发点是当下的经验，足以包罗万象的哲学图式是其结果。相比而言，熊十力的哲学则采用了“默识体认”为主、思辨为辅的方法，这是一种自明自了的东方哲思方法。熊十力说：“恃思辨者，以逻辑谨严胜，而不知穷理入深处，须休止思辨，而默然体认，直至心与理为一，则非逻辑所施也。恃思辨者，总构成许多概念，而体认之极诣，则所思与能思俱泯，炯然大明，荡然无相，则概念涤除已尽也。余之学，以思辨始，以体认终。学不极于体认，毕竟与真理隔绝。”[5]

怀特海和熊十力的哲学在问世之时都是曲高和寡，与他们所处的时代格格不入 。20 世纪初，实证主义和分析哲学在西方一统天下，思辨形而上学几乎成为一个负面词语。怀特海特立独行，力图建立一个形而上学的思辨哲学体系。按照他的定义：“所谓思辨哲学，就是要建构一个圆融的、合逻辑的、且为必然的一般概念体系，依照这一体系，我们经验中的每个成分都能得到解释。”[6]熊十力哲学形成的时期，正是中国在西洋势力震撼下面临救亡图存的紧要关头，以儒家为首的传统文化成为中国落后的替罪羊，维护传统几乎成为反动、落后、开历史倒车的同义词。正是在这种极端的反传统的激流冲击下，熊十力截断横流，为传统文化作狮子吼，献身于接续中国文化慧命的事业当中，积极开展改造传统哲学、创造新哲学的尝试。他对于儒家传统的改造，以西洋旧学宇宙论、本体论来谈东方古人身心性命之学的做法，又使他被儒学同门视为异类。怀特海和熊十力的这种“虽千万人，吾往矣”的追求真理的气魄着实令人敬佩。

在个人人格魅力上，熊十力质朴洒脱，不拘小节，颇具豪气，生命之光真实呈现，堪称圣之狂者。牟宗三在熊十力 95 冥诞追念会上说：“圣贤讲仁，讲性命天道，讲良知，都不是一假定，而是一真实生命的呈现。但只这一句话亦不行，你说你真实，我说我真实，那究竟真实是在哪里呢？所以需要师友，要在现实生活上找一个见证。而这现实的见证，在当今之世，只有熊先生够资格，其他人都不够。所以熊先生是一个真人。”怀特海则具有典型的英国老牌绅士的派头，睿智幽默，和蔼可亲。贺麟曾在哈佛亲身体会过怀特海的风采，说怀特海颇有圣贤气象，很像宋儒程颢，光风霁月般潇洒而又自然朴真，其对世界、人生的看法与感受既深刻而又丰富生动。

## 二　心同理同:熊氏新唯识论与怀氏过程哲学

熊十力和怀特海的形而上学都是原创性的、博大精深的体系，本文选择十个要点加以比较，以见两者的相似相通之处。

### （一）体用关系

熊十力和怀特海都视宇宙为一个生生不息、变动不居的大生命。用熊氏之语说，此宇宙大生命乃本体即现象，体用不二。“体者，具云宇宙本体。用者，本体之流行至健无息、新新而起，其变万殊，是名为用。”本体能造化万象，使其故故不留，新新而起，故名“能变”。本体亦于刹那间生灭灭生，故名“恒转”。因其不是凭空幻现，故名“真宰”。世间万象，非空非幻，有本有源，故曰“用不离体”。而本体依用而现，亦不可离用而觅体，故曰“体不离用”。用不离体，体不离用，故曰“体用不二”。熊十力喜用“大海水众沤”比喻体用不二。“大海水为本体，全现为一个一个的沤，并非超脱于众沤之上别有一个大海。每一沤则揽大海水为体，都是大海水之腾跃著现。”[7]

怀特海的《过程与实在》也表达了类似观点。他用数学的方式提出了一个范畴图式（category scheme），包括1个“终极范畴”、8个“存在范畴”、27个“解释范畴”和9个“范畴职责”。其中“终极范畴”是最根本的范畴，是所有其他范畴的前提，它包括创造性、一和多这三个概念。在怀特海看来，创造性是驱动宇宙大生命变动不已的终极原则，这一本体只有借助其造化（accidents）才能得以实现，否则创造性也将失去其实在性。上帝是其原初的、非时间性的造化。造化即世界最终的现实（final realities）。

怀特海把“事件”当作世界最终的真实，事件又称“现实实有”、或“现实事态”，它们是“经验的点滴，复杂而又相互依存”。这些事件或实有都是刹那生灭的过程。上帝也是一个现实实有，也是一个过程。但是，上帝是特殊的现实实有，是非时间性的，因而上帝不能说是一个现实事态。在论及创造性与（包括上帝在内的）现实实有的关系时，怀特海说：“没有任何实体能脱离创造性概念。一个实体至少是一个能将自己的特殊性注入到创造性之中的特殊形式。”[8]他还说：“离开其创造物，创造性毫无意义；同样，离开创造性和时间性的创造物，上帝也毫无意义；而且，离开创造性和上帝，时间性的创造物也毫无意义。”[9]这些论述和熊十力“体用不二”的思想有异曲同工之妙，“体”即作为终极原则的“创造性”，“用”即包括上帝在内的诸现实实有，它们都是创造性的示例。

总的来说，熊十力和怀特海的形而上学都表现出一种“体用不二”的思想。不同的是，由于希伯来传统的影响，怀特海在其系统中保留了一个即体即用的上帝。对创造性而言，上帝是用，创造性是体。对上帝以外的诸现实实有而言，上帝为体，诸现实实有为用。在怀特海的体系中，创造性、上帝和诸实有呈现出一种三位一体的体用合一关系。

### （二）理气关系

理气是两宋儒学的核心概念。理是原则或条理，气是实有或形气。熊十力抛开宋儒诸说，直接依体用谈理气，赋予理气以新的解释。按他的说法，“理是体与用之通称，气之一词，但从用上立名”。[10]本体蕴含众理，故本体亦名为理，此为“当体称受”之理，是一本之理。就用而言，大化流行，众象秩然，亦各有其条理，故此为“依用立名”之理，是万殊之理。但“一本实含万殊，万殊还归一本”，所以“理说虽二，要自不一不异”。概而言之，宋儒所讲之气即熊氏所说的用，而宋儒所讲之理则是熊氏的体用之理。

怀特海认为，最终的实在是事件或“经验的点滴”，他称之为“现实实用”或“现实事态”。但是他也注意到，存在着一些抽象物的存在，它们是经验的抽象并能在经验中重新出现，例如红色和数学公式。怀特海称它们为“永恒客体”或“纯粹潜能”。在他的范畴图式中，永恒客体与现实实有相对，是最重要的两个存在范畴，构成存在的两极，其他存在物都是它们某种程度的混合体。从理气的观点看，永恒客体是理，现实实用是气。永恒客体具有内在性，内在于事件之中，不存在于任何地方。永恒客体又具有超越性，它是非时间的、作为实现现实事态的潜能而存在，在需要的时候出现，为现实事态提供存在的形式。现实事态不断变化，刹那生灭，借助永恒客体实现自己。永恒客体不会变化，它们相互关联，构成一个抽象的、永恒的世界。因为永恒客体不能无中生有、悬空而置，所以根据本体性原则，怀特海为永恒客体提供了一个安身之所，这就是上帝。柯布说，怀特海的上帝“为永恒客体提供了一个秩序，因而也为整个世界的规律性、新颖性和目的性提供了一个基础”。[11]以理气观之，怀氏哲学中的“永恒客体”相当于熊氏哲学中的“万殊之理”，“现实事态”相当于“气”，而作为终极原则的“创造性”则是“一本之理”。上帝是即气即理，它既含众理，又别于诸气，是一个特殊的、永恒的现实实有。相比较而言，熊氏哲学中的体用、理气关系比较紧密、浑融不分，不像怀氏哲学中有一个上帝作为体用和理气的中介，这或许是西方文化和中国文化不同之处的一个体现。

### （三）变化法则

怀氏和熊氏都看到一个生生不息、变动不居、理气相杂的宇宙，并提出了各自的变化法则。熊十力依据大《易》“保合太合”之语，认为“唯有两相反而成乎和，所以完成其全体之发展”，提出了“相反相成”的变化法则。依此法则，“每一动，恒有摄聚之一方面”，名之为“翕”，“然而当翕的势用方起，却有别一方面的势用反乎翕而与翕俱起”，此种刚健而不物化的势用，名之为“辟”。翕是一摄聚物化的势用，故以“物”言之。辟是一刚健不物化的势用，故以“心”言之。“恒转之动而成翕，才有翕便有辟，唯其有对，所以成变。”这就是熊氏哲学的翕辟成变之论。

怀特海的创化法则是“多成为一，并为一所增”（the many become one and are increased by one）。这描述的是一个现实实有内部的、动态的微观生成过程。一个现实实有及其整合多个存在物而生成一个新颖自我的过程，就是生成的过程。“多生成一”的过程又称“合生”（concrescence）。在合生的过程中，当前的现实实有按照某种自我决定的方式把可用的“多”综合起来，实现一个新颖的“一”。“合生”可以对应于熊氏所说的“辟”。此外，还有一种宏观过程即“转变”，它指的是从过去的现实实有到当前的现实实有之间的变化过程。每一现实实有都要接受自己的过去，这在某种程度上保证了世界的连续性和稳定性。“转化”可以对应于熊氏所说的“翕”。合生和转化是同一个过程的两个方面，一是精神性，一是物质性，两者相反相成，与熊氏哲学中的变化法则相呼应。

### （四）刹那生灭

在熊氏哲学中，变动不拘的宇宙万物是即生即灭、刹那顿变的。[12]所谓刹那，指的是“吾心中一念乍动之顷”。也就是说，万事万物的变化表面上是连续的、渐变的，实际上却是由一连串刹那生灭的突变形成的。凡物刹那生灭灭生，所以万变常新而不守故，常创而不竭，生生而不息。

怀特海也持有同样的观点。在他看来，一个事件的生成过程先有一个物质摄受的阶段（即转化），接着有一个自我决定的体现主体性的过程（即合生），在短暂的满足之后，它的主体性消亡了，随即成为后继事件的一个客体。由于微观层面上的合生过程是非时间性的，而宏观层面上的转化是时间性的，所以在整体上经验事件的变化过程呈现出一种点滴的、以量子跃迁方式进行的特点。一个瞬间的经验事件的点滴在亚原子水平上可能绵延不到十亿分之一秒，而在人的经验水平上大约是十分之一或二十分之一秒。[13]

### （五）心物关系

现代西方哲学或持唯物论，或持唯心论，或持心物二元论，而熊十力和怀特海均持心物一体论。在熊十力哲学中，心物亦即精神和物质，皆为“大用之灿然”者。他认为，唯物论和唯心论都不识本体：“唯心论者执精神为一元，唯物论者执物质为一元，是乃割裂宇宙而各取大用流行之一方面，以为本原。其实同归于无体之论而已。”[14]按翕辟成变之论，翕为物，辟为心，翕辟同起，所以心物亦浑然一体，不即不离。在宏观层面上，宇宙本体就是一复杂体，不是单纯的物质性或精神性。在微观层面上，翕辟二势“因动之迅疾而凝敛以成众圈，可名之为翕圈”；“每一个翕圈，皆有翕辟两极，互相相反而相成。”翕圈因其极小无内，又称为

“小一”。因此，组成世界万象的众多小一都是包含精神性和物质性的完整体，这是心物一体的微观体现。

在心物关系上，怀特海主张的是一种心物合一的泛经验主义。他认为，构成世界的最小单位是现实实有，它们是瞬间的经验，是具有限定的内部绵延的时空事件。每一个这样的事件都有物质的方面和精神的方面，他称之为“物质极”和“精神极”。物质极指的是一事件将先前的事件接受进自身，这种接受就是“物质摄受”（physical prehension）即转化。物质摄受为事件的生成准备了材料。除了被感受到的东西，每个事件都有精神性的方面，有一定程度的自决性或自发性。事件的物质性就是它与过去的关系，它的精神性就是它对理想或可能性的摄入。尽管其物质极是给定的，但通过其精神极，事件可以避免完全被过去决定的命运。

不难看出，熊氏哲学中的翕圈或小一，相当于怀氏哲学中的现实实有或事件，它们都内含物质和精神两极，从而都从宇宙的最小构件开始就支持了心物一体。

### （六）主客关系

心物一体论即暗含一种相应的认识论和主客关系学说。现代思维秉持主客二分的观点，熊氏和怀氏都持主客一体的观点。熊氏哲学中有“境识不分”一说，“境”即外境，指的是“离识而独在之物界”，即通常意义上的客体。“识”乃心之别名，因其能识别境物故称之为识，即通常意义上的主体。熊十力认为，“境和心是完整体的两方面，既互相对峙又互相和同，境不离心而独在”；“日月高星，不离我之视觉；大地博厚，不离我之触觉”。[15]凡境皆与我心同体，都是我心之所涵摄，都是我心之所流通，绝无内外可分。他认为，主客二分的做法将浑全的宇宙划分内外，会导致心迷以逐物，逐渐丧失灵性生活。

在怀特海哲学中，构成世界的基本单位“现实实有”是一个过程。它的存在就是它的生成过程。其中，它既吸收其他现实实有，也被其他现实实有所吸收。它既是主体又是客体，总是处于主体、客体的转换过程中。怀特海称之为“超体”（superjet）。根据怀氏关于摄受的理论，“成为现实的就一定意味着所有现实的东西都同样是客体，共同享受形成创造性行为的客观不朽性；同时所有现实的东西也都是主体，各自都摄入它由之产生的宇宙”。[16]

### （七）万物相关

熊十力和怀特海都视宇宙为一个万事万物相互关联、互相交织、动态变化的有机整体。在熊十力哲学中，本体又称大全，根据体用不二原则，“大全不碍显现为一切分，而每一分又各各是大全。”在微观层面，构成宇宙的无量翕圈“互为主属”。“由一一翕圈各为主故，即皆是自由自在，由一一翕圈互为属故，即互相涵摄而为全体。”[17]在熊氏的宇宙论中，众翕圈相摩荡而成为系，系与系相摩荡而成为系群，众多系群相和而显为万物。在辟的一方，“不改其本体自性而浑一不分，周流于一切翕或物之外而无不遍满”。[18]因此，宇宙是一个各方面互相依持、相互交织的完整体。

在怀特海的宇宙论中，关系是根本的，现实实有之间通过互相感受或摄受而相互关联。这是一种内在关系，即被摄入的东西内在于并参与构成当前的现实实有。根据相对性原理，宇宙中存在的每一项都具有被其他现实实有摄受的潜能，“每一个现实实有都呈现在所有其他现实实有之中”。[19]实际上，每一个现实实有或多或少地都受到过去整个宇宙的影响。因此，整个世界是由现实实有通过互相摄受而编织成的一个动态网络，从而万事万物都是互相关联的。

### （八）天人不二

在中国文化传统中，宇宙和人生是混融一体的，天人是合一的，熊十力也继承了这一传统。《新唯识论》开篇就表明了天人不二的观点：“今造此论，为欲诸究玄学者，令知宇宙本体非是离自心外在境界及非知识所行界，唯是反求实证相应故。”在儒家传统中，《中庸》说：“天命之谓性、率性之谓道”，天道既是超越的又是内在的。在熊十力这里，因为体用不二，所以“道即是万物之自身”，“吾人生命与宇宙大生命本来不二”。因此，只要能反求诸己，则“天地万物之本体当下即是，不劳穷索”。[20]

在现代思想中，由于科学唯物论的兴起，越来越多的人相信有神论在理性上是站不住脚的，怀特海也不赞成一个超自然的、可以任意干预宇宙因果关系的上帝。但是，他也不赞同对宇宙的去神圣化，他并不认为宇宙只是一个按机械方式运转的冰冷的机器。他试图挽救基督教信仰，并将这种信仰建立在他的以机体为中心的宇宙论之上。在西方犹太教传统中，天人是相隔的，“上帝是全然超然的，他从无中创造出一个偶然的世界”。怀特海明确地反对这种上帝观[21]，他主张一种自然主义有神论，又称“万有在神论”。在他的体系中，同其他现实实有一样，上帝也是终极原则创造性的一个示例，是一个过程、一个有机体。上帝不能脱离世界而存在，世界也不能离开上帝而存在。上帝摄入世界，同时也被世界摄入。“我们既可以说世界内在于上帝，也可以说上帝内在于世界。”[22]上帝与世界是一种相互内在、既内在又超越的关系。同样，上帝与自我也具有相互内在的关系。怀特海的这种天人互为内在的观点偏离了西方正统观点，更接近东方的观点。

### （九）天待人成

天人不二，故天德在人。但天并不包办一切，万物与人仍要以自力发展，自己创造，以宏大内在之宇宙本体。熊十力说：“君子实用自力，以修其所固有之天德，非可曰天德在我，不假修为也。”[23]本体赋予人与万物的只是无限的潜能，而潜能的实现要靠自力的创造，所以本体实在要靠人与万物才能得以发扬光大。人若不能自强体道，也可能丧道而堕落，成为顽物或禽兽 。《论语》中的“人能弘道，非道弘人”，讲的就是这个道理。这就为人乃至万物的存在赋予了神圣的使命和价值，彰显出人性的光辉和中国文化的人文底色。

在希伯来传统中，上帝是全知万能的，具有完全的控制力，决定了过去、现在和未来的一切。怀特海不赞成这种观点。在过程神学看来，如果上帝是万能的，那么人和万物便毫无力量，人的主体性就不能挺立。而且由于世界存在显而易见的恶和不幸，上帝万能的教义也把上帝陷于不义的境地。这种教义极大地伤害了有神论者的感情，并容易动摇信仰的信心而导向无神论。在怀特海那里，上帝不是万能的，上帝的完美的力量是通过爱的说服而非力的恐惧来实现的。主体性和自由意志内在于一切现实实有当中，上帝通过提供理想或可能性来诱导世界体现创造性，但上帝并不强迫事情发生。怀特海说：上帝“是世界的诗人，用其温柔的耐心讲世界引向他的真、善、美的愿景”。[24]上帝和我们是“共同创造者”（co－creator)，[25]我们和上帝以及万物一起共同承担着宇宙创化的神圣责任。这和儒家“人能弘道，非道弘人”的观点是一致的。

### （十）返本开新

熊十力和怀特海的哲学都是面对时代危机对各自的文化传统返本开新的创举。熊十力面对的是中华民族在欧风美雨侵袭下的存亡危机，以及“五四”之后中国文化全面崩溃的“三千年未有之大变局”。熊十力出入佛儒，旁采西方科学、哲学思想，后直探孔孟圣学根源，反求诸己，默识体认，最终归宗《大易》，建构了一个以体用不二、心物一体、天人合一为宗的本体论和宇宙论体系。

怀特海面对的一方面是西方传统的信仰和价值体系在科学唯物论的压迫下的分崩离析，另一方面是牛顿物理学的科学唯物宇宙观在相对论和量子力学的新挑战下趋于崩解的危机。怀特海在 20 世纪初现代物理学新发现的刺激下，反思经典物理学宇宙观的不足，重新理解时空的本质和宇宙的终极真实。他把人的瞬间经验和宇宙的终极真实结合在一起，构建了一个包罗万象的泛经验主义的思辨哲学体系。怀特海哲学是对希腊哲学和西方近代哲学这两个传统的总结，同时也是对基督教传统的重新肯定和创造性转化。

## 三　中西文化融摄会通之新契机

中西文化的融摄会通是 19 世纪中叶以来中国知识分子关注的一个重要问题。从过程哲学的观点看，这是一个复杂的动态过程。熊十力和怀特海的哲学为中西方文化的会通提供了一个新契机。

近代西风东渐，始于 1583 年意大利耶稣会教士利玛窦来华。当时的欧洲，正处于文艺复兴的末期和科学革命的前夜。因利玛窦的个人魅力和智慧，初期的中西文化交流尚可做到礼尚往来、互相欣赏、互通有无。利玛窦死后，因天主教内部纷争，引发“礼仪之争”风波，罗马教廷固执己见、不识变通，清廷盲目自大、闭门谢客，导致中西文化交流的大门于 18 世纪初期被迫关上。

从利玛窦来华到鸦片战争爆发的 250 多年间，完成了宗教改革的西方文化脱胎换骨，其基调由出世转向入世。以英国为例，宗教改革和启蒙运动点燃了个人心中的自由、理性之光，光荣革命确立了君主立宪政体，科学革命既促进了科技的进步，又推动了工业革命和资本主义经济的发展，英国蒸蒸日上，迎来了一个前所未有的高峰。与此同时，清朝统治者闭关锁国，把专制推向了一个前所未有的高峰。此消彼长，中国与西方的差距越拉越大，终难逃落后挨打、割地赔款的命运。

经过两次鸦片战争，西方终于如愿以偿，以坚船利炮强迫中国打开门户。中国也终于认识到西风东渐的不可避免，展开以“师夷长技以制夷”、“中体西用”为目的的洋务运动，开启了学习西方的实质性过程。1895 年甲午战败，宣告了洋务运动的失败。向西方学习由器物层面深入政治制度，遂有接踵而来的维新变法和辛亥革命。然而辛亥革命推翻帝制之后，乱象环生，社会局势仍未能令人满意。向西方学习又进一步深入到文化层面，开始全面质疑作为中国文化之本的孔孟之道。在这一过程中，国人之文化自信逐步丧失，由盲目自大变成盲目自卑、妄自菲薄，求新求变之心日趋激烈，到“五四运动”和“新文化运动”终于喊出“打倒孔家店”、“全盘西化”的口号。中国文化的天崩地裂正是熊十力写作《新唯识论》的时代背景。

与此同时，作为强势一方的西方文化也面临着同样严重的危机，这是怀特海写作《过程与实在》的时代背景。西方文化之本在基督教精神。在中世纪的欧洲，希伯来思想实已盖过古希腊思想，人们向往的是天国而非尘世之幸福。文艺复兴后，古希腊文化的光彩再现，呼应人们对腐败教廷的不满，进而引发宗教改革、科学革命和思想启蒙等运动，西欧逐渐形成一种面貌一新的崇尚理性的科学世界观和现代价值体系。社会上也形成了科学、民主、自由、法治、人权等概念，以及对物质财富和现世成功的世俗追求。在此过程中，理性威力日显，其傲慢也日增，西方世界日趋世俗化，对基督教上帝的信仰受到科学唯物论的质疑和挑战，进而逐渐动摇。尼采借他笔下的狂人之口说出：“上帝死了。……是我们杀死了他。”

传统价值的崩解带来了思想的混乱。当时中国传统既崩，无以立本，同时救亡心切，急于西药保命，但却不知“产生西洋文明之西洋人，方自陷入混乱矛盾之中，而亟亟有待于救济。吾人乃希望藉西洋文明救济吾人，斯真问道于盲矣”。[26]

五四之后的中国，作为文化之本的孔孟之道已丧，墨法等文化支节末流顿起。当时的西方，作为文化之本的基督精神也已衰落，基于现代科学思想的种种杂多之说断片流行。有依托于进化论之弱肉强食的社会达尔文主义，有基于优生学、生存竞争论的法西斯主义，有基于原子论的极端个人主义，有基于机械思维的历史决定论，等等。当时，正值中西文化都处于丧体迷用、失魂落魄之际，两者的交流会通可谓是以中国文化之末流，迎西方文化之杂说，逐物而失心，尚斗而失和，其危弊可想而知。五四和“新文化运动”提出拥护“德先生”和“赛先生”，确实切中了中国文化的不足之处，但五四诸子却将民主科学与孔孟之道对立起来，自废武功，放逐中正平和的民族精神于无根的虚无和亢奋的激情之中，以急功近利的心态企图尽快富强以赶超西方，无异于要在沙滩上建造摩天大楼。另外，在西方，民主与科学本是西方基督新教伦理之发用，但其发展却使近代西方社会日渐世俗化，文化之体用逐步撕裂。科学脱胎于神学，却逼迫神学步步退却，以至宗教几乎和迷信画上等号。在这样的氛围下，作为中国文化之本的孔孟之道只能与作为西方文化之本的基督教精神失之交臂，成为一大历史遗憾。

从五四到今天的百年多来，世界经历了大萧条、两次世界大战、大屠杀、冷战、核威胁、能源危机、生态危机、文明冲突、全球化等风云变幻，开始从现代工业文明社会向后现代生态文明的转型过程。20 世纪六七十年代开始，西方文化开始反省现代性和启蒙价值的不足，出现了各种批判、结构现代性的后现代主义。然而，只是破坏、指责和哀叹，并不能真正解决人类面临的困境。在怀特海哲学指引下，过程思想家们提出了“建设性后现代主义”，适应后现代建设生态文明的要求以实现一种新的哲学综合。这种综合既对过去 400 年来主导西方文化和社会的现代启蒙价值观进行反思和扬弃，也尝试反思前现代社会的古典文化，以重新发现其中的宝贵元素。这种综合，因其对第一次启蒙运动的超越而被称为“第二次启蒙”。[27]

在中国，过去 100 多年的历史就是学习和赶超西方、追求现代化的历史。而中国传统文化则在内外交困下逐步解体，借用余英时的话说：“儒学死亡之后已成为一个游魂了。”[28] 1949 年以后，中国大陆全盘苏化，走上了“以俄为师”的现代化、工业化之路；台湾地区在美国帮助下、沿着孙中山的道路发展成一个现代化的工商社会；香港则在英国的管制下、背靠未开放的中国发展成为一个现代化、国际化的商业大都市。这一时期，熊十力的三大弟子牟宗三、唐君毅、徐复观及其他几位现代新儒家代表人物（如钱穆、方东美等），在海外努力进行传统文化存亡续绝的工作。用唐君毅的话说，儒学当时“花果飘零”，期待能有“灵根再植”的一天。1978 年中共十一届三中全会后，中国大陆从“以阶级斗争为纲”转向“以发展生产力为中心”，对内改革，对外开放，开辟出一条中国特色社会主义道路。经过 30 多年的发展，中国在取得举世瞩目成就的同时，也带来环境破坏、贫富悬殊、贪污腐败、道德滑坡等严重问题。面对物质文明和精神文明发展失衡的现实，越来越多的有识之士开始认识到西方现代文明的种种弊端，以及发掘中国传统文化有益因素的重要性。此时，对中国而言，“第二次启蒙”就是要“让大多数中国古典思想获得新生”[29]，吸收第一次启蒙之精华并超越之，实现“东西方最优秀文化的创造性整合”。[30]

回顾当代新儒家和过程哲学近百年的发展历程，可以看到两者之间始终保持一种遥相呼应的势态。在一开始，怀特海就曾明确指出，他的哲学更接近于东方哲学，尤其是接近中国传统哲学中的某些思想。在熊十力《新唯识论》问世之初，张东荪和谢幼伟等学者也曾指出过它和怀特海哲学的相似之处。

在当代新儒家第二代代表人物中，方东美采用怀特海的“机体”概念，提出“机体主义”，把《易经》与过程哲学加以融会贯通，创造出自己的一套独特的生命本体哲学。当代新儒家第二代的另一位代表人物、熊十力的大弟子牟宗三认为，基督教只有向上逆反而无向下顺成，无法点出人的真正主体，他期待基督教中的有识之士能着手解决这一问题。从 20 世纪 20 年代开始发端的过程神学，经过怀特海、哈茨霍恩、小约翰·柯布和大卫·格里芬等人的发展，“已成为现代西方有别于新正统神学和自由主义神学等神学流派的一个重要派别，并成为建设性的后现代主义的重要组成部分”。[31]怀特海的弟子、中国过程神学家谢扶雅也“成功地调和了‘过程哲学’和‘易学’”[32]，既肯定上帝的超越性，也承认上帝的内在性，其立场与儒家“内在超越”的学说是一致的。

到了各自的第三代，这一势头有增无减。过程哲学的第三代传人柯布认为："怀特海深刻地看到，只要西方最根本的思想转向为中国长期所采取的那一方向，它的问题便可望得到解决。"他还认为，"西方后现代的价值与中国前现代的价值有很多可以结合的地方"，并坚信"未来哲学的发展方向必是西方文化和东方文化的互补和交融"。[33]在美国，甚至出现了一个被称为"波士顿儒家"的哲学家群体[34]，其学术旨趣是过程神学和儒家学说的结合。[35]而在中国，北京大学汤一介教授也在大力推动儒家思想与建设性后现代主义的结盟以及"第二次启蒙"的观点。[36]

中西文化会通是当代新儒家孜孜以求的任务，当代新儒家第二代传人牟宗三和唐君毅分别选择了康德和黑格尔作为会通中西哲学的桥梁。在熊十力和怀特海这里，我们看到了中西文化相互融摄会通的另一种可能。几十年间西方解构性后现代主义泛滥，中西文化会通需与时俱进、另辟新路。熊十力哲学、怀特海哲学及建设性后现代主义，因其世界观的高度相似性，为21世纪中西文化的会通架起了一座新的桥梁，为西方文化克服其自身的不足提供了新的思想资源，也为中国文化返本开新提供了一个新的契机。

**参考文献**

[1]《熊十力全集》第一卷，第659页。

[2] 怀特海：《论自然知识的原则》，剑桥大学出版社1919年版。

[3] 格里芬：《怀特海的道德哲学》，《求是学刊》，2007年第4期。

[4][6][8][9][16][19][21][22][24][25] Whitehead, *Process and Reality*, pp. 5、4、213、225、56、50、59、343、253、280.

[5] 熊十力：《十力语要初续》，乐天出版社1971年版，第38页。

[7][10][12][15][17][18][20] 熊十力：《新唯识论》，中国人民大学出版社2006年版，第23、130、79、32、133、146，第一章"明宗"。

[11] John Cobb, *Whitehead Word book*, P&F Press, 2008, p. 68.

[13] 格里芬：《怀特海的另类后现代哲学》，北京大学出版社2013年版，第60页。

[14] 熊十力：《体用论》，世纪出版社2009年版，第93页。

[23] 熊十力：《读经示要》，第280页。

[26] 杜亚泉：《迷乱之现代人心》，《东方杂志》1918年。

[27][29][30][33] 王治河、樊美筠：《第二次启蒙》，北京大学出版社2011

年版，第 9、17、10 页。

［28］余英时：《现代儒学的回顾与展望》，生活·读书·新知三联书店 2005 年版。

［31］曲跃厚、宇杰：《20 世纪过程神学发展概观》，《国外社会科学》，1998 年第 4 期。

［32］董芳苑：《谢扶雅过程神学的探讨》，《辅仁大学神学论集》，1977 年，第 517—534 页。

［34］按方朝晖的说法，波士顿儒家是以杜维明为代表的几位认可儒家学说的美国哲学教和基督教神学家。方朝晖：《耶稣和孔子在此相遇》，2004 年。（中国儒学网）

［35］哈佛燕京学社编：《波士顿的儒家》，江苏教育出版社 2009 年版。

［36］汤一介：《儒家思想与建构型的后现代主义》，《人民论坛》，2013 年7 月。

# 儒家的“生生”与柯布“大写的生命”之比较研究

柯进华

20 世纪七八十年代，人们曾一度十分忧虑核屠杀、核冬天、核灭绝。然而与之相比，当前的生态危机可能更为复杂危险，更难解决。“核冬天是人们做某事的结果——如果他们想发动核战争。但生态危机只需人们一如既往就能终结文明：我们可以仅仅通过继续‘一切照旧’就能终结文明。”[1]面对当今的生态危机，一些学者提出，21 世纪是人类文明必须发生生态转向的世纪。用托马斯·柏励（Thomas Berry）的话说，地球已经进入了生态纪时代（ecozoic era）。[2]但问题的关键是如何实现文明的生态转向？我认为，任何一种文明的发展都不能脱离其传统，否则就缺乏根基和持久动力，难以付诸实践，更难以持久。中国生态文明的发展需要而且应当从传统儒家思想中挖掘生态思想资源，并加以发展和发扬。我认为，儒家的生生思想是一大宝贵资源，是儒家生态思想的精华，具有重要的意义。我发现，尽管存在差异，但儒家思想与过程生态思想，特别是儒家的生生思想与柯布的大写的生命在很多方面遥相呼应、相得益彰。

## 一　儒家的生生

《周易》是群经之首、群经之始，可以称为中华文化之母。生生的观念最初就见于《周易》之中。《易传·系辞上》曰：“生生之谓易”；《系辞上》还有大生、广生之说：“夫乾，其静也专，其动也直，是以大生焉。夫坤，其静也翕，其动也阖，是以广生焉。”乾为天，坤为地，乾坤为生生的动力和根源。

### （一）生生之道

生生不息是自然的基本存在方式。孔颖达对“生生之谓易”的解说是：“生生，不绝之辞。阴阳变转，后生次于前生，是万物恒生，谓之‘易’也。”[3]明代学者高攀龙也对此五字之真义心领神会，提出“易之本体只是一个‘生’字”。[4]易之根本就是生生，一部《易传》无非阐明生生之道。

从语义学看，生生主要包含两层含义：一是“天生万物”——第一个生是动词，指创生、生成等，后一个生字是名词，指生命，生生指生命的创生、延续、繁荣。二是“和谐共生”——第一个生是名词，后面的生是动词，指万物相生，相互依存，共生共荣。生物学上将这一现象描述为共生现象（symbiosis）。总之，生生就是指自然界中生命的创生、生成、维持、完满、延续和更新之道。儒家的生生在内涵上十分类似于生态伦理学所讲的生态共同体，人类与非人类世界（the non－human world）是一个相互依存的共同体，人类的福祉和非人类世界及整个生态圈的健康在根本上是一致的。

### （二）生生之仁

儒家的一大独特之处是它不仅将生生看作自然现象，看作自然的运行之道，还认为它是宇宙的目的和根本德性，称之为大德。《易传·系辞下》曰：“天地之大德曰生。”它不仅是自然法则，也是道德的根本法则。

事实上，早期儒家对生生的道德内涵并没有明确的阐释。到宋明时期，儒家普遍以生生来阐释仁，将它阐释为人类与自然具有的共同德性。如周敦颐说：“天以阳生万物，以阴成万物。生，仁也。”[5]张载说，“天地之心”为生生，“大抵言‘天地之心’者，天地之大德曰生，则以生物为本者，乃天地之心也”。[6]在朱熹看来，仁的根本含义就是生生：“仁浑论言则浑论都是一个生意。”[7]戴震也说：“仁者，生生之德也。”[8]

儒家素以仁为核心。“仁者，人也。”人的根本德性就是仁。如何实践仁？生生也！仁不仅是处理人际关系的最高伦理原则，也是处理人与自然万物关系的最高伦理原则。它要求人在实践中效法天道，珍爱他人、生命和万物。从亲亲、仁民到爱物是一个不断外推的过程，人关爱的范围不断扩展，德性随之不断提升，以至“天人合德”，这是儒家追求的至善境界。

“天人合德”的思想在《易传·乾文言》中首先被明确提出来：“夫‘大人’者，与天地合其德，与日月合其明，与四时合其序，与鬼神合其吉凶。先天而天弗违，后天而奉天时。天且弗违，而况于人乎？况于鬼神乎？”人如何与天合其德？儒家认为，人应当通过辅助天道来实现与天合德。如《易传·泰象辞》所说：“裁成天地之道，辅相天地之宜。”《中庸》讲，人应当“成己成物”：“唯天下至诚，为能尽其性。能尽其性，则能尽人之性。能尽人之性，则能尽物之性。能尽物之性，则可以赞天地之化育。可以赞天地之化育，则可以与天地参矣。”程颢说：“继善成性”，“生生之谓易，是天之所以为道也。天只是以生为道，继此生理者即是善也。”[9]人肩负着爱护一切生命、实现自然的潜在目的，即生生的伦理责任。仁不仅是人之本更是天之本，是人德更是天德。现代新儒家牟宗三认为，儒家发展到宋明时期的一个共同倾向就是天道与人德的合一。[10]

### （三）生生之和谐

儒家将宇宙视为由天、地、人组成的统一整体。《系辞传》曰：“天地变化，圣人效之。”[11]三者各行其道，人道要效法天道和地道，如此则三者合而为一。人的可贵在于人能效法天地之道，实现天人合德，这样就能实现生生之和谐。

天人合一是生生之和谐的体现，是儒家的根本精神。天人合一、万物一体是仁的全部实现。从本体论上说，天人合一是指人与自然本为一体，人是自然的一部分，人生于自然，依赖自然，最终回归自然。从实践上说，天人合一指人效法天地，与天地合德，实现人与天地相参。天人合一，以仁为本。张载第一个提出“天人合一”的命题，讲“乾坤父母，民胞物与”。[12]程颢讲，“仁者以天地万物为一体”。[13]王阳明的“一体之仁”也颇具影响，他说：“大人之能天地万物为一体也，非意之也，其心之仁本若是其与天地万物而为一也。”[14]

天人合一的理想状态是太和——天和、地和、人和，天地人和，天人合于太和之境界。《易·乾·文言》曰：“乾道变化，各正性命，保合太和。”人法天地，辅助天道，万物各得其所，就能实现最大的和谐即太和，这是整个宇宙的大和谐，是生生之和谐，是人与自然万物的共生共荣。就人而言，就是身心和谐、人际和谐、天人之际相和谐。

太和境界同时也是一种审美境界。生生不仅具有道德意义，同时也包含着对生命万物的热爱之情、赞赏之情。能否体会天地万物一体之境，在于我们能否“静观”。正如程颢的诗《秋日偶成》所写，“万物静观皆自得，四时佳兴与人同。”将个人的生命和情感融入大自然的一山一水、一草一木之中，达到情景交融的忘我境界，就是一种审美境界。周敦颐的“绿满窗前草不除”，程颢的“万物之生意最可观”，王阳明的“观花”都体现了天人合一的审美境界。程颢本人喜爱“观鸡刍”并由此而识仁体仁，因为刚孵化出来的小鸡活泼可爱而又弱小，最能体现生意。万物的生意与人的仁心是相通的，生意能触动仁心，同时激发人将仁心外推到万物。天人合一的审美境界使人在行为上做到不害，心境上达到忘我和喜乐。

生生是儒家生态思想的精华，它超越了人与自然分裂和对立的二元论，超越了人类中心主义的价值论，是一种天人合一的生态学。同时，儒家的生生也涵括了真善美三个维度，是真善美的统一：生生之道求真，是一种有机的、整体论的、以生生为目的的生态世界观；生生之仁求善，是一种以人为道德主体，以自然万物为道德客体的生态伦理学；生生之和谐求美，是一种生态美学。通过对儒家的生生的发掘和发展，我们可以发展出一套结合了传统文化和符合当代处境的生态学。

## 二　柯布的大写的生命

### （一）生态危机的宗教思想根源——对传统上帝形象的批判

柯布受到林·怀特（Lynn White）“生态危机的历史根源”[15]一文的极大启发，并将该文视为突破性的论文。[16]怀特认为，生态危机的直接原因是科技对自然的宰制。由于科技自身的缺陷，它无法解决生态问题；而科技对待自然的这种态度源自基督教对待自然的态度。因此，解决生态危机首先需要反思和克服科技的缺陷，而这一问题的解决又有赖于基督教首先实现宗教的或神学的生态转向，否则生态危机将无法解决。[17]

柯布是从一个基督教神学家的立场来审视生态神学问题的。他认为，当前的生态危机与人们对上帝形象的理解有着深层的关联。西方基督教国家的主流上帝观过分强调上帝的权能，相信只有人才有上帝的肖像，而且上帝任命人类为统治世界一切其他受造物的主。这两者的结合导致了人类中心主义，认为人是至高无上和独特的，其他一切受造物只是满足人类目的的手段，并不具有任何内在价值。

通过对历史的分析，柯布认为，无论是人文主义、世俗无神论还是新的异教（new paganism），由于缺乏认信的根基，它们和传统基督教一样，都不能为克服人类中心主义、肯定非人类世界[18]的内在价值、关心非人类世界提供有力的支撑。[19]

为了应对当前的生态危机，柯布认为，有必要对基督教的上帝作新的阐释。当前，"我们需要的是一种新的、包容性的认信，这种认信能够引导我们既关心人类也关心非人类世界，同时能指导和支撑我们不畏艰难地采取明智的行动"。[20]在他看来，这一恰当的认信对象应当是大写的生命[21]，即那孕育和维持生命、丰富和提高生命的创造过程，亦即过程思想所理解的上帝。[22]他从生态的视角、用大写的生命这一概念来重新阐释上帝。在他看来，对所有生命（包括非人类世界）的爱是生态基督教的标志。尽管《圣经》中使用了很多形象来描述上帝，但大写的生命是最核心的一个形象。大写的生命与圣灵和圣言密切相关。因此，运用大写的生命这一形象来理解上帝更符合《圣经》本身。[23]莫尔特曼（Jürgen Moltmann）对上帝形象的理解与柯布的观点也极为相似。[24]

### （二）作为大写的生命的上帝——一种生态的上帝形象

柯布对大写的生命的阐释主要是在《生命的解放》一书中。他指出，大写的生命的远见和更为缜密的哲学探讨来自怀特海的《过程与实在》一书。[25]

在《生命的解放》的第六章"对大写的生命的信仰"中，柯布借用亨利·尼尔森·魏曼（Henry Nelson Wieman）的术语"创造性的善"（creative good）和"被创造的善"（created good）来区分大写的生命和生命体。"被创造的善是具有它们的感受能力、思想和价值的生命体，以及生命体创造的所有人工制品、团体和组织。创造性的善就是大写的生命。

大写的生命正是我们信赖和服务的对象。”[26]

柯布提出了生态模式的生活，要求我们信靠大写的生命并服务于一切生命，其核心是实现生命的创造性转化。“一个社会最好的理想状态，是让大写的生命能够自由地进行创造性的转化”；“信任生命就是信任创造性转化的可能性。”[27]生态学也告诉我们，生命本身就是通过超越过去的非生命而出现的。柯布认为，大写的生命是创造性转化力量的体现，是上帝在世界上的道成肉身，耶稣就是创造性转化的典范。[28]基督徒应当信仰和服务于大写的生命。

### （三）一种生命的宗教

柯布将大写的生命视为一个宇宙性的原则，它在任何时候都在实现着可以实现的创造性新质（novelty），其目标是实现经验的新形式和经验的丰富性。世界的进程不是以遥远的欧米茄点为终点，而是在每一瞬间不断地创造价值、创造新的和更高的价值。大写的生命的能量不只局限在生命体中，它遍布整个宇宙。但在不同情况下，其能量的发挥是有差别的，并受当下的现实条件制约的。[29]

柯布进一步将大写的生命阐释为宇宙秩序和自由的创造者，即作为世界创造者的上帝：“大写的生命是创造价值和自由的唯一力量，它在所有地方做工并且总是为这一目的而做工……大写的生命通过赋予混沌以秩序来创造……通过赋予已经变成压制自由的和限制性的旧世界以新秩序来创造。大写的生命是创造者。”[30]

柯布在《生命的解放》的第九章中概述了生态模式的“六大特征”，并通过与当今占主导地位的模式的比较研究来阐述生态模式的内涵，特别是其所包含的生命伦理。[31]布伯（Paul Custodio Bube）结合柯布的生命伦理，将生态模式的生命伦理概括为“八大特征”，十分有助于我们较全面地理解生态模式的生命伦理的具体内涵。[32]总之，生态模式的大写的生命伦理强调一切生命的内在价值和创造性，强调个体之间的关系性、动力性、创造性、人类与非人类的连续性等，它追求的是克服人类中心主义，尊重包括非人类世界在内的一切生命，实现一种人类与非人类世界相互支撑、共生共荣的生存模式。

作为一个基督徒应该如何服务上帝呢？柯布的回答是明确的，服务于受造物就是服务于上帝，服务上帝的真正方式是服务于受造物，这是对大写的生命的信仰的要求。基督教“爱邻人”的箴言包含了一切受造物而不只是人类。“在《圣经》中……对上帝和对邻人的爱的统一是被明确肯定的。事实上，服务上帝的真正方式就是服务邻人。人对邻人所做的，特别是对卑微的人所做的，就是对上帝所做的。”[33]我们过去往往将邻人仅仅局限于人类，而柯布则要求将邻人扩展到一切受造物，这是《圣经》“爱邻人”这一箴言本身的内在要求。因此，柯布的生态模式倡导的是一种新的宇宙论，它要求的是一种生命的宗教——信仰和服务于大写的生命，委身上帝和基督就是委身创造性的转化并服务于一切生命。

## 三　儒家的生生与柯布的大写的生命的异同

### （一）相同之处

儒家的生生与柯布的大写的生命在很多方面有着惊人的相似性。主要包括以下几个方面：

1. 基本内涵相同

柯布用大写的生命来阐释上帝，将上帝的创造活动阐释为“孕育和维持生命、丰富和提高生命的创造过程”，其含义与儒家阐释的生生的第一层含义“天生万物”基本相同。过程生态思想以怀特海有机体哲学为基础，将包括人类在内的整个自然界看作一个有机体，强调自然万物的相互联系、相互作用、相互依存和共同发展，这与儒家阐释的生生的第二层含义“和谐共生”基本相同。儒家所讲的“生生之道”将大自然本身看作一个生命有机体，大自然不仅自身有生命，而且不断地创造、维持和发展生命，这就是儒家所讲的“天道流行”、“生生不息”。

儒家的生生和柯布的大写的生命都将孕育、维持、丰富和提高生命看作是世界的目的，是生态伦理的基本原则。儒家认为，生生不仅是大自然的基本存在方式，也是大自然的目的，是美德，是道德的根源。与此相对应，过程思想也认为，宇宙有一个目的，这个目的源自上帝，这个目的就是实现整体价值的最大化。[34]儒家讲生生之德，认为人的高贵之处在于效法自然，与天地合德。与此相对应，过程思想认为，人的高贵之处在于人肩负着有意识地遵从上帝，使受造物能安康、繁荣，地球能够生养众多的责任。

2. 反二元论

儒家和过程思想都反对人与自然的二元论，主张人与自然的一体性，历史是自然中的历史，人是自然的一部分，而且人与自然、人类与非人类之间有着亲切感和连续性。儒家几乎不会谈论独立于自然的人或独立于人的自然，其自然观始终认为人与自然一体，人依存于自然。儒家的天人合一思想突出体现了人与自然的亲切感、连续性和内在的互动关系。过程思想也反对西方传统关于人与自然、历史与自然的二元论，坚持整体主义，坚持人是自然的一部分，主张自然具有实在性、内在价值和与人类的亲切感、连续性。过程思想认为，人类与非人类生命、有生命物体与无生命物体之间存在着连续性，它们之间不是决然不同的。“哈茨霍恩认为，人类并不是将知觉、目的和主观性投射到其他的自然有机体；相反，我们人类从进化过程中继承了宇宙的这些普遍性的可变因素，所有有生命的有机体都是宇宙的一个部分。”[35]

3. 反人类中心主义

儒家和柯布都反对人类中心主义，同时又强调人在自然中的独特地位，并坚持不同事物具有不同等级的价值。过程思想反对生物平等论（biospheric egalitarianism），坚持内在价值分级说（the gradation of value），认为人在所有受造物中是独特的，唯有人具有上帝的肖像，人不可替代地在万物中担当着管理者的职责，这正是人的可贵之处。就个体的内在价值而言，不同物种的价值是存在等级的，在所有物种中，人的个体价值最高。儒家认为，人不只是众多的自然物种中普通的一员，人为天地之心、万物之灵。“天地生物是‘无私’的，但又有等次之分，形成一个生命序列。正如荀子所说，山水土石之物‘有气而无生’，树木花草之物‘有生而无知’，飞禽走兽之物‘有知而无义’，唯人有气有生有知又有义，故‘最为天下贵’。”[36]儒家还强调，人的高贵并不是由于人凌驾于万物之上来任意宰制万物，而恰恰是要肩负起其独特的责任来关爱万物，在自然界中起到参赞化育的作用，以实现人的价值。[37]

4. 追求审美

儒家的生生思想和过程思想都追求审美的维度。儒家通过静观自然万物特别是生命体来审美，将天人合一的完满境界称为太和。太和同时也是一种审美境界，是真善美的合一。怀特海用“美的力度”来衡量价值，强调真和美的依存关系，认为没有美，真将是平庸的。[38]他还强调和谐、和谐中的和谐、平和，这与儒家确有不谋而合之处。

5. 强调人的经验

儒家与过程思想都强调人的经验在体认世界中的重要性。正如冯友兰所说，中国哲学的特征是“名言隽语，比喻例证”，它主要源自我们日常的经验观察和体悟。儒家的认知方式主要基于人的感官经验。人在认知事物时，并不是与对象决然对立的，而是以一种直观、移情、通感、感应的方式去体认事物。我们对事物的观察和体悟往往是知情意的合一，在认知的同时融入了我们的情感和意志，而不只是客观观察。儒家的生生思想正是基于这种经验的、非主客二分的、知情意合一的体认。过程思想强调，万物都有摄受的能力，都有感受及感受他者的感受的能力，主张泛经验论（panexperientialism）。[39]这类似于中国思想中的“万物有情论”，与儒家也有相似之处。

正是因为过程思想与儒家在许多重要方面有着惊人的相通之处，过程思想才可以成为会通西方与东方、传统与现代的桥梁，成为当今中国发掘、整合与弘扬儒家传统生态智慧的宝贵资源。

### （二）不同之处

当然，作为东西方的两种思想，儒家思想和过程思想又存在明显的差异。以儒家的生生与柯布大写的生命来说，这些差异主要表现在：

1. 自然主义 vs 创造论

儒家思想和过程思想有着不同的宇宙论和终极实在观。儒家的主流是自然主义的。在儒家传统的主流那里，天是非人格的。自然（包括天地）囊括了一切存在，自身是自足的、终极的实在。万物来源于自然，在自然之中生成、发展和消亡，最终回归自然，不存在任何外在于自然或超越于自然的事物。自然本身包含万物，化身万物，不存在一个创造自然的创造者。而在过程思想看来，将自然作为终极实在是将次终极的实在[40]当作了终极的实在。过程思想追问自然何以存在，认为自然的存在必然有一个外在原因，这个原因就是上帝的创造。过程思想又追问自然中何以出现进化现象和新质，认为创造性和新质的源泉也是上帝。过程思想还追问自然存在的目的，认为自然是有目的的，这个目的同样源自创造者——上帝，具体地说，就是上帝的原初性即原初的理想目标（the initial ideal aim）。上帝的创世目的乃是评判作为整体的世界好坏的标准。

2. 内在超越 vs 外在超越

在儒家看来，自然囊括了一切存在，是永恒变化的。儒家通常用“生生不息”来描述其宇宙观。人类的责任和生命的意义在于效法自然，参赞化育，辅助自然，继善成性，从而实现个体的完满。儒家的进路是内在超越的，是通过个体的修养去效法天地，达到天人合一。其特点是整体性的、情感性的和直观的：整体性是指儒家认为人与自然是一个整体，人是自然的一个部分，依存于自然；人与自然相互联系、互为影响。情感性是指儒家将自己看作自然之子，将自然看作生身父母和赖以存活的家园。因此，儒家在看待自然时是富有深切情感的。这种情感主要包括亲近、敬畏、感恩、仁慈、喜乐、祥和等。直观性是指儒家主要地不是通过逻辑演绎、理性推理去追问西方式的形而上学问题，而是通过亲近自然、直观自然、静观自然去体悟和追求天人合一的境界。儒家实现超越的进路是通过自身的修养来遵循自然的固有之道。而在过程思想那里，人类的意义存在于线性的历史之中。因为历史有一个终极目的，即上帝创世的目的——上帝国。人的意义在于参与到这一历史过程之中，个体的具体意义主要取决于个体在这一历史过程中所起的作用。[41]尽管过程思想反对西方传统关于自然与历史的二元分立，但人类寻求超越、获得拯救的进路却是要超越自然，通过服从和信靠超越自然的创造主——上帝来实现。在过程思想看来，儒家的自然观是非历史性的，是同一种模式的不断重复，缺乏能动性、创造性。过程思想强调的是作为创造者的上帝的创造活动，上帝和受造物的互动及回应，通过不断的创新和超越趋近上帝的理想目标。

3. 个人道德修养 vs 生态正义

尽管儒家主张的“内圣外王”也涉及公共政策领域，但总体而言，这一进路侧重以个人的道德修养为基础来实现个人的完满，较少涉及公共政策领域。而且在传统儒家那里，生态危机并没有凸显，生态问题也不是儒家关注的对象，因而更少涉及生态方面的公共政策。过程思想则不同，在其产生和发展的过程中，生态危机越发严重，过程思想是较早关注生态问题并把它视为当今最重要问题的当代思想流派之一。过程思想认为，大写的生命源自上帝的原初性即原初理想目标，是上帝内在性的体现，是对受造物的诱导。人应当信仰和服务于上帝的原初目标，积极回应上帝的诱导，实现正义的、参与性的和可持续的社会，实现人与自然的共存共荣、相互支撑、相互增强。与儒家相比，过程思想的进路更关注社会的不公、公共政策的制定，注重从政治、经济和教育等方面的变革来实现生态正义即生态保护与社会正义的合一。

4. 内在价值源于何处

传统儒家对这一问题的回应是模糊的。严格来讲，传统儒家只是笼统地宣称万物都有价值，但并没有提出类似内在价值这样的概念，更没有追问和说明内在价值的基础或最终根源是什么。内在价值的概念是生态哲学、生态伦理的核心概念，其重点是要确立非人类世界具有独立于人的价值。过程思想明确说明，内在价值根源于经验。这种经验是广义的，因为动物、植物、无生命物体（如原子、电子等）事实上都具有一定的感受能力，只是这种能力有高低之分。感受能力是意识的基础，人的意识是经验的高级阶段。正是这种感受能力使得事物拥有经验，从而具有内在价值。人类与非人类个体的内在价值存在等级差，其差别虽然很大，但人类与非人类、有机体与无机体具有连续性，其差别只是程度上的差别。

### （三）几点启示

过程思想对中国的生态文明建设有何意义呢？中国能够从过程思想中学到些什么呢？我认为，柯布的过程生态思想有以下值得中国学习的地方：

1. 生态思想与生态学等现代科学密切结合

过程思想的一大特点是与现代科学联系紧密。怀特海本人就是一个著名科学家。美国物理学家伊安·巴伯（Ian Barbour）也曾指出，过程思想能很好地与现代自然科学进行对话和整合。[42]柯布本人与很多科学家有过交流合作，其著作《生命的解放》正是与生物学家布奇合作的成果，是宗教与科学特别是与生态学相结合的一个成功事例。就生态而言，柯布的生态思想很好地整合了当前自然科学方面的一些相关知识，特别是生态学、生物学、生物化学、物理学、生态农业、生态建筑等。尽管中国的古典文化有着深厚的生态思想资源，但由于自然科学知识的相对缺乏，对很多问题的阐释比较笼统和模糊，带有前科学的特征。比如，中国古代思想尽管强调人与自然的一体性、相互联系和依存关系，但对于人与自然是如何具体联系和依存的，更多的只是凭日常经验作推测，缺乏科学根据和明晰性。比如儒家讲“人副天数”、“天人感应”、“天生万物”时，缺乏对“如何”和“为什么”这类问题的追问和阐释。过程思想结合现代科学，十分明晰地阐释了人与自然、人类与非人类的内在联系、相互作用和依存关系。比如生命的进化过程，人与环境的物质、能量交换过程，自然整体的物质、能量循环过程等。同时，过程思想反对机械唯物主义和科学霸权主义，批判了现代科技的弊端，特别是科技对自然的宰制以及科技的运用对穷人的漠视甚至压迫。这对于正在大力发展现代科技、提倡“科学技术是第一生产力”的中国有着重要意义。

2. 避免现代性的弊端

柯布的生态思想是一种建设性的后现代生态思想，它不仅深刻批判了现代性的主要弊端，而且提出了一条克服这种弊端的建设性方案。柯布认为，人类中心主义、个体主义以及二元论是西方现代思想的标志，这些观念的背后是一种实体主义的实在观和实体思维方式。从社会体制层面来看，现代性表现为经济至上主义（economism）、消费主义、拜金主义。柯布并不否定现代性的积极成果，但他坚持，在面临生态危机的今天，西方现代社会的弊端已经充分暴露，必须在继承现代性成果的同时克服其弊端。他的生态神学以怀特海有机体哲学为理论基础，反思了西方现代哲学的实在观、机械主义唯物论、二元论和实体思维，坚持非人类世界的实在性，坚持有机体主义和整体主义的世界观和事件思维方式（event thinking）。他反对人类中心主义，坚持泛经验论，坚持一切事物都具有一定程度的经验能力，并结合对《圣经》的重新解释来发掘其中宝贵的生态思想资源，从而有力地确立了非人类世界也有其内在价值。他密切结合当前的科学特别是生物学、生态学、量子力学、进化论等，强调生态共同体（ecological community）的理念——人类和非人类的万物都与环境中的其他事物内在地相互联系和依存。就人类而言，人是共同体中的人（person - in - community），个人的幸福和健康与共同体密不可分，自然与人类的福祉在总体上是一致的，共同构成一个生命共同体。因此，柯布倡导发展包括非人类世界的共同体的福祉。中国当前正处在现代化进程之中，中国能否在此过程中避免现代性的弊端，不仅关系中国的可持续发展，也关系整个人类文明的可持续性。过程生态思想对这一重大问题无疑具有启发意义。

3. 过程生态思想注重实践性

柯布的生态实践是其生态思想的一大亮点，他的生态经济学、生态农业、生态城市和生态生活方式等生态实践，对中国有着极强的实用性。他本人40多年来一直在通过各种途径实践自己的生态理念，十分难能可贵。就应对生态危机而言，儒家面临的一个重大问题是如何推行和贯彻儒家传统的生态智慧？我认为，尽管儒家传统也强调知行合一，但儒家传统的生态智慧注重的是个体的修养，较少涉及公共政策的制定，在应对公共事务领域时缺乏可操作性。而过程生态思想恰好可以弥补这一不足。

中国目前已经成为全球最大的温室气体排放者，但中国政府是世界上第一个将“生态文明建设”作为主要目标的政府。柯布认为，中国在21世纪将成为过程思想的中心，他寄希望于中国早日扭转当前的经济发展模式，并引领世界走向可持续的发展道路。他说：“生态文明的希望在中国。”[43]然而，中国的现状令人堪忧。中国生态文明建设路在何方？这是一个迫在眉睫的问题，需要众多有识之士继续深入探讨，过程思想对这一问题的解答无疑是具有重大启发和借鉴意义。

**参考文献**

[1] 格里芬：《建设性后现代主义教育：以生态危机为核心》，在哈尔滨师范大学“建设性后现代主义与中国教育改革国际学术研讨会”（2012年6月）上的演讲。

[2] 托马斯·贝里：《伟大的事业——人类未来之路》，生活·读书·新知三联书店2005年版，第236页。

[3] 王弼：《十三经注疏·周易正义》，中华书局1999年版，第271页。

[4] 黄宗羲：《明儒学案》（下册），中华书局1985年版，第1048页。

[5] [14] 北京大学哲学系中国哲学教研室编：《中国哲学史》，北京大学出版社2001年版，第349、418页。

[6] 张载：《张载集》，中华书局1978年版，第265页。

[7] [36] [37] 转引自蒙培元：《人与自然：中国哲学生态观》，人民出版社2004年版，第327、38、39页。

[8] 罗国杰主编：《中国传统道德》，中国人民大学出版社1995年版，第24页。

［9］朱熹：《河南程氏遗书》（第1册），中华书局1981年版，第29页。

［10］牟宗三：《心体与性体》，台北正中书局1968年版，第17页。

［11］唐明邦：《周易评注》，中华书局1995年版，第2页。

［12］张载：《张子正蒙》，上海古籍出版社2000年版，第231页。

［13］冯友兰：《中国哲学史新编》（下卷），人民出版社1998年版，第126页。

［15］Lynn White, Jr. , The Historical Roots of Our Ecological Crisis, in *Science*, Vol. 155, No. 3767, 1967, pp. 1203 – 1207.

［16］John B. Cobb, J. , Theology and Ecology, 1990, http: //www. religion – online. org/showarticle. asp? title = 1492.

［17］［19］［20］［21］John B. Cobb, *Is It Too Late? A Theology of Ecology.* revised edition, Florida: E. O. Painter Print Company, 1994, pp. 22、67 – 71、70、71.

［18］由于"自然"这一概念的内涵很复杂，加上柯布想尽力避免人与自然的二元分立和人类中心主义，故他选用"非人类世界"一词来指称我们通常所说的与人类相区分的"自然"。详见 John B. Cobb, *Is It Too Late? A Theology of Ecology.* revised edition, Florida: E. O. Painter Print Company, 1994, p. 49.

［21］赖品超教授将柯布所说的"大写的生命"译为"生生"，足见他已较早地看出柯布所说的大写的生命与儒家的生生的共通之处。详见赖品超的《柯布的基督论及生态神学与当代华人处境》一文，载邓绍光编：《柯布、潘能博、侯活士与当代华人处境》，信义宗神学院1999年版，第1—50页。

［23］［25］［26］［27］［29］［30］［31］Charles Birch, John B. Cobb, Jr. , *The Liberation of Life—From the Cell to the Community.* Cambridge: Cambridge University Press, 1981, pp. 195 – 200、178、180、188、189、192、273 – 285.

［24］莫尔特曼：《创造中的上帝》，生活·读书·新知三联书店2002年版，第31—40页。

［28］John B. Cobb, Jr. Retrospective, in Religious Studies Review, Vol. 19, No. 1, (January) 1993, p. 9.

［32］Paul Custodio Bube, *Ethics in John Cobb's Process Theology.* Georgia: Scholars Press, 1988, pp. 92 – 99.

［33］Herman E. Daly, John B. Cobb, Jr. , *For the Common Good – Redirecting the Economy Toward Community, the Environment, and a Sustainable Future.* second edition, Boston: Beacon Press, 1994, p. 392.

［34］John B. Cobb, Jr. 2011, John Cobb, "Ten ideas for saving the planet" . http: //www. jesusjazzbuddhism. org/ten – ideas – for – saving – the – planet. html.

［35］Timothy Menta, "Clare Palmer's Environmental Ethics and Process Thinking: A

Hartshornean Response”, in *Process Studies*, Vol. 33, No. 1, 2004, p. 42.

[38] 怀特海:《观念的历险》,贵州人民出版社2000年版,第314页。

[39] Panexperientialism一词常被译为“泛经验论”,但“泛”字在中文运用中含有贬义,故我将它译为“广义经验论”。

[40] 柯布用的是“次终极的”(penultimate)一词,见John B. Cobb, Jr., *The Earthist Challenge to Economism—A Theological Critique of the World Bank*. New York: Macmillan Press, 1999, p. 8.

[41] John B. Cobb, Jr., *The Earthist Challenge to Economism—A Theological Critique of the World Bank*. New York: Macmillan Press, 1999, p. 172.

[42] 赖品超:《历程神学》,《新世纪的神学议程》(下册),香港基督徒学会2002年版,第323页。

[43] 柯布:《生态文明的希望在中国》,载廖晓义:《东张西望——廖晓义与中外哲人聊环保药方》,三辰影库音像出版社2010年版,第258—269页。

# 建设性后现代主义在中国

吴伟赋

## 一

哲学史上有这样一种非常奇特的现象：某种具有创新性的哲学往往都会有一种生不逢时的命运，其价值总是要经许多年后才被人们发现和承认，比如西方的维特根斯坦语言哲学，中国的老庄哲学等等，这种现象令人扼腕叹息。深究这种现象形成的原因，不是本文的主题，但有一点可以肯定，对于当代哲学家来说，不仅要创造伟大的哲学学说，还要善于发现适合这种哲学生长的土壤。只有这样，才能使哲学更快更好地发挥指导现实的功能。幸运的是，本文所讨论的建设性后现代主义就是符合这种时代要求的新哲学。它不仅提出了以怀特海的过程哲学为基础的建设性后现代主义哲学，而且独具慧眼地发现了适合其生长发育的土壤，那就是正在探索新型现代化之路的中国。

我们知道，建设性后现代主义产生于20世纪六七十年代美国的克莱尔蒙特（Claremont）。它是继解构性后现代主义之后出现的一种最新的哲学思潮。这种哲学从反思现代性的恶果出发，致力构建一种不同于现代世界观的有机的、整合的后现代世界观和思维方式，从而为人类超越现代性、创造一个更加美好的后现代世界提供了现实可能性。任何优秀的哲学总是具有超越现实的品格，建设性后现代主义也不例外，而且它又恰恰产生于现代性最发达的美国。西方社会制度的局限、现代思维方式根深蒂固的局限以及现代以分门别类为特征的大学教育体系，使得建设性后现代主义迄今为止尚未成为西方哲学和世界哲学的主流。但非常可贵的是，以人类及其他所有生命的共同福祉为旨趣的建设性后现代主义哲学家并不止步于此，他们以敏锐的目光、深刻的洞见、强烈的责任意识、身体力行的持续努力，仅仅通过不到二十年的时光，就让建设性后现代主义在中国这块神奇的土地上开出了走向后现代社会的希望之花。

我这样说是有根据的。二十年前的中国，即使是中国哲学界最顶尖的一流学者也不熟悉“建设性后现代主义”这个由格里芬先生所首创的哲学名词。我是1997年考上浙江大学外国哲学博士研究生的，当时国内所有有关西方哲学的教材和论著都没有提到建设性后现代主义。比如，我的导师夏基松教授当时新著的《现代西方哲学教程》就没有讲到建设性后现代主义。直到2000年，我完成以建设性后现代主义哲学为主题的博士论文时，导师还曾为请谁来审阅论文而犯愁。这说明当时国内确实鲜有学者知道和了解建设性后现代主义。北京大学汤一介教授也承认自己“更多地关注怀特海和后现代主义是到21世纪了”。[1]但时至今日，情况已大不相同了。你只要在谷歌上输入关键词“建设性后现代主义”，就会发现与此相关的结果就高达1430000条之多。格里芬先生的名言“中国可以通过了解西方所犯下的错误而避免现代化恶果，当中国这样做时，就已经是后现代化了”[2]，现在被中国学者广泛引用就是一个很好的例证。由此可见，这些年来建设性后现代主义在中国发展的良好势头。

## 二

让我们来具体地描述一下这些年来建设性后现代主义在中国生长与发展的轨迹，从中可以发现，建设性后现代主义所希望的后现代的中国正在破土而出。

### 变化之一：中国理论界、学术界的变化

从20世纪90年代初开始，建设性后现代主义哲学开始传入中国。其标志是1995年大卫·格里芬博士的《后现代科学——科学魅力的再现》一书在中国正式翻译出版（至今已再版6次）。这些年来，建设性后现代主义已经对中国理论界和学术界产生了非常明显的影响，无论是理论研究还是实践应用都呈现出良好的发展态势。这种影响，主要集中在以下三个方面。

首先，著名学术精英、主流研究杂志对建设性后现代主义之于中国的重要性等问题有了清醒而正确的认识。客观地说，这一认识过程并不是一帆风顺的。中国社会科学院在一份题为“走向建设性后现代主义”的研究报告中说：“在某种意义上说，中国学术界对后现代主义的态度有一个从否定到肯定的变化过程。”[3]但是，通过中美各方的不断努力，中国学术界已经达成以下共识：一是建设性后现代主义对中国有重大价值；二是建设性后现代主义根本不同于否定性后现代主义，是后现代主义的另一向度；三是建设性后现代主义与中国优秀文化传统有着有机内在的联系，两者共通。正是基于这三种共识，建设性后现代主义迅速成为中国学术界研究的重点之一。

正如北京大学著名国学家汤一介先生在《文汇报》上著文所说的那样说：“当今中国学术研究有两个焦点，一是传统国学研究，二是建设性后现代主义研究，这两者如果能在马克思主义指导下生根发芽、快速发展，那么中国就可以迅速完成‘第一次启蒙’，并迅速进入以‘第二次启蒙’为旗帜的后现代社会。”[4]《哲学研究》、《哲学动态》、《自然辩证法》、《国外社会科学》、《马克思主义与现实》、《中共中央党校学报》、《中国浦东干部学院学报》等学术杂志，陆续发表了多篇专家学者关于建设性后现代主义的研究成果。新华社、人民网、《光明日报》、《文汇报》、《中国教育报》等主流媒体也积极报道了建设性后现代主义在中国的各种学术活动。北京大学、浙江大学等著名学府甚至把柯布、格里芬等建设性后现代主义大家的代表作列为研究生的必读书目。

其次，关于建设性后现代主义的研究成果数量上不断增多、质量上不断提高。这种研究成果一是以专著的形式出版，二是以研究性论文的形式发表。综观这些研究可以发现，内容非常广泛（主要涉及哲学、比较哲学、政治、教育改革、生态文明、后现代农业等领域），几乎涵盖了建设性后现代主义理论研究和实践应用的所有领域。据《中国有机哲学 85 年》一文作者的不完全统计，2001 年至 2010 年间，有关过程哲学和建设性后现代主义研究的成果快速上升，共出版发表了相关专著 180 部、论文 255 篇。

最后，中美学者相互交流的平台与机会不断增多。在建设性后现代主义大本营——美国过程研究中心与中美后现代发展研究院的支持下，本着自愿的原则，迄今为止，已在浙江大学、华中科技大学、北京师范大学，哈尔滨工业大学等22所著名高校成立了过程哲学或后现代研究中心，已经翻译出版的建设性后现代主义著作多达20余种。各种关于建设性后现代主义的国际学术会议、高级学术论坛、学术讲座也不断增多。其中2002年在北京召开的“过程哲学与价值哲学——怀特海与中国”大型国际研讨会影响最大。200多名中外学者参加了此次大会，时任教育部副部长的袁贵仁教授到会讲话。此外，有30多位学者以访问学者的身份赴美国克莱尔蒙特过程研究中心学习。他们回国之后，或著书立说，或宣传传播，或亲身实践，使建设性后现代主义在中国大有成为一门显学之势。现在的中国学术界，很少有人不熟悉柯布、格里芬这样的建设性后现代大家了，这在近20年前是不可想象的。那时的学术界关注的主要是德里达、福柯这样的解构性后现代主义哲学家。

**变化之二：中国政府高层决策取向的变化**

或许是因为改革开放30多年来现代化进程中付出的相应代价，或许是因为中国特殊的国情，立志走中国特色现代化新路的中国政府高层高度关注现代化的可持续发展问题，特别是环境、生态、能源等与现代化密切相关的问题。这种取向与建设性后现代主义所推崇的有机整体论、多元文化互补论、生态平衡和谐论、创造性人生等诸多主张不谋而合，使得中国政府高层的决策者们有意或无意地表现出对建设性后现代主义哲学及其思维方式的关注。正如国家宗教事务管理局政法司副司长裴勇所说：“作为一个事实，中国人民和中国政府已经在不知不觉中应用了后现代的想法。”[5]比如，2005年温家宝在巴黎综合理工学院发表的演讲中指出：“文化多样性是人类文明的一个重要特征。文化多样性就如自然生态多样性一样是一个客观现实。”[6]又比如，2006年胡锦涛在耶鲁大学发表的演讲中也指出：“一个作曲家无法用一个音符表达出优美的旋律，一个画家不能用一种颜色画出美丽的风景。世界文化是一个由各国人民独特创造而汇聚起来的宝库。”[7]这两位中国高层领导人的讲话都强调了对多样性的推崇，因而充满了明显的后现代气息。最为明显的是，中国政府提出的“生态文明建设”目标得到了民间百姓的广泛拥护。因为人们已经普遍意识到：“如果我们这个物种和其他所有物种想要继续在这个星球上生存和繁荣的话，生态文明的建设就是迫切需要的。”[8]因此，“硬发展没道理，可持续发展才是硬道理”、“既要金山银山，更要青山绿水”等后现代理念，已经成为当今中国人在环境保护方面的共识。浙江省宁波市的百姓们自发地联合起来拒绝污染生态环境的石油炼化项目，就表明了民众的环保意识。浙江省开化县为保护钱塘江水质明令禁止任何影响生态环境的工业项目，则表明了政府在环境保护上的政策走向。

事实上，党的十七大就已经把“生态文明建设”上升到了国家战略的高度。党的十八大报告也指出：“建设生态文明，是关系人民福祉、关乎民族未来的长远大计。面对资源约束趋紧、环境污染严重、生态系统退化的严峻形势，必须树立尊重自然、顺应自然、保护自然的生态文明理念，把生态文明建设放在突出地位，融入经济建设、政治建设、文化建设、社会建设各方面和全过程，努力建设美丽中国，实现中华民族永续发展。”[9]人们不难发现，这段话中的后现代气息已经非常明显了。所有这些，都表明中国正在不断地迈向后现代。

**变化之三：中国教育界的变化**

建设性后现代主义在中国的影响，在教育界表现得最为明显。这是因为，中国的现代教育特别是高等教育几乎沿袭了西方的教育理念与模式。这种模式现在出现了很多问题，迫使教育界不断反思并寻求改革创新。尽管主流的西式教育模式现在尚未真正改变，但中国教育改革创新的探索从来没有停止过。特别是最近十多年，随着社会对高素质的、综合性的、有道德责任的人才需求的不断扩大，随着建设性后现代主义特别是过程教育思想与中国教育改革的相遇，无论是基础教育还是高等教育都出现了令人欣喜的变化。《中国有机哲学 85 年》一文的作者认为，中央教育科学研究所所长朱小蔓、北京师范大学教育科学研究所所长裴娣娜，是怀特海教育思想和有机哲学在中国教育领域研究与应用的领军人物。正是由于以她们为代表的教育界人士的积极努力，后现代教育思想在中国教育中的研究与应用才不断地走向深入。

例如，高等教育开始注重自主招生，强调学生的综合素质培养；学科专业开始整合，强调各专业的融合沟通。北京大学文科已不再细分文史哲学专业，而是使之整合起来，待学生具备一定的基础后，再自主决定以后的专业方向。再比如，中国的现代远程高等教育，其教学设计、教学方法、教育形式都十分注重运用后现代教学思想和后现代课程观，强调学生学习的自主性、合作性与创造性，强调知识的实际应用，培养学生综合解决问题的能力。

**变化之四：中国现代农业的变化**

农业也许是中国现代化进程中最重要也最难解决的问题。客观地说，改革开放30多年来，农业为中国现代化作出了巨大的贡献，使中国这样一个人口大国的粮食问题得到了很好的解决。但代价也是非常巨大的，主要表现在农村土地的严重污染与农村社区生活的严重破坏。幸运的是，中国政府不但敏锐地发现了这一问题，而且已经开始探索具有中国特色的后现代农业之路。事实上，在后现代农业这一全新的理念传入中国以前，中国各地就已经有了结合环境保护开展生态农业、有机农业、绿色农业的尝试，其产品也在一定程度上满足了人们对食品安全的需求。

但总体而言，这种探索的发展思路还不是很清晰，规模也很有限，而且大多集中在果木等经济效益好的产品之上。随着建设性后现代农业思想的传入，人们对如何更好地发展中国农业有了更为清醒的认识，发展思路也大大开阔了。这与建设性后现代主义哲学家以及国内相关人士的努力是分不开的。2008年7月在山西省太谷县召开的“后现代（生态）农业与西部开发”国际学术研讨会，就是这种努力的一个很好例证。这次会议由中美后现代发展研究院与山西农业大学共同主办，会议达成了很多共识，其中最重要的就是后现代（生态）农业理论为我国农业的发展提供了新思路，有利于解决目前我国农业和农村发展中出现的诸多问题，是我国经济发展的必然选择。《新华文摘》全文转载了澳大利亚“绿色澳洲”项目主任大卫·弗罗伊登博格（David Freudenberg）在大会上的发言《中国应走后现代农业之路》。此文的发表标志着中国后现代农业实践正式的开始。此后，一大批运用后现代农业理念的农业实验区相继出现，如四川大坪村的乐和家园、山东弘毅生态农场、浙江奉化滕头村、河南郝堂村等。我们坚信，随着后现代（生态）农业的理论与方法研究的不断深入，富有中国特色的后现代农业之路一定会越走越宽广。

**变化之五：百姓生活方式的变化**

现代化之初，很多普通中国百姓盲目追求西方物质主义、消费主义等现代生活方式。结果，很多人发现，物质生活富裕了，精神生活却反而空虚了，身体健康也不行了。无数惨重的教训迫使人们开始反思并改变自己的生活方式，讲究生活质量，注重精神情趣，视过度消费、无端浪费为耻。食品讲究自然有机，邻里以和为美，“一方有难，八方支援”的传统美德不断发扬光大。城市社区生活更加丰富，平时讲究中医养生，积极运动，调理整合，拒绝不健康的生活方式，实践绿色生活方式，已经成为普通百姓的一种新生活方式。

所有这些变化都是令人激动和自豪的，它表明，一种新的建设性的思维方式和建设性后现代化之路正在中国不断推进。我们有充分的理由推论：一个后现代化的中国已经破土而出。

## 三

放眼当今世界，建设性后现代主义的影响与作用实际上正在不断增长并显示出其旺盛的生命力。我们可以从以下两个方面来证实这个判断。

一方面，从西方世界看，随着现代化不断深入，现代性的局限表现得越来越明显。因为现代性所带来的诸如生态危机、社会危机、信仰危机等恶果已经成为一个超越国界的全球性问题，西方世界想独善其身是根本不可能的。在这种情况下，超越现代性从而创造一个更加美好的社会，就自然地成为西方世界不得不完成的一个重大任务。这就促使了解构性后现代主义或否定性后现代主义的产生，它彻底消解了人们对作为现代性理论基础的近代西方哲学的绝对迷信。但是，因为它只重消解，不重建设，所以虽能使人清醒地看到现代性的弊端，但并不能引起人们真正的兴趣。

于是，后现代主义的另一流派——建设性后现代主义便应运而生。我们可以把 20 世纪六七十年代产生的建设性后现代主义看作是西方世界超越现代性的先声。我们相信，随着建设性后现代主义哲学所揭示的现代性困境及其所提供的新的世界观和克服现代性方略之合理性的不断显现，建设性后现代主义哲学必将在西方世界大放异彩。

另一方面，从正在走向现代化的发展中国家看，这种影响与作用更加明显。由于是后发现代化国家，西式现代化所具有的天然优势（如资源因素等等）已经不复存在了，这就决定了它们不可能再去复制一条西式现代化之路。更何况，西方现代性之恶果已经显现出来，重蹈覆辙毕竟不是明智之举。所以对后发现代化国家而言，无论是理论上还是实践中必然要寻求一种既实现现代化又能避免现代化恶果的全新之路。发展中国家所面临的这种时代需求，恰恰是建设性后现代主义着重探索的主题和致力完成的任务。从这个意义上定义建设性后现代主义，所谓建设性后现代主义实际上就是一种关于后发国家如何更好地实现现代化的全新的指导性理论。正是因为如此，当两者相遇时，恰如烈火干柴，必成燎原之势。因此之故，建设性后现代主义哲学最有可能在后发现代化国家中首先发展成长。这也是建设性后现代主义哲学家看好中国这样一些后发现代化国家的一个非常重要的理由之一。建设性后现代主义哲学在中国的上述发展成果，有力地证明了这一结论。

写到这里，有人不禁会问，为什么建设性后现代主义能如此迅速地在中国生长发展，而在其他国家则相对滞后？对这个问题，我们可以从以下四个方面来理解。一是建设性后现代主义的具体主张与中国传统文化的核心主张有着基因上的家族相近与共通，因而它在中国有着天然的生长条件与基础。二是中国在现代化进程中遇到的问题决定了中国必须找到一条既实现现代化又避免西式现代化惨重代价的特色之路，而建设性后现代主义所探讨的主题就在于超越现代性，恰恰为中国现实所急需，因此两者相遇必然会结出预期的实践之果。这是一桩水到渠成、顺理成章的美事。三是建设性后现代主义代表了人类哲学发展的一种必然方向。因为无论是从哲学发展的逻辑上还是从人类发展的实践需求上看，作为人类发展指南的哲学不能只解构而不建构，解构的目的恰恰在于建构。历史发展表明，人类面对问题的最好态度就是创造性地建构，尽管这种建构并不是一蹴而就的。相反，它只能在一个不断发展的无限的创造性过程中才能最终完成。因此可以得出结论：虽然目前它还没有成为西方哲学的主流，但这种哲学因其符合人类发展，必然具有强大的生命力。四是中美各方人士的不懈努力，这也许是最重要的原因。因为前述三点固然重要，但只表明了建设性后现代主义在中国发展的可能性，要把这种可能性变为现实，还必须靠人之不断殚精竭虑地“操心”与付出。在这里不得不提及以下三方面对建设性后现代主义在中国发展作出卓越贡献的重要人物与相关组织。首先，是被视为中美建设性后现代主义运动发起者、组织者、研究者的著名旅美学者王治河博士和樊美筠博士，由于他们十余年呕心沥血的努力，才使建设性后现代主义在中国大有成为一门显学之势，而且在各实践应用领域得到了长足发展。他们在译介与出版建设性后现代主义的主要著作、成立中国过程研究中心、组织相关大型国际学术研讨会、举办中美过程哲学暑期班以及培养青年学者、组织相关学者到美国进修访问等方面做了大量工作，起到了至关重要的作用。学术界认为，他们的《第二次启蒙》一书代表了建设性后现代哲学研究的新进展，“使过程哲学具有了入世的品格”，从而“优化了过程哲学，推进了过程哲学”。[10]其次，是建设性后现代主义大家特别是过程哲学第三代和第四代传人柯布先生和格里芬先生以及中美后现代发展研究院和美国过程研究中心其他学者的大力支持，没有他们各方面的鼎力相助，这项工作不可能取得如此之大的成绩。最后，是中国众多相关学者和领导的独具慧眼、大力参与和精心组织。正是这三方面形成的巨大合力，才促成了建设性后现代主义在中国的快速发展。

如前所述，建设性后现代主义在西方世界还不是主流，其原因是西方世界毕竟已经习惯了现代哲学机械性和线性的思维方式，因而还需要一个比较漫长的对话与交流过程。而在适合建设性后现代主义生长的中国，虽然产生了重要影响并在实践层面上有所进展，但毕竟还没有形成一种全民的普遍性意识和行动。因此，对于建设性后现代主义的理想实现来说，仍然是一件任重而道远的事。好在希望的小树已经发芽，只要我们假以时日、精心培育，芊芊小树必将成为参天大树。

**参考文献**

[1] 参见汤一介先生为王治河、樊美筠著《第二次启蒙》（北京大学出版社 2011 年版，第 1 页）一书撰写的“序言”。

[2] 格里芬：《科学魅力的再现》，社会科学文献出版社 1995 年版，第 13 页。

[3] 中国社会科学研究院哲学研究所：《中国社会科学通讯》，2003 年 4 月15 日。

[4] 汤一介：《论西方学者眼中的中国传统文化》，《人民日报》，2005 年 2 月 4 日。

[5] 裴勇：《为什么是中国？中国对后现代运动的意义》，载美国《过程研究》352卷，2006年，第359页。

[6] 温家宝在巴黎综合理工学院的演讲，2005年12月5日，http：//news. xinhuanet. com/english/2005—12/07/content_ 3886424. htm.

[7] 胡锦涛在美国耶鲁大学的演讲，http：//www. mfa. gov. cn/eng/zxxx/t259224. htm.

[8] 格里芬：《生态文明与马克思主义》，载李惠斌等编：《生态文明与马克思主义》，中央编译出版社2008年版，第9页。

[9]《中国共产党第十八次全国代表大会文件汇编》，人民出版社2012年版，第36页。

[10] 商红日：《探寻破解不可能世界的哲学——对话〈第二次启蒙〉》，《哲学研究》，2012年第6期。

# 海外来稿与访谈

# 伦理学与宇宙的结构

［美］大卫·R. 格里芬
陈伟功/译　杨富斌/校

在西方，现代道德哲学正处于危机之中。它不能解释道德原则为什么在客观上是正确的。而且，虽然它能提出某种道德观，并解释说这是公正的而且不以自我为中心的观点，但它并不能解释为什么每个人应当接受这个道德观，而不应当仅仅去促进自我利益？

这个道德理论也给实践带来了危机。人类文明日益全球化，我们需要一种全球伦理，它应当是所有社会都能接受并指导其相互交往的一组道德规范。现实中没有这种规范，这意味着除了武力以外没有什么可以规范国际关系。美国近年来为了控制石油而攻打阿富汗和伊拉克恰好说明了这一点。

如果某个全球机构既有授权也有实力来实施道德规范，那么被普遍认识到的道德规范在约束贪婪国家的行为中当然是有效的。在理想中，这个机构是一个全球民主政府。但要有这样一个政府，前提是要有一致赞同的全球伦理。如果全球伦理能产生一种全球管理模式，那就可以使当下这个世纪得以维持。实践中的危机是，虽然我们的世界迫切需要这种全球伦理，但现代道德理论并不能提供这样一个伦理基础。

在提到“现代道德理论”时，我指的是 18 世纪以来被广泛接受的两个信念，正是它们构成了具有鲜明特色的现代思想。第一个信念是，所有信念都必须植根于经验和理性而非诉诸权威。这一信念本身并不会导致道德理论的危机，只有当它与第二个信念结合在一起时才会产生这个后果。第二个信念是，有神论在经验与理性中并不能得到确证。即使我建议“有神论”要在与无神论相反的最低限度意义上理解，而且把“无神论”界定为道德规范不属于宇宙结构的学说时，这种情况也没有两样。

在本文中，我首先要说明，现代道德理论家们也承认，他们既不主张道德规范的客观性，也不提出道德动机问题。接下来，我要论证的是，道德的客观性与动机需要一个以最低限度的有神论为基础的宗教实在观，因此道德规范被认为是宇宙结构中的一部分。我得出的结论是，怀特海已经提出了一种能满足这个需要的有神论的基础。

## 一 现代道德理论的双重失败

西方传统思想确信道德实在论，根据这一理论，规范的道德价值存在于万物的本性之中。由于这一观点是由柏拉图经典地表述出来的，并作为其确证理念形式存在的一部分，因而常被称为“柏拉图实在论”。

在理念形式的确信方面，柏拉图提出了一个问题，我们可称之为“柏拉图问题”，即理念形式怎样并且在哪里存在？柏拉图似乎暗示说，它们实存于自身。亚里士多德认为这个观点难以理解，他正确地说，抽象的观念存在仅仅能实存于具体的现实存在中。中世纪的柏拉图主义以理念形式实存于“上帝之心”的学说解决了这一问题，这是中世纪哲学所持有的一种有神论。

这个学说也解决了“观念存在如何在世界上产生因果效应”的问题。观念存在而非现实存在不需中介就可以通过自身而产生作用。但是，如果观念存在处于神圣实在之中，那么它们便可以通过神圣中介而给予因果效应。因此，中世纪的思想家们才能够理解数学原理为何能反映总体世界，道德规范为何能单单印在人类的心中。

中世纪的柏拉图主义在现代早期仍在产生影响。如数学哲学家鲁本·赫什指出，“对于莱布尼茨和贝克莱而言，像数字这样的抽象物是上帝心中的思想”。[1]

然而，现代晚期的世界观演变成了无神论。如赫什指出，“在学术讨论中再也听不到上帝之心了”。[2]赫什还说，世界观的这个变化造成了这样一个大问题，即数学哲学家不能解释数学存在如何在世界中产生效应、甚至它们是如何实存的？正如近来一些道德哲学家阐述的那样，在道德哲学中也产生了类似的问题。

在其1977年出版的副标题为“发明对与错”的《伦理学》一书中，

牛津哲学家约翰·麦凯指出，道德价值不是“世界结构的一部分”。[3]麦凯对道德规范客观实存的观点进行了驳斥，他的前提是无神论。他指出，他的书是“不诉诸于上帝而关于我们能从道德中推断出什么的讨论”。他也承认，“如果有神论是必需的，如果这一点能够得到辩护，那么一种客观的伦理规定也能得到辩护”。[4]但在另一本书中，麦凯又论证说有神论是得不到辩护的。[5]

麦凯否定道德实在论，他的全部含义在其对道德原则的讨论中表达了出来：“如果你看到有人因极度痛苦而抽搐，”你应当“做点力所能及的事”。在麦凯看来，这类原则不过是我们的社会采用的惯例，并非“事物客观的、内在的要求”。[6]

普林斯顿哲学家吉伯特·哈曼表达了相同的观点。他说：“在我们对世界的科学观念中，并没有神的位置。”[7]在讲到道德规范时，他也说：“在我们对世界的科学观念中，并没有这种存在的位置。”[8]

在此基础上，哈曼像麦凯一样走向了一种完全相对的观点，他说：“没有绝对正确或错误的事实。”有的只是“关于对与错的相对事实”——即相对于一个特定社会所采用的一套惯例。[9]

关于道德规范并非实存的信念，麦凯和哈曼不仅基于其无神论，而且也基于这样一种确信，即我们能够仅仅通过感官而感知外部事物。麦凯说，如果我们能意识到客观的道德价值，“那一定是通过某种特殊的道德感知或直觉的功能，这完全不同于我们了解万物的惯常方式”。[10]哈曼主张，科学研究的所有存在都是通过感官知觉了解的，他说：“似乎不可能通过任何方式，使一个具体情境的真正的对与错对你的感官产生影响。”[11]

麦凯和哈曼主要关注的是无神论引起的柏拉图问题，而现代晚期的其他道德哲学家则对道德动机问题也给予了同样的关注。

关于道德动机的传统基础，人类学家克利福德·格尔茨称之为“宗教视野”，这包括“一种确信，它认为人们拥有的价值观，其基础正在于实在的内在结构，在于应然与实然之间不可打破的内在联系之中”。[12]正是这一宗教视野的特性解释了宗教的道德效力：“‘应然’是被感受到的强制力，它源于广泛的‘实然’……在最根本的层面上，（神圣象征的力量）源自于把事实等同于价值的预设的能力。”[13]

在实在的最根本层面上，把事实等同于价值，这种确信就是对宗教的、神圣之物的确信。神圣的信念会使我们产生应当如何生活的情感，因为我们自然而然地想要与神圣之物和谐相处。休谟对“应然”命题不能产生于“实然”命题的论证非常著名，在宗教实在论中，休谟的这一主张是不正确的，因为关于神圣实在的“实然”命题确实产生了“应然”命题。

然而，从非宗教的实在论来看，休谟的观点却是正确的。如果实在被理解为既非神圣的也非植根于神圣的某物，那么关于我们在道德上应当做什么的命题是不能从关于实在本性的纯粹事实命题中产生的。因此，一旦割断了与神圣实在信念中的任何联系，伦理学便似乎不能为道德生活提供确证和动机，这就是我们的发现。

例如，在剑桥大学任教的伯纳德·威廉姆斯把他的主要著作命名为《伦理学与哲学的局限》，其用意就在于指出道德“不能通过哲学得到确证”。[14]威廉姆斯指出，现代拒斥了有神论，因而也拒斥了关于世界的目的论。这样，我们就被迫得出一个结论，即道德规范不是“世界结构的一部分”。[15]正如他提到的那样，正是这个“发现”让他意识到这是一个谬误——所谓的自然主义谬误——价值可以从事实中得出，因而“应然”可以从“实然”中得出。[16]威廉姆斯指出，我们不能说，从宇宙的观点看，有德是重要的，因为“对于宇宙来说……没有什么是重要的”。[17]

尤尔根·哈贝马斯也得出了类似的结论。哈贝马斯论证说，有神论的衰退导致了“世界祛魅”。我们需要“后形而上学”道德——即“从其起源的宗教与形而上学背景中分割出来”的道德。[18]虽然这个后形而上学哲学可以说明，道德与秉持公正的看法有关，它建立在对可受某种行为影响的与万物有同感的基础上[19]，但它不能“对这样一个问题提供积极的回应，即为什么我们应当是道德的?”为什么呢？因为我们不能“在没有上帝时挽救绝对的意义”。[20]

## 二　最低限度的有神论与世界结构

大多数有神论者主张，应当理解无神论是如何导致相对主义观点的，要寻找其解决办法就得回到传统的有神论。[21]然而，人们做不到这一点，因为他们被说服了，他们认为这正是加强道德的唯一途径。对于大多数学者来说，传统有神论完全变得不可信了，尤其是因为关于神的全能学说导致了恶的不可解决的问题以及宗教与科学的冲突。

然而，如果把选择限定在无神论和传统的西方有神论上，就会破坏全球伦理的前景。大多数亚洲信仰体系与其他类似的观点颇有不同。即使在西方，也有很多哲学处于传统有神论与麦凯、哈曼、威廉姆斯和哈贝马斯等人声称的完全的无神论之间。

因此，为了打破这一僵局，我们需要停止狭隘地去思考这些术语的意义，比如，确信“有神论”必然意味着传统的西方有神论，再比如，要拒绝如麦凯和哈曼等哲学家所赞同的彻头彻尾的虚无主义观点。

要找到一个摆脱了狭隘性缺陷的关于有神论与无神论的界定，好的出发点就是这些哲学家的主张：因为在宇宙中没有道德规范的位置，所以它们不是“世界结构的一部分”。

在这里，我们的确存在一个“要么—要么”的问题，因而会有一条分裂路线：要么有道德规范存在的“位置”，要么没有。这就把有神论与无神论界定为严格的对立面而提供了基础——这些说法意味着就应当这样。在最广泛的意义上，可以把无神论界定为在宇宙中没有道德规范存在位置的学说，因而它们不是世界结构的一部分。在最低限度上因而也是在最广泛的意义上，有神论是在世界结构中有道德规范存在位置的学说，并且我们能够以某种方式意识到它们。

以上这个规定——即它们以某种方式存在，我们可以意识到它们——并没有难以克服的障碍。诸如哈曼这样的哲学家主张，我们不能经验道德规范，因为它们不是感官知觉的对象。然而，正如一些学者已指出的那样，道德规范、数学真理和逻辑真理都在同一条船上。[22]由于这一事实，即我们不怀疑自己可以意识到这些真理的能力——不能确定的是，我们如何意识到它们——没有理由如此不同地对待道德规范。

鉴于有神论这个极为宽泛的观念——“神学”正是因此而被理解为道德规范实存的“位置”——很多哲学和宗教世界观原本会被认为是有神论，但在狭义的有神论中却并非如此。虽然儒家常常被认为属于纯粹的人文传统，但它显然认为道德规范根源于宇宙之中。[23]佛教由于其“因缘观”常常被描述为无神论，它否认宇宙产生于绝对的虚无之中。不论哪一派佛教，它们很少否认宗教——道德价值属于实在的结构。[24]

## 三　怀特海的有神论与道德规范

我要论证的是，对于任何社会，要为道德观点提供确证与动机的基础，那一定会关涉到最低限度意义上的有神论世界观，在这种世界观看来，道德规范属于世界结构。然而这个最低限度意义上的有神论并不是人们所持有的实在学说，它只是一种抽象，常常体现为有神论的某种具体形式。

对于很多人来说，这种形式会继续成为传统有神论的某种翻版。对于不再相信这一学说的人又会怎样呢？有没有一种有神论，它不存在这样的问题，即不会导致对传统有神论的广泛反对呢？

我相信，怀特海的过程哲学提供了一条新的有神论的途径，它可以让任何社会的人们发现，它在理性上是令人满意的。除了拒绝传统的全能的创世学说外，怀特海的有神论也明确地阐述了道德规范如何存在以及我们如何意识到它们的双重问题。

可以从鲁本·赫什的阐述中探寻到怀特海对这个问题的答案，他是较早引述怀特海的学者。他指出，数学家不再提到上帝，而且他们继续确信非实体数字的柏拉图领域。赫什说，这个观点是不融贯的，“没有上帝的柏拉图主义，就像刘易斯·卡洛尔笔下的柴郡猫之笑……没有猫，只有笑。”[25]按理说，笑是需要猫的，这个比喻隐含的观点即怀特海的术语“本体论原则”，其中的一种表述是：“万物必然存在于某处；这里的‘某处’意味着‘某种现实存在’。因而宇宙的全部潜在性必然在某处。……‘生存’的观念只是永恒客体何以能成为上帝的原初本性的组成部分。”[26]

除了回答柏拉图关于理想客体的位置问题外，怀特海的本体论原则也阐述了它们的效应问题，他使用了另外一种表述：“除了现实的事物以外，无物存在——既无事实上的存在，也无效应上的存在。”[27]永恒存在是可以有效应的。怀特海说，因为“上帝的原初本性”，他也称之为“宇宙的厄洛斯”，是“所有理念的积极活动，在其有限实在的推动下，每一个都有其预定的时机”。[28]

怀特海在晚年得出这一观点，那时他已经开始建构一种系统的形而上学了。由于长期沉浸于数学和逻辑领域，他意识到需要一种形而上学立场，以此来解释这些学科所研究的理想客体何以在世界上实存并发生影响。

怀特海还确信其形而上学需要公正地评判这样一个事实，即“美学、宗教和道德观念的影响是不可避免的”。他说，之所以不可避免，是因为人类经验的主要特征是“对当下事件的直觉，指的是在与其理想相关中的失败或成功”。[29]因而，他认识到，他的形而上学不仅要为“数学的柏拉图理念形式”安排一个位置，他称之为“客体种类的永恒客体”，而且要为“主体种类的永恒客体”安排一个位置，这包括规范的价值。[30]

首先，怀特海认为，永恒客体的“设想”可以归因于他名为“潜在的永恒能量”的第一本形而上学著作[31]，他后来称之为“创造性”。但他很快就意识到，他不能把任何活动都归因为能量或创造性，因为这样会违反本体论原则的规定，即只有现实存在能够行动。

怀特海的结论确信，“通过动力理念在创造性的进展中获得效应”是“基本的心灵，它主动且公正地掌握了宇宙整个过程的理念”。怀特海对理念的这一阐述试图“理解上帝本性中的理念，通过它在上帝本性中的地位，在创造性进展中如何成为有说服力的因素”。[32]

上帝给予其道德理想以动力或中介的理念，只是怀特海对它们如何影响我们经验的一半解释。另一半是其知觉理论，根据这一理论，感官知觉远非我们唯一的知觉模式，它是从更基本的、非感官知觉模式中衍生出来的。通过这种非感官知觉模式，我们知道了其他现实、过去、理想存在，包括逻辑原则、数学真理和道德规范等实在。

在阐述这些观念时，怀特海还认识到了有神论对保持道德观点的必要性，尤其根据自然同情是有限的这个事实[33]，而休谟正是将道德建立在同情基础上的。怀特海指出，自休谟到达尔文，现代思想破坏了人文主义理想的基础，而人文主义培养的正是通过人类而对人类的尊重。怀特海建议，我们需要对这个理想来“一个重构的论证”。[34]

在阐述哲学如何为这个重构的论证提供基础时，怀特海说，可以把“同情的义务”扩展到整个人类。同情的义务是什么呢？它是“对一种力量的尊重，根据这一力量，本性隐含了理想目的，并产生能意识到这些目的的独立个体。这种尊重是把人当作人来尊重的基础”。所以，怀特海主张，按照道德观而生活的动机，最终只有通过宗教视野才能得到滋养，其中伴随着对神圣实在的尊重。

除了得出这一结论外，怀特海也主张一种新的宗教视野，并为此提供了一种理性的辩护，他已超越了受到拒斥的传统有神论。

**参考文献**

[1] [2] Reuben Hersh, *What is Mathematics, Really*? New York: Oxford University Press, 1997, p. 12.

[3][4] John Mackie, *Ethics: Inventing Right and Wrong*, New York: Penguin, 1977, pp. 24、48.

[5] Mackie, *The Miracle of Theism: Arguments for and against the Existence of God*, Oxford: Clarendon, 1982.

[6] *Ethics*, pp. 79 - 80.

[7] [8] Gilbert Harman, "*Is There a Single True Morality*", in *Relativism: Interpretation and Confrontation*, ed. Michael Krausz, Notre Dame: University of Notre Dame Press, 1989, pp. 381、366.

[9] Harman, *The Nature of Morality: An Introduction to Ethics*, New York: Oxford University Press, 1977, pp. 131 - 132.

[10] Mackie, *Ethics*, pp. 38 - 39.

[11] Harman, *The Nature of Morality*, p. 8.

[12] Clifford Geertz, *Islam Observed: Religious Development in Morocco and Indonesia*, New Haven: Yale University Press, 1968, p. 97.

[13] Clifford Geertz, *Interpretation of Cultures: selected Essays*, New York: Basic Books, 1973, pp. 126 - 127.

[14] Bernard Williams, *Ethics and the Limits of Philosophy*, Cambridge: Harvard University Press, 1985, p. 22.

[15] Bernard Williams, "Ethics and the Fabric of the World", in *Morality and Objectivity: A Tribute to J. L. Mackie*, ed. Ted Honderich, London: Routledge & Kegan Paul, 1985, p. 205.

[16] [17] *Ethics an the Limits of Philosophy*, pp. 128 - 129、24.

[18] [19] [20] Jürgen Habermas, *Justification and Application: Remarks on Discourse Ethics*, trans. Ciaran Cronin, Cambridge: Polity, 1993, pp. 39、24、17、146.

[21] 据我所知，对这一观点做出最好陈述的是 Basil Mitchell, *Morality: Religious and Secular: The Dilemma of the Traditional Conscience*, Oxford University Press, 1980.

[22] 希拉里·普特南指出，“数学真理的性质”和“逻辑真理的性质”是一个而且是相同的问题；参见 *Word and Life*, ed. James Conant, Cambridge: Harvard University Press, 1994, p. 500. 关于感知道德和数学存在的问题，参见 Harman, *the Nature of Morality*, pp. 9 – 10.

[23] Tu Wei – Ming and Weiming Tu, *Centrality and Commonality: An Essay on Confucian Religiousness*, Albany: State University of New York Press, 1989.

[24] E. E. 伊文斯·普里查德写道：“当人们说佛教和耆那教是无神论的宗教时，会造成严重的歪曲。”（*Theories of Primitive Religion*, Oxford: Clarendon Press, 1965, p. 119.）

[25] Hersh, *What is Mathematics, Really?* p. 12.

[26] Alfred North Whitehead, *Process and Reality*（修订版）, David Ray Griffin and Donald W. Sherburne, New York: Free Press, 1978, p. 46.

[27] Whitehead, *Adventures of Ideas*, New York: Free Press, 1967, pp. 11、277.

[28] Whitehead, *Modes of Thought*, New York: Free Press, 1968, p. 19; Religion in the Making, New York: Fordham University Press, 1996 [1926 年重印本], p. 60.

[29] Process and reality, p. 291.

[30] *Science and the Modern World*, New York: Free Press, 1967, p. 105. 这一段反映了怀特海的立场，在第十章和第十一章他首次发展了其关于上帝的学说，那时他已做了洛威尔讲座。

[31] [32] [33] [34] *Adventures of Ideas*, pp. 147、168、36、28 – 38、86.

# 过程哲学与系统管理

［美］菲利普·克莱顿
陈伟功/译

在西方，商界领袖对系统管理有一个非常特别的理解。例如，根据英国标准协会规定，“管理系统是一种行之有效的管理体系，是持续改进组织的政策、程序和过程”。[1]一方面，系统管理聚焦于“蓝图”：“最好的企业，要作为一个具有共同愿景的单位来工作。这可能包括信息共享、标杆管理、团队合作、高品质的工作以及环境原理。”[2]这段引文体现了系统思维。另一方面，西方人在谈论“管理系统”时，又立刻会还原为并不系统的具体策略：“管理你的社会、环境和财务风险；提高运营效率；降低成本；增加顾客和相关方的满意度；保护你的品牌和声誉。”[3]

对于企业、学校、非政府组织以及政府管理者来说，系统管理的视角是绝对必要的。在我们的组织功能极为复杂和迅速变化的情况下，我们难以管理得很好，除非我们承认这些相互联系：改变我们的组织的一个方面，其结果就有可能影响系统的其他部分。系统管理因此面临严重的风险。良好的管理是其本质，缺乏系统的视角，它就会处于被具体策略取代的风险。作为管理者，我们开始经营组织时，根据的是社会、全球和环境的广泛需要，是为了更高的目标去实现共同利益。但是，压力和日常管理危机很快将我们还原为不系统的管理者。我们像消防队员一样，哪里有火情就到哪里去。开始时，我们是理想主义者，希望我们能对社会和地球带来积极影响。最终，我们变成了实用主义者，只治标，不治本，很少思考或解决那些问题。

管理理论缺失的是什么，这个问题可以引发对系统哲学更深入的了解。我将简要追溯西方系统哲学的历史。我主张，西方系统哲学不足以提供我们所需要的基础，相反我建议，有两种哲学足以为系统管理而提供基础：中国传统哲学和后现代过程哲学。今天的管理者只有继续植根于过程哲学和中国传统思想，才能获得成功。

## 一 西方系统哲学

在芝加哥的一次会议上，西方学者首次明确提出了系统理论。奥地利生物学家路德维希·冯·贝塔朗菲第一次用“系统理论”来描述他在生物学中发现的系统的普遍特征。他想建立一个理论，不仅可以依此解释生物系统，而且可以解释任何类型的复杂网络。他称这个研究领域为“一般系统论”。他在以此为题发表的文章里写道：“片面地研究部分和过程是必要的，但将其整合起来，解决其中有关组织和秩序方面的关键问题，也是必要的，这是因为部分之间动态的相互作用而导致的。研究部分的行为，在片面的或全面的状态中是有区别的。”[4]

在了解西方生物学或其他许多领域时，这是一种全新的思维方式的基础。当然，最初推进贝塔朗菲工作的人也是一些生物学家。20 世纪 50 年代，英国科学家建立了一个数学模型，从两个不同的分子即钠和钾之间的关系通道，描述了神经系统中细胞功能的出现。1966 年，米哈伊洛·梅萨罗维奇作了题为《系统论与生物学》的演讲，正式标志着系统生物学作为一个独立的领域开始形成。最近有一篇关于系统生物学的文章，描述了在这一领域的系统思维的重要性。作者写道：“与还原论分析或大量关于生物分子的琐碎研究不同，系统生物学强调的是在系统层面对跨学科的方法、规则的分析和信息网络运行的需要。”[5]基于系统的思维使得生物学家在研究时，把出现在细胞和生物之间的关系的结果作为对象。

20 世纪 60 年代，霍华德·奥德姆把系统思维从生物学扩展到生态学。他在其开创性著作《系统生态》中写道：“在每一个领域，不论它有多大，其部分之间的相互作用都构成了一个系统。例如，有化学物质形成的化学系统，有生物细胞和器官形成的生物系统，有生物和物质成分构成的生态系统，有因人与自然较大的相互作用而形成的环境系统。宇宙容易被人类视为一组系统，每一个系统都是更大一级系统的一部分。”[6]

欧文·拉斯洛是西方最著名的系统思想家，他用系统思维倡导环保意识和行动。他的核心原则在今天依然是重要的：“人与自然的系统观点显然是非人类中心主义的，但不是非人类的。它让我们明白，在一个复杂的包括自然层次的系统中，人是其中的一个方面。同时也告诉我们，所有系统都有价值和内在价值。”[7]拉斯洛认为，关于世界的系统观意味着，人们有关心地球的伟大责任——不仅是因为这样做对其他物种有好处，而且是因为人类的命运与环境的命运是相关的。

系统理论还可以扩展到其他学科。20 世纪六七十年代，心理学家开始用系统思维来描述家庭运作的方式。最近，有一本教科书这样介绍家庭系统理论的核心假设：“家庭是一个开放的、持续的、自我调节的、社会制度的例子。……它拥有所有这些系统的特点。……此外，每个家庭系统通过其独特的结构特征、其个体成员的生理心理特点以及其社会文化和在大环境中的历史位置来构造。”[8]在西方心理学家中，运用系统理论最著名的人物是黑尔、汉森·杰克逊、坎特和莱尔。

从 20 世纪 80 年代后期开始，系统理论在西方管理理论中变得极其重要。彼得·圣吉那本名著《第五项修炼》表明，管理者只有将其业务与环境的复杂整体作为一个系统，将所有的业务技能整合在一起，才能有效地领导。圣吉最著名的观点是：“建设学习型组织包括促进人的发展，让他们学习如何像系统思想家那样去观察，发展他们的个人修养，懂得如何表现和重组其心智模式。鉴于组织在当今世界的影响，这可能是一个帮助我们‘重写遗传密码’的最有力的措施。它不仅要改变我们在想什么，而且要改变我们的主流思维方式。在这个意义上，学习型组织可能是一个不仅对组织的演进，而且是对智力的进化起促进作用的工具。”[9]

根据西方管理理论，系统管理的特点包括创造性思维、公开批评和自我完善、团队工作、注重操作细节。

20 世纪 90 年代中期，一些管理人员开始利用新兴的混沌理论来进一步发展系统思维。混沌理论帮助管理人员看到，复杂系统是不可预测的，它对其组织和社会环境中的变化极其敏感。管理者越来越意识到，基于各种变量的影响，他们的企业总是处于变化之中。自适应系统理论就是这个时候产生的，约翰·米勒和史科特·佩兹对此作了很好的总结。[10]这时，管理理论还开始包括显现、复杂性、混沌和自组织临界性等概念（彼得·圣吉就十分依赖混沌理论家戴维·利维的工作）。[11]

我们意识到，每一个组织都是一个网络，它包括许多不同的相互作用的节点。在更广泛的网络中，它本身也是一个节点。在组织内和跨组织中，存在着恒定的调节。管理的任务就是监视这种调节，不断实现基于调节的适应性，并培训员工在组织的每个层次上监测调节，实施自己的特定责任。各种形式的系统理论都有助于把管理思维从集中于孤立的个人和事件转向所有人员、团体、组织和事件之间的系统联系。

## 二 中国传统哲学中的系统思维

作为一个西方人，我不是中国哲学的专家。我恳请这个领域的专家原谅我的局限，纠正我的错误。然而，在这个讨论中，我要表达对中国传统思想的丰富性和重要性的高度赞赏。

有人告诉我，中国的传统思想是前现代的，因此，它与我们生活的现代并不相关。但我不同意。现代的经营管理方式已经导致不道德的行为，虐待工人，对发展中国家的伤害以及对全球生态系统的破坏。利润最大化的“现代”动力，并不顾及自己行为的系统性影响，这是不可接受的，必须停止。非系统的现代管理手段，就是要耗尽自然资源、劳动力市场和一个国家或地区的基础设施，然后移到另一个地区再次重复这个过程。

后现代的管理方法要想成功，只有向中国传统思维的智慧学习。请允许我讲一个故事。我有幸拜访过中国的一些商界领袖、大学校长和党校领导。你可能担心这种会面并不容易，因为西方文化与中国文化非常不同。然而，当我一次次和中国的几位精英人物谈话时，我们能找到共同点。当我引用孔子的《论语》或老子的《道德经》时，这些东道主总是会发出微笑。他们会说，在管理自己的组织、与员工一起工作并履行职责时，孔子和老子不可避免地对他们有重要的指导意义。由于这些经验，我相信，中国的许多领导人实际上是以中国的传统思想为指导的。有些东西固然要向西方系统管理学习，但西方的技术只能是补充而不能取代中国传统思想。

传统的答案是什么？徐广清的一篇重要文章提出了一个漂亮的总结：“和西方哲学不同的是，中国哲学强调‘天人合一’——必须研究‘天（自然法则）’，才能分析人类行为，反之亦然。‘天人合一’是儒家思想的基石，首先在《易经》（这是中国古代的占卜和智慧之书）中得到了说明。这种思维模式反映了人与自然之间的内在联系，有助于解决他们之间的关系。”[12]

中国传统思想家知道，离开与整体的联系，人、对象或事件就不能得到解释。人不能脱离自然，自然不能脱离被理解为“自然法则”的“天”。今天，我们要说的是，一个好的管理者必须了解系统，必须进行系统的思考。也许，老子在说必须知道“不变的法则”时，正是在表达相同的见解：“知常曰明。不知常，妄作凶。知常容，容乃公，公乃全，全乃天，天乃道，道乃久，没身不殆。”（《道德经》第16章）

中国古代思想家的共同的信念是，我们是同一个宇宙系统的一部分。这种相互联结的观念在道教信仰中表达得很清楚，即“道生一，一生万物”。不过，持这种观点的并非只有道家。孔子也强调万物的相互作用：“子曰：‘参乎，吾道一以贯之。’曾子曰：‘唯。’子出，门人问曰：‘何谓也？’曾子曰：‘夫子之道，忠恕而已矣。’”（《论语》，4.15）

在“一以贯之”的范围内，每个事物都有自己独特的特征。但是，如果没有整体的视角，要充分了解每一个人或物的唯一性，仍然是不可能的。现在许多人都在谈论生态与可持续发展，这些核心原则在中国古代思想中已经非常明显：“在中国的矛盾理论中，和谐与平衡的思想占主导地位……与可持续发展相关的中国哲学的基本思想是天人合一的观念。在这一观念指导下，古代中国力图全面规划，统筹兼顾，保持与自然的和谐。”[13]

如果说中国古代思想已经是系统思维的话，那么你会认为，当代管理理论应当从这些资源中多多吸取经验。但很少有英语出版物涉及系统管理和中国经典思想。（我希望在中国有更多的此类著作！）一些作者已建立了“物理—事理—人理”（了解—感受—关心）的方法论。有作者写道：“本文提出了一个东方系统方法论的框架：物理—事理—人理（WSR）。WSR的基本主题是，物理（客观存在的规律）、事理（看和做的方法）和人理（潜在的人类关系模式）构成了一个整体，为系统的方案提供了条件。”[14] WSR方法是非常重要的现代管理思想。但现代管理者是否认识到这三个概念直接来自传统道家思想呢？

在中国传统思想里，每个人对他人要为自己的行为负责。孟子曰：“爱人不亲，反其仁；治人不治，反其智；礼人不答，反其敬；行有不得者皆反求诸己，其身正而天下归之。《诗》云：‘永言配命，自求多福。’”（《孟子·离娄上》）正当行为的责任永远由我们个体来承担。但只有从整体的视角，我们才可以了解哪些行为是正当的。

## 三　复杂时代的系统管理

当前的管理不是在规则、可预见与可持续发展的背景下进行的。西方商学院现在主要教的是“混沌系统”背景下的管理实践。当前世界上最著名的商业咨询公司全球商业网（www. gbn. com）由杰伊·奥美博士建立，在不可预测和不稳定的背景下，该公司专门致力于为大型公司和政府项目服务。

迈克尔·李萨克强调，他的网站 www. remedy101. com 的特别之处在于：“传统管理思想的重点在于追溯性的融贯性，把观念与事件划归到范畴里，给其贴上标签，不能被归类的则被视为统计意义上的异常值。”[15]在传统系统管理中，该系统即组织及其周围环境的正常运行被视为规范的，其变化要在固定背景中得到解释。西方今天的管理理论家们在简单系统和复杂系统之间作了明确区别。在《生态复杂性》杂志中，A. J. 热姆纳发表了一篇重要文章，对这种区别进行了界定：“复杂性是最终的语义参数。如果有范式，系统就是简单的；如果没有范式，系统就是复杂的。”[16]

今天的西方，对复杂系统的研究是系统管理的核心。我们称该领域为社会复杂性理论，这一理论研究自我、他者、结构和环境之间的相互作用。有一本重要的新书《复杂性中的融贯性》，其任务是：“当自我和他者、结构与环境共同参与行动时，就会有组织行为和组织。”[17]但没有一个单一范式可以对这四种力量间的相互作用进行预测。我们能做的就是讲述那些可能的发展，我们称之为叙事场景。基于场景的规划是当今管理者最重要的技能，它是复杂系统时代的关键管理策略。

## 四　过程哲学是一种新的系统理论

西方系统理论虽然有一些重要见解，但它从来就不太系统！因为西方经典系统理论的基础是静态系统思想（我们今天称之为简单系统）。西方哲学中很少有动态和变化的系统，这就是过程哲学在现代管理理论中很重要的原因。大家也许知道，过程哲学有两个核心主张。第一，万物相互关联，每一事物都是系统的一部分。第二，系统总是不断变化的，绝不会处于静止状态。这两个原理是新系统管理理论的基础。

让我们从过程哲学如何给人下定义来开始。人不是西方传统思想认为的那样，是一个静态的结构、灵魂或心灵。相反，每一刻我们都从周围世界中摄取东西。每一刻我们都在整理那些摄取的东西并赋予其价值。通过这些反应，我们界定在那一刻我们是谁？我们正在成为什么样的人？在任何特定时刻，我们都根据自己的身份来行动和回应。然后，我们的行为对周围的人产生影响，进而为我们摄取来进行身份识别和价值认定。鲍勃·迈斯里说："我不是首先存在，然后再产生关系。我就是我，因为我是关系的一部分。"[18]

过程哲学以一种激进的方式提出：每个人都由一系列经验瞬间组成。在某种意义上，随着时间的推移，除了我们的性格习惯、行为方式，我们什么也没有。这表明，人实际上是时间的集合体。团体就是个体的"社会"。每一个个体为组织输入力量，组织对其贡献赋予"价值"。组织的身份不是永恒真理，其身份是不断发展的回应、价值认定和行动的集合。

同样的原则适用于整个行业。根据过程哲学，各行业都是相同方式上的团体或社会。中国所有大学都是不断发展的系统的一部分。该系统或社会有共同的特征、共同的价值观甚至有些共同的性格特征。同时，该大学系统由个别学校组成，每个学校都有其自己的特色。

现在，我希望大家能从过程哲学的视角明白系统管理的工作方式。管理者为每个团体或社会而存在。你意识到的自我，正是你的时间集合体的管理者。每个企业、大学或政府机构都有一个管理者（或管理团队）。管理者了解其团体或组织的所有部分，了解各个部分一起形成了一个不断发展的整体，了解其他团体的环境以及自己团体或组织在其中的生存和行为，了解那个环境如何限定自己的组织并使它是其所是。

过程哲学因此成为西方系统思想最重要的资源。如果管理者最终借鉴了东西方的资源，那他就是最有效的。我们发现，过程思维的资源可以很容易地与中国传统思想结合在一起。徐广清在一篇重要的文章中写道，

“万物与他者有特定的关系，万物皆有某种特定的结构，这是中国传统思想的普遍原理。”[19]万物都有一个“特定结构”，意味着每个组织和员工都是独一无二的。做一个成功的管理者，必须了解什么因素决定了自己组织的性质和结构。同时，徐教授注意到，万物都“与他者有特定的关系”。这表明，组织要根据它与周围其他组织和实体的关系的总和受到限定。成功的管理者了解这关系的序列，他要根据这些关系不断发展的情况作出战略决策。

## 结　论

在西方，我们有时会说，在管理中理论家和实务者都会失败。理论家说的全是关于世界、企业、行业、管理技术方面的大道理。他们忙于分析事物，未能以勇气和决心采取行动。相比之下，实务者总在行动。他们的座右铭是“当你占有80%的信息时，你绝对必须决定，这正是你行动的时刻”。实务者看上去是果断的，但缺乏智慧，缺乏从日常决策中获得其组织、产业和世界的“蓝图”，他迟早会作出错误的决策，给自己的组织带来恶果。

在本论文中，我试图找到一条中间道路。在实务管理决策与指导我们的深奥哲学之间一定存在一种和谐。我认为，过程哲学和中国传统思想就像兄弟俩，共同提供智力支持。他们都把世界理解为一个系统，都认为系统总是在不断变化的。

我先前提到的“物理—事理—人理”（WSR）的方法论，是对中国传统思想和系统管理理论的有力借鉴。笔者写道：“WSR的基本主张是，在实施系统计划中，我们实际上是在处理一个不断变化的复杂状态，它受客观存在、主观建模和主体间约定的限定。这些复杂现象及其潜在的‘理’之间相互交织、相互作用，各式各样、完全不同。如果不考虑其他‘理’，就难以充分理解或正确处理一个‘理’。因此，首要的原则是，我们不应该把多维之‘理’还原为一维之‘理’。”[20]

现代西方哲学代表的是单向度的一维思维。由于这种哲学产生了一些单向度的管理理论方面的书，难道会令人意外吗？我们可以学习他们的技术，但其基本理念是无用的。我们必须学会辨别这种一维思维，代之以更深入的思考。在其组织内，对于员工，管理者难道不需要成为思想最宽广、视域最广大、视角最全面的人吗？当我们提拔那些有很多关系的员工做管理者，而他们又知道如何“玩政治”的话，我们就是在危害组织。我们应该提拔那些无私的人，他们首先考虑的不自己的事而是组织的事，这样的人带来的是智慧。学会以过程哲学和中国传统思想这对孪生兄弟为指导，这就是我们的结论。

**参考文献**

[1] [2] [3] http：//www.bsiamerica.com/en－us/Assessment－and－Certification－services/Management－systems/At－a－glance/What－are－management－systems/, accessed April 27, 2013.

[4] Ludwig von Bertalanffy, *General System Theory*: *Foundations*, *Development*, *Applications*, New York: George Braziller, 1968, p. 31, italics added.

[5] Shigetada Nakanishi, Ryoichiro Kageyama, and Dai Watanabe, eds., *Systems Biology*: *The Challenge of Complexity*, Tokyo: Springer, 2009, p. v.

[6] Howard Odum, *Systems Ecology*: *An Introduction*, New York: John Wiley and Sons, 1983, p. 4.

[7] Ervin Laszlo, *The Systems View of the World*: *The Natural Philosophy of the New Developments in the Sciences*, New York: George Braziller, 1972, p. 118, italics added.

[8] Carlfred B. Broderick, *Understanding Family Process*: *Basics of Family Systems Theory*, Newbury Park, Calif.: Sage Publications, 1993, p. 37.

[9] Peter M. Senge, *The Fifth Discipline*: *The Art and Practice of the Learning Organization*, London: Century Business, 1993, p. 367, italics added.

[10] For an introduction, see John H. Miller and Scott E. Page, *Complex Adaptive Systems*: *An Introduction to Computational Models of Social Life*, Princeton Studies in Complexity, Princeton: Princeton University Press, 2007.

[11] Senge, *The Fifth Discipline*, p. 367.

[12] Xu Guangqing, “Rethinking systems thinking: from a perspective of Chinese philosophy and sustainable development”, http：//www.res－systemica.org/afscet/resSystemica/Paris05/guangqing.pdf, accessed April 27, 2013.

[13] Ibid. quoting Xie Shufang, “The golden mean of Confusion and the philosophy of environment ethics”, *Journal of Social Science*, Vol. 13, No. 1, Xiamen, China, Jan 2005, pp. 31－35.

[14] Jifa Gu and Zhichang Zhu, "Knowing Wuli, Sensing Shili, Caring for Renli: Methodology of the WSR Approach", *Systemic Practice and Action Research* 13, no. 1, 2000, p. 11, doi: 10.1023/A: 1009567421256.

[15] From the website Remedy101. com.

[16] A. J. Zellmner, T. F. H. Allen, and K. Kesseboehmer, "The Nature of Ecological Complexity: A Protocol for Building the Narrative", *Ecological Complexity* 3, 2007, pp. 171 - 182.

[18] Hugo Letiche and Michael Lissack, *Coherence in the Midst of Complexity: Advances in Social Complexity Theory*, Palgrave Macmillan, 2011, p. 197. See also Ch 5, "Emergence, Coherence, and Business Success."

[18] Bob Mesle, *Process Theology: A Basic Introduction*, Danvers, Mass Chalice Press, 1993, p. 57.

[19] Xu Guangqing, "Rethinking systems thinking: from a perspective of Chinese philosophy and sustainable development", http: //www. res - systemica. org/afscet/resSystemica/Paris05/guangqing. pdf, accessed April 27, 2013, quoting Luo Guihuan, *The History Materials of Chinese Environment Protection*, Beijing: China Environmental Science Press, 1995.

[20] Xu Guangqing, "Rethinking systems thinking", p. 17.

# 中国与西方过程思维中的内在超越性

[荷兰]扬·恩伯茨
郭海鹏/译

## 一　中国的哲学传统

本文尝试提供进一步的证据，来说明中国古典哲学主要流派中的基本概念与怀特海的过程思想具有显著的相似性。以此为起点，我们的注意力将集中于“内在超越”这个看起来似乎包含两个相互排斥议题的概念。然而，在两种世界观中，人们通过精神觉察体验到的自然秩序，都可以理解为与通过对周围世界动态过程的具体体验而享受到的整体秩序是相一致的。在一份写给皇帝的奏折中，新儒家大师程颢开宗明义就写道：“圣人创法，皆本诸人情，极乎物理。”怀特海也说：“秩序——真正的潜能——的决定，首先来自世界的整体特性。”

我们将论证，人们对周围世界基本过程的体验可以分解为个体大脑功能的模式，最终涉及脑的两个半球的活动。中国传统的三个哲学世界观即儒家、道家和佛教（皆归宗于《易经》）都可以称为是过程思想。这意味着自然存在于、并最好被理解为过程而非事物，是变化的而非固定不变的模式。宇宙由一组在现实复杂性中相互协调的动态变化组成，它包括一个有组织的事件的家族，以因果或功能的方式系统地相互联结在一起。中国的过程思想——以《易经》为源头——是前科学的，主要是基于周密的观察和直觉的把握。它基于一些特别的终极范畴，这些概念在历史的经典著作里被作为上古智者的遗产得以阐述。这些概念包括《易经》中的“阴阳”，道家中的“道”，儒家中的“仁”，新儒家中的“理”和“气”以及汉传佛教中的“无执”或“空”。芮沃涛（Arthur F. Wright）说：

“中国文化建筑于土生土长的思想之上，以其经久不衰的生命力和与中国的价值观及制度的亲密联系而闻名。”

上述诸范畴需要进一步阐明。阴和阳是代表物理活动和精神活动的符号，它们最终在卦的系统中作为变化的符号化模式相结合。阳以一条实线表示，阴以一条虚线表示。阴为静，阳为动；阴为柔，阳为刚；阴为女，阳为男；阴为月，阳为日；阴为水，阳为火；阴为顺从，阳为主导。阴阳是既对立又互补的力量或能量之流。后来，特别是在宋代，新儒家强调阴阳变化产生五行：金木水火土。五行不应解释为具体的物质，而是不同活动的隐喻。水表示向下的运动，火表示向上的运动，木表示可以弯曲或拉直的东西，金表示可以变形适应的，土表示可以让种子生长的。万事万物皆从五行中产生。

没有什么是绝对的阴或绝对的阳。阴阳之潜能在卦变和时间中得以实现。这种思维方式被称为“关联性思维”。理查德·史密斯（Richard Smith）说，“概念不是相互从属而是并列出现于一个模式之中”；“事物的某种行为，不一定是出于先前的行为或其他事物的作用，而是因为它们在一个复杂的联系和对应的网络中和其他实体和力量发生共鸣，同时受制于时间、空间和运动模式等变量。”这些基本概念，大约三千年前出现在《易经》当中，主导了中国文化从古到今的整个发展历程，影响了语言、文学、艺术、书法、音乐、哲学、政治、法律、军事、社会生活、医学和科学诸多方面。现代科学中的一个有趣的例子是，对衣原体蛋白酶样活性因子（CPFA）蛋白质的分子结构的研究表明，其分子结构为一个同型二聚体，其中的两个相同的催化区可以表示为蛋白质结构的阴阳两极。

《易经》所发展的这些基础的重要性最终为道家和新儒家所接受，并直接影响到汉传佛教。作为天下万物的变化之源，道可被描述为天道、人道和地道，反映了宇宙的重要秩序。作为儒家的终极范畴，仁是一个内在的道德原则，是天道在所有人身上的内化。它代表生生不息的创造性，涉及你—我之间的相爱关系、人道、善和慈悲。儒家经典“四书”包含了儒家的基本教导，其中《大学》的第一句就是：“大学之道在明明德，在新民，在止于至善。”

大约三四千年以前，一种世界观在中国形成，它将人视为周围环境的一部分。包括洪水在内的频发的自然灾害夺去人们的生命，毁坏农夫的田地，昭示着人与自然环境形成密不可分的整体。这个概念对中国人而言根深蒂固。人必须和宇宙的韵律与变化和谐如一。这些观念常常伴随着拟人化的神灵，很久以前就被移植到古代民间信仰和风水学中，后来它们也吸收了儒释道的一些观点。

中国传统哲学都基于相同的概念之上，并常以隐喻来表达。例如，子在川上曰："逝者如斯夫！不舍昼夜。天人应共参创化之和谐。"

关于所有人都互为一体的直觉感受最近也为神经科学的发现所证实。同情心的基础是，当我们看到他人的痛苦时会产生恻隐之心，因为此时我们大脑被激活的"镜相神经元"和我们自己亲自遭遇相同经验时所激活的神经元完全一致。这些镜相神经元直接连接到我们的大脑的前运动辅助区（pre－SMA）。换句话说，同情心和慈悲心涉及意识之基本的和自然的形式，可以在大脑的功能中找到依据。

朱熹发展出"理"和"气"这对形而上学概念。理即变化中恒常的天理，是理想极，"无形无相"。它通过阴阳两种模式进入永恒的变化和生成之中。朱熹认为，天理是无所不包的、超越的绝对，内在于人心和意识之中。气是物质的原则，赋予理以形状和实在性并将创造性引入创化的过程之中。

汉传佛教的诸流派均强调"空"或"无执"。同样重要的是慈悲——菩萨的最高德性。佛陀甚至还谈及无缘慈、同体悲，即所有人类活动应以减少其他生物的痛苦为目的。慈悲的含义与仁直接相关，也反映全部人类与自然同属宇宙和谐一体的信念。人类生存与周遭世界的密不可分性，通过对生命意义的发现和探索而得以揭示。

## 二　怀特海的过程思想

怀特海的过程哲学与中国传统哲学具有极高的相似性。在《过程与实在》中，怀特海提出了他的终极范畴，包括"创造性"、"多"和"一"这三个无法用更高的普遍性来解释的终极概念。创造性是宇宙的永恒方面，是复杂而相互依赖的经验点滴——即现实实有——生生不息的原因，它引起时间的流变和广联。创造性体现在所有现实实有——生命的"原子"事实——的生成之中，这些现实实有不是物质的，而是自我实现的活动。按照怀特海的说法，创造性是最终的形而上学原则，意指从分离到结合的永无止息的变化，涉及与给定的分离实在（多）所不同的新颖实在（一）的生成。终极实在赋予创造性一种有序的特性，依此现实实有不至于变成绝对的混沌，而是以选择存在于世界中的可重复的模式（永恒客体或纯粹潜能）作为经验的主观形式来运作。合生（concrescence）被定义为通过一系列选择接受或拒绝其他现实实有而达到确定性的过程。因此，变化是对永恒客体在不断演变的现实实有的宇宙中的历险之旅的描述。需要强调的是，怀特海也认为，宇宙与人类世界应该被视为同属一个整体。

前面所述的阴阳的概念，与怀特海的过程思想也是一致的。事实上，基本的二重性很受怀特海的青睐。他在另一本书中指出："宇宙具有二重性，因为它既是流变的，又是永恒的……最后的实在性既是物理的，又是精神的……宇宙是多，因为它可以完全被分为许多终极实在……宇宙又是一，因为它具有普遍的包含性……在宇宙中无所不在具统治地位的是对立面的统一，这是二重性的基础所在。"怀特海的思想博大精深，但对本文而言，这些概念已经足够。

可以清晰地看到，尽管文化基质并不相同，但过程思想是怀特海哲学和中国传统哲学共有的基本理念，这一点已经在当代中国被广泛认可。

## 三　人类经验中的内在超越

意识预设了经验，问题是我们的大脑是如何允许经验生成的。肯尼斯·稻田强调了特别存在于亚洲思想中的内在超越性的基本性质。超越性可以视为"程度或质量上的超出或超越"，是超出或超过其他事物的性质，成为更高级别的存在，并外在于客观物质世界的性质。内在性的本意是"存在、运作或保留在内部"，它本身包含了物质世界。内在超越性是一种超越经典认知方式的人类经验的内在愿景。如怀特海所述，内在性和超越性都是现实实有的特性。基本秩序的内在性使我们有理由相信，绝对的混沌是不可能的。超越性则涉及现实实有自我实现的活动，它是事件的复杂结合，显示出一种秩序即我们所说的自然规律。

在暗含着一种物质主义的世界观的西方自然科学中，已经出现了支持存在一种普遍意识的论据，它被定义为包含整个宇宙在内的一个量子知识场的表达。进而我们可以想象，人脑是在个人意识和宇宙意识之间双向作用的操作界面。

## 四 人的特征

让我们先尝试运用过程哲学的概念来考察大脑的功能，关注的重点放在意识和关于人脑的一个定义上。这部分的讨论很接近于《大脑的私人生活》一书所总结的观点。意识，伴随着情感作为它的最基本形式，可以视为人脑组织的一个层面，即处于动态变化中的神经元的高速组合。这些动态神经组合能支持不同程度的主观的稍纵即逝的意识。神经网络的大小似乎决定意识的深度，同时依赖于几个因素，包括(1)现存神经网络的数目；(2)应该正常工作的化学因子；(3)强感官刺激激活更大规模临时工作的神经网络的模拟程度；(4)敌对神经组群得到神经元的速度。应该指出的是，激活一个神经元需要0.25秒，而感官意识的形成约为0.5秒。

大脑皮层和丘脑对意识的形成都很重要，后者位于大脑深处并与脑外沿有广泛的连接。最后必须强调的是，不存在专门用于支持意识生成的神经元或基因。

人的精神可以视为一个神经网络的系统，形成于出生之后并反映个体的经验。这是能把人脑个性化为独一无二的经验、归纳、偏见和习性的混合体的最具说服力的物理基础。经验不断留下烙印，进而决定我们未来如何阐释新的经验。在我们的一生中，精神不断形成，个人的精神又会不时改变我们感知的色彩。这些大量的神经网络不断改变、演化，但却十分缓慢。在某个特定时刻，我们的自我处于大脑的完全联结之中，神经科学家们称之为“连接体”。但是，我们的大脑和意识都处于一个动态、变化的稳定性之中。恰如普罗斯所说，它们在生命的历程中具有远离均衡态的特点。但我们会看到，精神并不是意识的一个独特时刻。

## 五 经验现实的阐释和人脑半球

基于以上讨论，我建议，人脑可以作为内在超越性的基础。已经被创造出来并不断演化的神经模式，作为对特定的文化和物理环境的一个回应，可以为个体提供一个用以理顺外部经验的世界观。例如，在中国的古诗中，有些诗歌的作者的情绪与宇宙完全融为一体。诗人的意识与宇宙合一，从而得到和谐的感觉。

支撑意识的神经生物机制的文化差异已经得到系统研究。现在比较清楚的是，文化的差异可能在特定的、与文化相关的大脑激活模式中找到其根源。

以隐喻的方式来说，内在超越性可以被视为在我们的大脑的体验式真实中“打开灯光”。然而，随着与特定文化模式相关联的大脑活动的不同，这灯光具有不同的“颜色”。进一步讲，可以假定这些“颜色”反映占主导地位的大脑活动或源于左脑，或源于右脑。左右两个半脑似乎具有不同的“人格”。左脑可以被视为串行处理器，长于线性和有条不紊的思维。相对地，右脑是一个并行处理器，更加强烈地涉及同情心和直觉感受。但是，左右两个半脑主要是靠一根神经纤维（胼胝体）相连，没有一种具体的世界观是仅靠单独一个半脑里的意识反射来决定的。

应该强调的是，无论一开始是多么的不同，支撑任何一种文化的关系型整体都应该被维护。用朱熹的话说：“仁者与天地万物为一体，莫非己也。”然而，直觉的力量总是优先于任何二分或分割的行为。

终极范畴的定义，在怀特海和古典中国思想中一样，都可以被解释为来自内在超越的人类经验理解宇宙的恰当尝试。因为中国古典思想中的前科学的过程思想，大多基于对外部世界的直接经验和广泛观察的直觉性解释。或许可以认为，这些世界观是由右脑半球主导的，它关涉的是“怎样”的问题。在这方面，西方哲学中占主导地位的物质主义流派明显不同，它们主要关注的是“什么”的问题，即左脑半球体现的精神活动。

比较中国过程哲学家和怀特海所用的语言，可以观察到一个显著的区别。中国哲学家喜欢用诗意的、有感染力的语言，经常用隐喻，而且特别关注人的生命。相比较而言，怀特海更聚焦于自然世界，常以更具逻辑演绎洞见的数学和量子力学的技术语言来写作。

可是，在深层意识反思方面，大脑的不平衡并不能阻止我们通过整个大脑的作用用终极概念对经验现实作出最终的、纯粹的解释。如果这得以实现，内在超越性将不再是依赖于文化的。以隐喻的方式来说，“已经被打开的灯光”将不再是无色的，那意味着它包括人眼可见的所有波长。

## 参考文献

[1] Ames, Roger T., and David L. Hall. *Dao De Jing: A Philosophical Translation*. New York: Ballantine Books, 2003. van de Beek, Peter. Unpublished Lecture. 2008.

[2] Chan, Wing - tsit, trans. *Reflections on Things at Hand, Zhu Xi and Lü Tsu - chien (Chin - ssu lu)*. New York: Columbia UP, 1967.

[3] Cheng, Chung - Ying. "Interpreting Paradigm of Change in Chinese Philosophy." *Journal of Chinese Philosophy* 38.3 (2011a), pp. 339 - 367.

—— "A Transformative Conception of Confucian Ethics: The Yi Jing, Utility, and Rights." *Journal of Chinese Philosophy* 38.1 (2011b), pp. 7 - 28.

[4] Chiao, Joan Y., Zhang Li, and Tokiko Harada. "Cultural Neuroscience of Consciousness: From Visual Perception to Self - Awareness." *Journal of Consciousness Studies* 15.10 - 11 (2008), pp. 58 - 63.

[5] Ching, Julia. *The Religious Thought of Chu Hsi*. Oxford: Oxford UP, 2000.

[6] Engberts, Jan B. F. N. "The Natural Sciences, Classical Chinese Philosophy, Process Thinking, and Brain Lateralization." *Process Studies Supplement* 16 (2010), pp. 1 - 39.

[7] Gardner, Daniel K. *The Four Books*. Indianapolis, Cambridge: Hacket, 2007.

[8] Greenfield, Susan. *The Private Life of the Brain*. London: Penguin Books, 2000.

[9] Henry, Richard C. "The Mental Universe." *Nature* 436 (2005), p. 29.

[10] Huang, Zhiwei, Yingcai Feng, Ding Chen, Xiaojing Wu, Siyang Huang, Xiaojun Wang, Xingguo Xiao, Wenhui Li, Niu Huang, Lichuan Gu, Guangming Zhong, and Jijie Chai. "Structural Basis for Activation and Inhibition of the Secreted Chlamydia Protease CPAF." *Cell Host Microbe* 4.3 (2008), pp. 529 - 542.

[11] Iacoboni, Marco. *Mirroring People—The New Science of How We Connect with Others*. New York: Farrar, Straus and Giroux, 2008.

[12] Inada, Kenneth K. "Immanent Transcendence: The Possibility of an East - West Philosopical Dialogue." *Journal of Chinese Philosophy* 35.3 (2008), pp. 493 - 510.

[13] Lau, Din C., trans. *Confucius, The Analects*. London: Penguin Books, 1979.

[14] Liu, James J. Y. "Three Worlds in Chinese Poetry." *Journal of Oriental Studies* 3 (1956), pp. 278 - 290.

[15] McGilchrist, Iain. *The Master and His Emissary: The Divided Brain and the Making of the Western World*. New Haven, London: Yale UP, 2009.

[16] Pross, Addy. "How can a Chemical System Act Purposefully? Bridging between Life and Non - life." *Journal of Physical Organic Chemistry* 21. 7 - 8 (2008), pp. 7247 - 7250.

—— "Stability in Chemistry and Biology: Life as a Kinetic State of Matter." *Pure and Applied Chemistry* 77. 11 (2005), pp. 1905 - 1921.

—— *What is Life? How Chemistry Becomes Biology*. Oxford: Oxford UP, in press.

[17] Qui, Jane. "Sexually Transmitted Diseases: Yin - Yang Action." *Nature China Internet Alert*. Jan. 21 2009.

[18] de Quincey, Christian. *Radical Nature: The Soul of Matter*. 2002. Rochester: Park Street, 2010.

[19] Rescher, Nicholas. *Process Metaphysics*. New York: SUNY, 1996.

[20] Seung, Sebastian. *How the Brain's Wiring Makes Us Who We are*. Houghton Mifflin Harcourt Trade, 2012. Reviewed by Koch, Christof. "Neuroscience: The Connected Self." *Nature* 482 (2012), p. 31.

[21] Smith, Richard J. *Fathoming the Cosmos and Ordering the World: The Yijing and Its Evolution in China*. Charlottesville, London: U of Virginia, 2008.

[22] Wang, Liping. "Transcendence or Immanence? Lévinas, Bergson, and Chinese Thought." *Journal of Chinese Philosophy* 35. suppl. s1 (2008), pp. 89 - 104.

[23] Whitehead, Alfred N. *Adventures of Ideas*. New York: Free Press; Macmillian Co., 1933.

——*Process and Reality*. 1st ed. 1929. Corrected Edition. New York: Free Press, 1978.

[24] Wright, Arthur F. "The Chinese Language and Foreign Ideas." *Studies of Chinese Thought*. Chicago.

# 如何做一名后现代家长

［美］杰伊·迈克丹尼尔
金家厚/译

如何做一名合格的家长？这是大多数人一生中必须担负的一项崇高使命，它比赚钱、度假、体面的工作、别人的认可重要得多，这份责任往往是由父母、祖父母和外祖父母共同担当的。一个好的家长并非不在意别人的认可，而是无需刻意去追求这种认可。家长作出的贡献主要体现在两个方面：一是家长与孩子建立亲密和美的关系；二是家长将智慧教给孩子。我们知道，凡事随着时间的推移都会逐渐被淡忘，然而有些事情尽管渐行渐远，但人们对它的记忆却是永恒的，这可能是因为它们对人产生的影响和意义是极其深远的。就家长的付出而言，无疑属于后一种情况。正是在这个意义上，我们认为，每一位家长都配得上获得诺贝尔奖。

然而，对现在的许多人来说，如何做一名家长并不像想象得那么简单、那么容易。我们有许多人不得不将更多的时间花在工作上而不是家庭上，甚至有些人以工作为乐取代了以家庭为乐，让他们引以为自豪的、感到满足的是工作上的业绩，而不是在做家长方面取得的成就。在后现代视野下，做家长就像在学校教书育人的工作一样，是一个值得我们反思、引起社会重视的职业。在现代社会，当人们的衣食住行问题解决之后，社会应支持、帮助家长和老师做好他们所从事的工作。

本文的题目是《如何做一名后现代家长》。为了帮助大家理解“后现代家长”这个概念，首先有必要简单地解释一下“后现代”这个术语。这里，使用“后现代”一词，主要是借用当代西方著名哲学家怀特海的思想。怀特海 1861 年出生在英国，1924 年从伦敦大学退休，接着应邀去哈佛大学哲学系开设哲学讲座，当年怀特海 63 岁，自那以后一直生活在美国，直到1947年辞世。怀特海的哲学思想被人们称为“过程哲学”，由此形成过程哲学系统的宇宙观、世界观和人生观。今天，怀特海的过程思想正在中国、美国和其他国家产生越来越大的影响，它有助于我们建设一个健康的社会，让人们过上精神上满足的生活。

怀特海的思想与中国传统文化在许多方面很相近。比如，道教里有“少私寡欲，知足知止”的思想；而后现代思想则说，一旦衣食住行等基本需求得到满足，我们生活的意义就不在于积累财富，而在于帮助他人，在于发现用钱买不到的东西所蕴含的价值，如自然之美、友谊、善良、音乐，还有孩子。儒家思想重视家庭伦理关系，如“父慈子敬”、“夫义妇顺”、“兄友弟恭”，认为处理好这些关系家庭就和谐了；而后现代思想认为，我们的幸福和价值不仅来自个体潜能的实现，而且来自关爱他人和被他人关爱，这一切都发生在深层次的家庭生活之中。《易经》认为，整个世界是由相互关联的事件构成的网络，其中万事万物都是相互联系的，不会单独存在。一个人改变了，必然会影响与其相关联的所有事物；同理，一件事情改变了，必将影响与其相关联的所有人。在这一点上，受怀特海影响的后现代观点几乎是相同的。

有人认为，怀特海哲学更像是中国哲学或是东方哲学。通过以上简单的比较，我们可以看出这是不足为怪的。不过，有趣的是，怀特海思想同时受到了现代科学和西方宗教的影响，在这个意义上，他实际上是一位东一西方的思想家。后现代思想发展了怀特海哲学，并将它应用到不同的领域，包括教育、农业、经济、科学和家庭生活。下面，我谈一谈用后现代思想来指导我们如何做一名称职的家长这个问题。

首先，说明一下我的身份，我不单单是受怀特海思想影响的学者，同时也是一位家长。我有两个孩子，他们都在上大学。大儿子即将毕业，在读汉语和英语文学专业，希望将来当老师。小儿子现在大二，主修政治学，辅修西班牙语，希望将来进入商界或政府部门工作。我的夫人凯西也是一位老师，在大学教授《口吃治疗》课程。她的学生毕业后要么去医院工作，要么到学校当老师，以帮助那些有语言障碍的人。在抚养这两个孩子的过程中，我和凯西就如何做家长这一议题经常展开讨论。这里，结合我们自身的经验，提出十二条原则性的观点。

**第一，做家长是一个终身学习的过程。**一旦当上家长，我们就要不断地学习如何当好家长，这种学习可以说是终身的。初为家长时，我们身边有许多学习的榜样，他们或许是我们自己的父母、祖父母，或许是我们的朋友。毕竟是初为人父母，我们得学习“为人父母之道”，对后现代家长来说，这是最重要、最基本的观点。如同教育本身一样，做家长也是一个终身的过程。我的母亲已进入晚年，今年 92 岁，她人很好，但直到现在，她仍在学习在我面前如何做母亲、在我夫人面前如何做婆婆、在我儿子面前如何做奶奶。我们可以看出，92 岁的老人还在学习、还在变化，因为每一天对她来说都是新的。

**第二，后现代家长并不是完美无缺的。**作为家长，无论是有作为或是不作为，我们总希望自己不犯错误。然而，在人的一生中，没有人不犯错误。在做家长的过程当中，我们也难免犯错误，这是一个规律。但是，后现代家长必须看到，我们正是在做家长的过程中进步的，因此，对待自己也要像对待别人一样，不要那么苛刻，要宽容一点、人性化一点。犯了错误过于自责，这样的家长也不可能成为好家长。

**第三，做家长是一个创造过程，这种创造是一种艺术，而不是科学。**有人认为，创造只是对艺术家而言的。但后现代思想则认为，我们人人都是艺术家，因为我们都在为这个世界增添美。其中，我们能为这个世界增添的最为重要的一种美，就是我们创造培养了幸福、自信、能完全适应环境的孩子。当然，我们说创造孩子，并不是画家在校园里绘画那样去创造，而是允许孩子在我们的帮助下去自我创造、自我发展。在生活这台戏中，我们只是帮手、服务员。我们的家庭就好比剧院，我们的家庭生活就是剧本。有时候，我们在舞台的中央，孩子是舞台的工作人员、是帮手，而在其他时间，孩子在舞台的中央、是主角，而我们则是帮手。

**第四，孩子需要爱，爱有两个方面。**爱，不是什么新鲜话题，似乎应该放在最开始的时候谈。我们应该爱自己的孩子，这是理所当然的，它既不是西方的观点，也不是东方的观点，而是所有人的观点。后现代思想认为，爱包含“听”和“回应”两个方面。“听”，不只是需要耳朵，还要用眼睛和心。也就是说，我们要主动地去感受、理解孩子的喜怒哀乐，分享并鼓励孩子富有创造力的想象。后现代家长必须认识到，孩子的这种创造和想象是十分重要的。我们可以回想一下自己孩童时期的情形，尽量以孩子的眼光看待孩子的所思、所言、所行。这一点很重要，它是我们从书本上学不到的。我们要多花一些时间来陪陪孩子，细心地听一听他们都在说些什么。爱的另一方面就是“回应”，“回应”就是给孩子提供指导。

**第五，孩子既需要规导，更需要自由。**这里所说的“规导”，既包括对孩子施加约束，也包括给孩子自由。首先，孩子需要约束，需要有人对他说“不”，这样孩子就不会产生“他/她是中心”的想法。对有多个孩子的家庭来说，孩子一般不会产生这样的想法，因为孩子之间必须竞争才能得到父母、大人的关注。可是，对独生子女家庭来说，情况就大不一样了。家里只有一个孩子，几个大人围着他/她转，孩子要什么给什么，尽量满足孩子的要求，这样就会给孩子传递一个信息，而且这个信息不断得到强化，即他/她是中心（在中国，人们称“小皇帝”）。这样一来，我们就会宠坏孩子，而不是在爱他们。我们知道，只有当我们意识到我们是“多”当中的“一”时，才表明我们成熟了。所以，在孩子小的时候，不要培养这种不健康的“中心”意识。其次，我们还要善于给孩子自由，让他们自由自在地玩耍，这一点也很重要。目前，在中国许多地方要做到这一点很难，似乎不大可能。迫于工作竞争和教育压力的形势，为了孩子未来的成功，许多家长觉得他们不得不拼命地在课外给孩子“开小灶”，这是可以理解的。但要知道，过度的学业负担会导致孩子紧张、孤独，孩子多半只是被动地学习，根本谈不上主动、愉快、创造性地学习，久而久之，孩子也就缺乏这方面的能力了。要解决这个问题，就是要适度地让孩子去玩。

**第六，玩是美好的。**人们有时认为，与生活中其他更重要、更现实的问题相比，玩是肤浅的，不值得去关注。在有些情况下，这种负面评价也许是对的。但在后现代思想看来，孩子生活中的玩却具有非常深刻的意义。和大人一样，孩子需要机会和时间去发现、探索怀特海所说的“可能性世界”，这个“可能性世界”与“现实世界”是迥然不同的。“现实世界”充斥着物质性的东西，如房产、街道、躯体、植物和动物，而“可能性世界”则存在于我们的想象之中，包括对未来的希望。玩往往是与“探险”和“希望”是相关联的，不会玩的孩子不可能去探索未知、展望未来。我们需要给孩子放飞翅膀，让他们去想象、去创造。

**第七，教给孩子“根”和“翼”。**和大人一样，孩子既需要“根”也需要“翼”，做家长的目标，就是要教给孩子“根”和“翼”。这里的“根”指安全感、稳定感（来自于稳定的家庭生活）、对父母的信任、与家庭其他成员之间的健康关系以及对共同体的归属感。这个共同体可以是一个班级、一个村庄，也可以是一座城市。除“根”之外，孩子还需要“翼”。所谓“翼”，是指探险意识、对周围世界的好奇心、掌控自身命运和未来的欲望。后现代思想认为，从幼儿园到大学，学校教育的一个不可忽视的目标就是帮助人们获得“根”和“翼”。当然，教育必须提供与工作相关的技能，但仅仅对学生进行技能教育和培训是远远不够的。由此，实施“根”和“翼”的教育，还需要相应的社会条件。

**第八，“抚养一个孩子需要举全村之力。”**抚养孩子，仅靠父母是不够的。有一则谚语从非洲传入美国，这则谚语被许多美国家长铭记在心，即“抚养一个孩子需要举全村之力。”从过程观点来看，这句话说得很有道理。那么，这里的“村”到底是什么呢？首先，是孩子最初饮食起居、日常生活的地方，就是孩子自己的家，也包括爷爷奶奶的家、外公外婆的家。接着，这个“村”渐渐地扩展到家以外，也就是孩子玩耍的地方，包括上学的学校以及学校里的同学，还有孩子所接触到的人。这些环境塑造了孩子的生活，其环境的质量一部分取决于家长，一部分取决于家长所从事的职业。在这些环境当中，除家长外，老师担当着尤为重要的角色，可以说是抚养孩子最重要的“村民”了。

**第九，抚养一个孩子需要一个健康的地球。**除了以上所谈到的“村”和“村民”之外，孩子成长还需要清洁的空气、干净的水、健康的食品、健壮的肢体等，所有这些都与自然环境有关。如果有可能的话，孩子最好能与动物相伴，因为动物往往能够激发孩子的想象力。比如，宠物往往能帮助培养孩子的责任感和关爱他人的品质。目前，在城市的生活环境里，宠物不是很多，尽管这有可以理解的理由，但过程哲学家一再强调，动植物的存在，还有绿色空间的存在，对健康的生活而言是必不可少的。为了成为一个“整体”的人，人与人之间互相依存、相互需要，同时人与动植物之间也是互相依存、相互需要的。

**第十，为孩子树立榜样。**家长和老师一样，会在许多方面潜移默化地影响孩子，当然孩子也在影响家长。我们对孩子的影响，不仅来自我们在他们身上所做的事情，尽管这些很重要。除此之外，影响还来自我们自身为他们所树立的榜样以及对他们采取的态度。可以说，最重要的影响不是来自我们看重的那些直接的具体行动，而在于一些容易被忽视、较为间接的方面，如你花了多少时间和孩子在一起，你的言谈举止给孩子树立了什么榜样，你的情绪和品性如何，等等。假如他们感觉到你的内心是平和的，对人是友善的，那么你的这种平和与友善就会悄悄地传染给他们。反之，假如他们感觉到你紧张不安、好争吵，那么你的这些品性也会被他们注意到。因此，不管是好还是坏，你的孩子一定会受到你的影响，不仅包括你所说的、所做的，而且包括你是一个什么样的人。一个好家长首先必须是好人，然后孩子才会切身感觉、体会到什么叫“好”，真正懂得什么是“美德”。

**第十一，抚养孩子不是单向的，家长也和孩子一道成长。**当孩子感觉到家长的美德时，家长也在改变。我们从孔子那里知道，我们的生活中不能没有“礼”，有了日常的礼仪、礼节，生活才有秩序，这有助于我们作为“人”而成长、成熟。一个不争的事实是，作为家长，不管是父母还是祖父母或外祖父母，我们总会从孩子那里得到启迪，和孩子一道成长。通过引导、培育，让孩子发展成什么样的人，我们自己也就变成那样的人了。当然，家长是以自己的方式受益于来自孩子的帮助，这种帮助不是体现在知识上，而是体现在孩子的梦想、希望以及孩子的天真善良等内在品质上。

**第十二，孩子也有精神生活。**在西方，我们有时候将精神生活和宗教区分开来。孩子内在的善良，说的就是孩子的精神生活。一个孩子的精神生活，一般包括孩子幼年阶段对周围世界好奇、惊讶的经历，还有学会面对不幸和失望的经历等。这些经历发生在孩子的内心深处，他们不会用言语表达。这时，家长可以帮助孩子，教给他们语言，让他们表达这些情感。在有些地方，宗教可以为孩子提供表达情感的语言，这是一件好事。但是，在目前的中国，宗教对大多数人来说还没有发挥这种作用。因此，必须寻找其他的语言方式和方法来做这样的事情。有一种比较好的方法，就是给孩子读书、讲故事，并和孩子一起讨论。

综上所述，我们生活中的不平凡，不在于摆设豪华的酒宴而赢得别人的赞许和羡慕，而在于家长们简简单单的友善之举、日复一日的辛勤付出。当我们将后现代理念应用到做家长的实践时，我认为，所有的家长都配得上获得诺贝尔奖，当然，孩子也配。

# 寻求超越西方现代文明的新途径

## ——访美国建设性后现代哲学家柯布博士

柯布/杨富斌

2013年7月19日至23日，美国著名建设性后现代思想家、美国中美后现代发展研究院院长小约翰·B. 柯布（John B. Cobb Jr.）博士来北京进行学术访问。柯布博士先后与中央编译局、新华社、中国生态文明研究与促进会，中国人民大学、北京师范大学、北京外国语大学、北京第二外国语学院、北京生态文明工程研究院、北京地球村等单位的领导和专家进行了座谈，并在新华社作了生态文明专题学术报告。这期间，柯布博士对现代西方特别是美国的发展模式提出了尖锐批评，呼吁中国寻求超越西方现代文明的新途径。北京第二外国语学院法政学院院长杨富斌教授全程陪同柯布博士进行上述活动，并就有关问题对他进行了访谈。现将访谈谈及的十个主要问题整理如下：

## 一　柯布博士的中国情结

杨富斌：柯老，请问您来中国访问多少次了？对于中国在过去和现在的变化有何印象？

柯布：我来中国访问有五六次吧。我最早一次来中国，大约是在1937年。那时我才12岁，与父母一起取道中国的上海、东北（当时叫“满洲里”）等地到日本。因为我的母亲与宋氏三姐妹中的两个（即宋美龄和宋庆龄——笔者注）在同一所女子大学读书，与宋美龄是同班同学，所以我很早就对中国有很深的感情。自那时以来，我先后访问中国至少有五六次，看到了新旧中国发生的巨大变化。尤其是近几十年来，中国通过实行改革开放政策，使社会的政治、经济和文化等各方面均发生了翻天覆地的变化。看到东方文明古国出现的这种欣欣向荣的发展，我非常高兴。这次访问中国，我住在北京蟹岛度假村，看到这里环境优美，不少人是一家一家地在这里度假休闲，感觉非常好。这几天，北京的天气也非常好，气候宜人（碰巧这几天北京刚下过一场大雨，空气清新，蓝天白云，气候凉爽——笔者注），住在这里我非常开心。尤其是看到，中国政府这些年来特别关注环境保护和生态建设，很多政府官员、新闻记者和专家学者都在谈论和关心中国的环境和生态问题，不少人在努力实践生态文明的理念，甚至在北京还建有一个怀特海幼儿园，按照怀特海的教育理念培养儿童，这在全世界似乎都是独一无二的。中国现在越来越多的学者甚至普通人都了解了怀特海的过程哲学思想，对建设性后现代思想非常熟悉，中国生态文明研究与促进会、北京地球村、北京生态文明研究院和许多高等院校等，都在着力研究和实践生态文明并取得初步成效，对此我特别高兴。看来，我在中国的知名度比在美国的知名度要高。中国人民更加了解我的思想，更加了解建设性后现代思想，更加了解过程思想。

## 二　过程哲学在美国的发展和传承

杨富斌：您是否听过怀特海先生讲课？大卫·格里芬、杰伊·迈克丹尼尔、罗伯特·梅斯里和凯文·克拉克等学者这些年经常来中国参加学术会议，为“中美过程哲学暑期班”讲学，或与中国学者交流过程哲学和建设性后现代思想，我们对他们都比较熟悉。他们都是您的弟子吗？

柯布：我没有直接聆听过怀特海先生的课。我的老师是查尔斯·哈茨霍恩（Charles Hartshorne）先生，他曾担任过怀特海先生的助手。格里芬、迈克丹尼尔和克拉克都是我的学生，梅斯里不是我的学生，但他撰写的《过程—关系哲学》是进入怀特海过程哲学很好的入门性著作，我曾经向初学怀特海过程哲学的人推荐过这本书。当然，要真正理解和全面掌握怀特海的思想，还是要直接阅读他的原著，任何二手著作都不能代替原著。怀特海的著作，特别是其代表作《过程与实在》确实不好读。为此，我还专门撰写了关于《过程与实在》的术语解释，就是为了帮助读者阅读怀特海的《过程与实在》。这次，你把我撰写的关于《过程与实在》的

《术语解释》（*Word Book*）译为中文，作为中国人民大学出版社出版的《过程与实在》修订版的附录一并出版，是一个绝妙的主意，有助于读者理解怀特海。把我写的术语解释与怀特海的著作一起出版，我非常高兴。

杨富斌：我们知道，王治河博士对过程思想和建设性后现代思想在中国和世界上的传播做了突出的贡献。他是格里芬教授的弟子，而格里芬是您的弟子。从这个意义说，王治河博士是您的嫡系传人了，可以这样说吗？

柯布：是的，是这样。王治河博士这些年来是过程思想和建设性后现代思想研究领域的新秀，尤其是，他为中美学者之间关于过程哲学和建设性后现代思想的深度交流做了很多宝贵的工作，我这次来中国进行学术访问也是他安排的。我很高兴有这次机会，能与更多中国学者和相关人士交流过程思想和建设性后现代思想。尤其是看到，自 2002 年在北京师范大学召开过程哲学和价值哲学国际学术研讨会以来，过程哲学在中国越来越得到更多的学者关注，中国学者对过程思想有很深入的研究，我特别高兴。

杨富斌：王治河博士对建设性后现代思想有很深的研究，特别是能结合中国的社会、经济和文化发展情况作深入的比较研究，难能可贵。他和夫人樊美筠博士近年来合作撰写的《第二次启蒙》在国内学术界影响很大。现在，中国不少学者尤其是青年学生，学习后现代哲学就是通过王治河博士前些年撰写的《扑朔迷离的游戏：后现代哲学思潮研究》一书入门的。现在，《第二次启蒙》又把建设性后现代思想推向了中国学术界的前沿。对此，您如何评价？

柯布：是的，王治河博士对建设性后现代思想有深入的研究，并注重结合中国实际做了不少理论创新和大量实践工作。这几年，在中国举办的过程哲学思想暑期班都是他和樊美筠博士具体操办的。《第二次启蒙》因为是用中文撰写的，我不能阅读。我们大多数美国人很可怜，只会读写英文。不像中国许多学者可以读写英文。在我看来，中国有可能在哪一天像印度一样把英语当作第二语言。当然，他们在这本书中阐述的基本观点有许多已经用英文表达过，我对此还是比较熟悉的。他们提出的许多观点，正是根据建设性后现代思想对中国有关现实问题的解答，非常有意义。不仅对中国，对世界也是如此。

## 三 过程哲学和建设性后现代思想与法国后现代主义

杨富斌：如何理解建设性后现代思想与过程哲学的关系？如何看待建设性后现代思想与法国后现代主义的关系？在中国，不少人对此还不太清楚，特别是容易把建设性后现代思想与法国激进的后现代思想混为一谈。

柯布："过程哲学"（process philosophy）是怀特海对自己创立的新哲学的称呼，他有时也明确地把自己创立的新哲学叫作"有机哲学"（philosophy of organism）。因此，在美国，有人喜欢用"过程哲学"这一概念来表述怀特海的新哲学，有人则喜欢用"有机哲学"来表述怀特海的哲学。但是，大多数西方学者已经约定俗成地称怀特海的新哲学为"过程哲学"。当然，用什么名称来称呼怀特海的新哲学并不特别重要，重要的是要准确地把握怀特海哲学思想的真谛，即它坚持用过程、关系和有机的观点来看待宇宙及世界万物的基本观点和思想。

在美国，我们通常更愿意用"过程思想"来表述怀特海的新哲学。"建设性后现代思想"这一概念最早是由格里芬提出来的。我们使用"建设性后现代思想"的概念，主要目的是针对以法国后现代思想家为代表的激进观点而言的。以法国学者为代表的激进后现代主义观点以彻底否定工业文明、否定现代科学和理性主义等为出发点，但对于如何重建社会文明则没有提出有建设性的合理思想。而建设性后现代思想则以肯定现代科学的积极成果为前提，也不否定理性主义的基本精神，而是在克服现代性的各种弊端的同时，对现代社会和价值观重建提出了一些富有建设性的观点和思想。比如，在环境保护和生态文明建设问题上，建设性后现代思想家主张既要抛弃传统的人类中心主义，克服现代工业化和现代科学所带来的各种弊端；同时又要利用现代科学，使之为人类造福，重建新的生态文明社会，以加强社会共同体的建设为目标，使人们在具有亲密感的共同体中寻求生活的幸福。

总之，不要一听到"后现代主义"就只想到法国的激进后现代思想，也不能把所有后现代思想一律归结为法国的激进主义后现代思潮。在当今社会，后现代思想已经发展出不同的分支，其中，建设性后现代思想才是怀特海学派的思想家所坚持的基本思想。建设性后现代思想超越了激进后现代思想的弊端，试图在肯定科学、理性和工业文明积极成果的基础上重建新的文明形态。我也听说，中国的有识之士们已经认识到，建设性后现代思想是近年来世界上最富有成效的哲学思想。

## 四　怀特海的哲学观和价值论及其关系

杨富斌：怀特海对哲学的性质和作用有自己独特的看法。比如，他把哲学视为宇宙论和形而上学，主张对世界作综合性的研究。这与现代西方哲学的主流哲学主要有哪些区别？

柯布：是的，怀特海明确地把自己的哲学叫作宇宙论研究，并且要明确地重建过程哲学的形而上学，这与当代西方哲学中占主流地位的分析哲学和现象学在哲学观上有明显的区别。其最主要的区别在于，怀特海主张哲学要对世界作综合性的研究，主张哲学研究普遍性，哲学的巨大功能在于给人们提供一般的概念。在这个意义上，怀特海认为，哲学是一切知识活动中最富有成效的一种。他的名言是：哲学在工人搬来一块石头以前就盖好了教堂，在自然因素还没有使它的拱门颓废时就毁掉了整个结构。也就是说，哲学是精神建筑物的工程师和分解因素。哲学的这一特殊功能和社会作用与具体科学显然是不同的。怀特海坚决反对哲学无用论，在他看来，如果研究哲学没有任何用处，那么我们研究哲学还有什么意义？当然，过程哲学主张哲学有用，与实证主义哲学、分析哲学等主张哲学有实证作用等观点是根本不同的，后者主张哲学知识应当是实证知识，哲学就是语言分析，就是经验证实。怀特海对此并不认同。在怀特海看来，实证知识是科学追求的目标，哲学则是要在科学知识揭示的有限范围之外，推测和检验这些知识是否仍然适用，从而为知识的进步和扩展指明方向。因此，过程哲学主张以科学知识为基础，对世界作形而上学的思辨研究，即把科学研究的成果应用到更大的范围，以检验它们是否仍然有效。否则，哲学研究若仅仅局限在科学知识的有限范围内，不能从有限和无限的关系出发去研究无限和普遍，这便不再是哲学研究。同时，在对待终极性问题上，哲学与宗教相似，但哲学是以理性主义精神为出发点的，在科学研究的基础上，进一步追问世界的终极性问题，这与宗教也有很大区别。

杨富斌：怀特海有时又把自己的哲学叫作形而上学或者思辨哲学。这与把哲学视为宇宙论研究有什么不同?

柯布：宇宙论包括形而上学。换言之，形而上学只是宇宙论的一部分。怀特海有时把自己的哲学叫作思辨哲学，这是为了说明：哲学思考必须有思辨，即在科学对有限世界的研究基础之上，必须对世界的无限性有所猜测，必须从有限进一步思考无限，或者说从有限与无限的关系当中思考无限。当然，科学也是在从有限（的材料中）思考无限（的普遍规律），如牛顿就是从宇宙的有限材料出发，推论在整个宇宙中起作用的普遍规律。但是，科学的规律再普遍，也只是在其有限的研究范围内是普遍的，若超出这个范围，科学就会保持沉默。而哲学总是在有限与无限的关系中，在有限的科学知识基础上，通过思辨方法进一步思考无限。当然，这些思辨是否成功和有效，最终还需要接受经验的检验。这便是怀特海所说真正的发现方法宛如飞机的航行，它从坚实的大地起飞，继而飞翔在稀薄的理性空气之中，最后还要再重新降落在由理性加以审视过的坚实的经验大地上。

杨富斌：在价值问题上，怀特海坚持任何现实存在本身都有其内在固有的价值，不能把价值仅仅归结为事物自身的有用性即工具价值。那么，从定义上说，根据怀特海的价值思想，价值是什么？您能否给怀特海意义上的价值概念下一个定义？

柯布：价值本身难以定义。根据怀特海的观点，价值就是现实存在自身所固有的东西，用英文表达就是："It is worth while in itself." 如果一定要给这个意义上的价值下一个定义，可能就会使其失去其自身的含义，因为任何定义都是一种限定。在怀特海看来，即使在没有人类之前，宇宙以及宇宙中的万事万物其本身都是有价值的。并非有了人类以后，世界上的各种存在才有意义和价值。如果坚持只有人存在，其他物才有价值，这是一种典型的人类中心主义价值观。

传统的基督教认为，上帝创造了人类，目的就是让人类管理世间万物的。因此，根据传统基督教的观点，很容易形成人类中心主义。而根据过程哲学和过程神学，世间万物是平等的，人和上帝一样都是世界上的存在。世间一切都是创造物，连上帝也是创造物。并不存在一个创造世间万物的创造者即传统基督教所理解的上帝。如果从创造的视角看，世界万物都是创造者，也是创造物。

## 五　新的生态文明的基础和主要特征

杨富斌：有人在听了您的讲座后问道，建设性后现代思想家主张的新的生态文明的基础是什么？它有哪些主要特征？

柯布：关于新的生态文明的哲学基础，正如我在座谈中所说的那样，就是怀特海的过程哲学或有机哲学宇宙论。需要强调的是，新的文明要建立在对宇宙真理的认识基础之上。从目前看，怀特海的有机哲学是基于相对论和量子力学等现代科学和人类经验之上的哲学，它可以作为新的文明的基础。

换言之，这种新的文明形态不能以旧的实体哲学为基础，因为传统的实体哲学，包括以牛顿力学为基础的唯物主义哲学，怀特海称之为“科学的唯物主义”，不可能真正地关注生态文明，因而也不可能真正地作为生态文明的哲学基础。传统唯物主义所讲的“物质”（matter）一词，在英语中通常有“消极的、被动的”的意思。传统唯物主义所讲的“质料”（material）一词，在英语中通常也含有被动的意思。而根据传统唯物主义观点，物质不灭、能量守恒，因而万物都是被人征服和改造的对象，它们有无价值，全看它们对人是否有用。基督教讲上帝造人管理世界万物，也有这个意思。而过程哲学强调的则是宇宙万物的能动性、创造性，强调现实存在的自我生成、自我创造和有机联系、相互作用，强调的是现实存在都有自身的价值，有内在相关性，不存在绝对孤立的现实事物。因此，只有过程哲学宇宙论才能真正成为新的生态文明的哲学基础。

从这个意义上说，新的生态文明是一种全新的文明形态。它的主要特点是坚持人与自然、人与人和人与社会的和谐相处与可持续发展。所以，过程哲学家所主张的这种新的生态文明，不仅仅是指人要保护好自己所生存于其中的自然环境，即它不是仅仅指人与自然之间保持和谐的关系，而且是要创建一种新的文明形态，即在人类的游牧文明、农业文明和近代工业文明之后，要向一种更高的文明形态过渡和转化。这种新的文明形态是全方位的，是社会的政治、经济、文化等各个领域都要发生根本性变革的新文明形态。它所涉及的关系不仅包括人与自然的关系，也包括人与人、人与社会等各方面的关系。

杨富斌：有学者听您的讲座后认为，建设性后现代思想是发展模式上的大智慧。不论考虑哪种发展模式，譬如考虑农业的发展模式，工业的发展模式，都不能仅仅从这些发展模式中提出的各种现实问题出发，仅仅致力于提出法律的和政策方面的建设性意见。而要根据建设性后现代思想，在法律、政策等模式之上，提出更高的要求，即哲学智慧的要求，从而使发展的最终目标是使人类获得越来越多的幸福。您同意这种观点吗？

柯布：非常同意。仅仅追求经济发展的发展模式不是真正理性和文明的发展模式，与生态文明建设相去甚远。如现代西方工业社会中的“单面人”或“单向度的人”一样，只知消费，不知消费的目的是什么，这是缺乏哲学智慧的表现。所以，建设性后现代思想家总是从哲学高度来审视生态文明。因为如果没有哲学智慧的指引，我们的生态文明建设往哪里走肯定不会有明确的方向。

当然，生态文明可以有不同的哲学基础。早在 2500 年前，即历史上的轴心时代，在东西方大体上同时出现了老子的道家思想、印度的佛教思想、希腊的文明思想、巴勒斯坦的先知的思想，后来还出现了各种宗教思想的整合。这是人类文明大发展的时代。但是，现代以后，不少学者不再坚持价值中立的理念了，转而开始追求物质利益了，即如何报项目和做课题，才能挣到更多的经费，才能获得更多的报酬。这种理性思想可称为“自杀式理性”。这种理性精神同轴心时代的理性精神是不可同日而语的。以这种理性精神作指导，不可能得出生态文明的理念。因此，我们在当代社会提倡怀特海的过程哲学，这种智慧有可能指引人类走向更高的生态文明。

杨富斌：有人说，观察目前中国的社会发展，似乎速度太快。是否只有快速发展，才能解决现实中的各种问题？柯老，您对此有何看法？

柯布：我不同意这种观点。以增加发展速度或提高经济效益来解决现代社会面临的各种问题，这仍然是在沿用传统的工业化思路。解决当代生态问题，若是幻想通过更快地发展经济来加以解决，一定是南辕北辙，越走越远。因为仅仅以经济手段解决生态危机问题，似乎永远解决不了。片面的发展经济，只会如以往一样，不断加剧生态和社会问题的严重性。结果又会面临更大和更多的问题，因为资源、环境和空间都在逐渐变小。所以，要跳出这个发展的怪圈，就必须有哲学的大智慧。必须以更高的哲学智慧作指导，来制定更加合理和有效的社会政治经济制度。

杨富斌：有人在座谈中认为，从总体自然环境上看，欧美等西方发达国家确实比中国目前的状况好，尤其是这些国家的公共环境建设得好。因此我们想知道，美国政府是如何教育公民保护和建设公共环境的？中国有句老话，叫“由俭入奢易，由奢入俭难”。美国政府是如何通过制定一些政策来教育美国的普通公民“由奢入俭”的呢？

柯布：美国政府不会教育美国人民勤俭节约，恰恰相反，美国政府一直在鼓励人们高消费，因为美国政府坚持的是可持续的利润观，而不是可持续的发展观。至于环境教育、勤俭教育等，在美国主要是由民间组织、非政府组织（NGO）和宗教组织等进行的。美国的公共环境建设大多是通过法律途径，通过长期的法治手段而逐步形成的。

西方社会从20世纪60年代开始关注生态问题，美国前总统布什最早提出“可持续增长”的问题。但是，在我看来，他所关注的并不是真正的生态文明，而只是美国经济如何可持续增长的问题。而可持续增长在本质上仍然是在关注增长，而不是从生态文明观的视角关注如何搞好可持续发展的问题。从表面上看，这似乎是在关注可持续发展的问题，但是从生态文明观出发，与从传统的发展观出发来看待发展问题，本质上仍然是有所不同的。因为在建设性后现代主义者看来，科技进步既会给人类造福，也会给人类带来灾难。如果没有把自然看作与人不可分割的一部分，没有把自然界看作有机体，而是看作我们征服和统治的对象，就仍然是在沿用传统的发展观。生态文明观最主要地是坚持我们要转变发展理念：以有机哲学为前提，把自然界看作一个有机体，看作有一定目的和意义的存在。只有这样，才有可能真正地以新的文明观对待自然、社会和人。否则，如果仍然坚持把自然界看作一个外在于人的存在，看作纯物质的、机械的、没有精神性因素的存在，这当然会导致传统的现代工业发展观，根本不会产生生态文明观。

## 六　宗教在生态文明建设中的作用

杨富斌：柯老，有人说在西方社会，宗教对生态文明建设似乎有重要作用。您如何看待宗教对生态文明建设的积极意义？

柯布：在我看来，有一定的宗教信仰，对建设生态文明确实会有所帮助。宗教在西方世界一直占有重要影响，但近些年来基督教在美国社会的影响不像以前那样大了，正如毛泽东思想作为一种信仰在中国的影响不如以前那样大了一样。基督教讲，人是上帝创造出来替上帝管理世上其他事物的，这在某种程度上导致了众生并不平等的西方人类中心主义。而过程神学则不同于传统的基督教，它主张上帝也是宇宙中的一种现实存在，就如同世界上的其他存在一样。因此，在宇宙中，众生是平等的，人只是自然界中的一个因素。根据怀特海的观点，上帝是宇宙总体的精神性存在，类似于中国的“天道”。上帝类似于一种宇宙精神，世界的统一性和协同性是由这个宇宙精神来协调的。他还以隐喻的方式说，上帝是这个世界的诗人，它以自己的爱和劝导来引导世人，劝导世人弃恶扬善。从这个意义上讲，坚持过程神学，有一定的宗教信仰，有助于坚持众生平等的观念，有助于树立和坚持生态文明思想。建设性后现代思想确实从神学视角考虑过生态问题，因为过程神学认为，基督教有自己的创世记思想，而中国的道教、儒教则没有这样的思想。基督教本来也有众生平等的思想，只不过被近代以来的基督教抛弃了。现在，过程神学试图再把它颠倒过来，重新恢复人人生而平等的思想，这对树立正确的生态文明观具有重要意义。

杨富斌：有人不同意您所说的基督教容易导致人类中心主义的观点，对此您如何回应？

柯布：有人不同意基督教容易导致人类中心主义的观点，这很正常。但是，西方的人类中心主义思想与传统基督教思想有很大关系，这在西方不少学者看来，是一个不争的事实。正因如此，过程神学才致力于克服传统基督教的某些弊端，提倡新的神学观。

杨富斌：柯老，顺便问一下，在美国，现在是否有以过程神学为教义的教会组织呢？如果有的话，大约有多少这样的教会？

柯布：有。在美国，早已有一些教会接受了过程神学的思想和理念，以过程神学作为他们信仰的宗教思想。但具体地说，这些教会的数量有多少，我不能确定。因为在美国，公民信仰哪一种宗教，这完全是一个私人问题，属于公民的个人私事，官方没有统计，也不会做这样的统计。通常，在美国对于公民信仰哪个宗教，哪个宗教有多少教会和多少信徒，都没有官方的统计。因此，信仰过程神学的具体有多少人，有多少个教会，并没有确切的数字。但是，有不少教会信仰过程神学，按过程神学思想做礼拜活动，这在美国已是不争的事实。

## 七 生态文明的希望在中国

杨富斌：您最早提出“生态文明的希望在中国”这一观点，请问您的依据在哪里?

柯布：主要依据有两点：一是美国等西方发达国家不可能真正地关注生态文明建设，美国政府不会提出生态文明战略思想或发展理念。因为美国政府受大财团的影响，追求的是可持续利润，不可能是生态文明理念支配下的可持续发展。即使前布什政府提出了可持续增长，也是指美国政府在追求美国的财富和利润的增长，而不是整个社会的生态文明建设。美国的强盛以工业化、高科技为基础，以民主、法治和私有制为基本制度，是在各大财团支持下发展起来的。在这种大背景下，美国政府不可能真正地进行生态文明建设。它不可能为了广大人民群众的利益和国民的福祉，真正地推进全社会的生态文明建设。

二是中国政府正在领导中国人民进行生态文明建设。这一方面是因为中国有古老的“天人合一”的优秀传统文化，中国古代的道家文化、儒家文明等与过程思想有天然的联系，因此中国人能从思想和文化上真正地认同生态文明思想；另一方面中国是后发国家，已经耳闻目睹西方工业文明和高科技带来的种种弊端，自己在这方面也有严重的教训。因此，中国能依靠自身的力量克服这些弊端，不再重走西方的老路，以避免西方工业化过程中的各种错误做法。中国政府近年来主张的科学发展观与和谐社会、和谐世界理念就是这方面的证明。而且中国政府事实上已经在自己的纲领性文件中明确提出了生态文明建设的口号和政策，并采取相应的具体措施。所以我相信，中国人民依靠自己的理念和中国政府的权威，有可能真正地实现生态文明，为世界树立一个生态文明建设的榜样。

我要特别强调的是，绿色 GDP 思想和行动在西方一直遭到大公司、大财团的抵制，因此，生态文明观念在西方一直难以占主导地位。所以我认为，生态文明的希望在中国。中国政府有可能率先领导中国人民实现生态文明。因为如果按照传统工业文明的生产方式，中国就难以超越西方，而且会重蹈西方工业文明的覆辙，西方曾经有过的一系列工业化弊端和环境灾难，都会在中国重演。这些年中国出现的食品安全、空气污染、环境破坏等，在西方资本主义国家工业化过程中都曾经不同程度地出现过。西方的各种社会病如今在中国也不同程度地开始出现。要避免重走资本主义工业化老路，就必须超越传统资本主义工业化和传统社会主义计划经济的发展模式，选择以生态文明为导向的第三条文明发展道路。至于这个道路叫什么名称，在我看来并不重要。但是，在发展模式上肯定不能再走资本主义工业化道路和苏联式的计划经济发展道路。是否可以把这种道路叫作生态文明的建设之路，可以考虑。

杨富斌：有人说，中国新一届政府提出生态文明建设只是一个美好的愿景。问题在于中国的生态文明建设如何做？您对此有何建议？

柯布：在我看来，要实现生态文明，首先要弄清方向在哪里？否则就无法迈开第一步，或者说第一步就无从选择。然而，如今人们对生态文明似乎还没有达到一种统一的认识。对于世界其他地方包括中国对生态文明的理解，我并不是十分了解。但是根据我对美国情况的了解，在生态文明建设过程中，应致力于建设“面对面的共同体”（face - to - face community）。我认为，政府应当鼓励建立地方共同体。从这个意义上说，建立乡村共同体可能会更容易一些。因为传统的乡村文化就是一种共同体文化。而在现代化城市中，对传统的乡村文化则有毁灭性的破坏，或者说有摧毁性的负面影响。当然，地方共同体建设不可能解决所有社会问题。为此，就要不断地建立共同体，建立共同体的共同体，建立广泛的社会联系，扩大共同体的影响。政府通过教育，有可能为此做出贡献。首先要使人们树立这种观念，理解这种观念，然后才有可能逐渐做到。至于中国的生态文明建设如何做，这需要中国政府和中国人民根据自己的实际，探索适合自己本国发展的道路。

杨富斌：您主张的这种共同体建设是在城乡一起共同建设呢？还是只有在农村才可能进行呢？

柯布：我认为，在中国的乡村，尤其是在相对贫困的乡村，建立共同体的目的不是要帮助农民进入城市，或者把乡村建设成为像城市一样的共同体，恰恰相反，是要帮助他们通过建立共同体而脱穷。简言之，不是要帮助农民进入城市，而是要帮助农民在家乡脱贫致富。至于如何做到脱贫致富，道路可以是多种多样的，要因地制宜。这不是理想主义，而是切实可行的道路。“二战”以后，西方社会的非政府组织曾在中国部分乡村做过试验并取得了良好效果。今天，如果中国政府注意这样做，或是支持部分非政府组织这样做，做一些试验，然后逐步推广，是可行的。它对现实社会一定会产生积极的影响。在我看来，所有的希望都在乡村的共同体建设上。只有通过这种共同体建设，才有可能克服传统工业化的弊端。正如北京地球村主任廖晓义女士在座谈中所说，只有通过乡村的共同体建设，我们才有可能把传统的所谓“公地悲剧”转变为“公地喜剧”。“公地喜剧”在城市中难以实现，而在农村则有可能实现。

杨富斌：有记者在座谈中说，中国的环境保护部门现在推行“以奖促治”的政策，即政府对生态文明做得好的地方给予一定的政策鼓励和资金奖励。如云南洱海周围的生态文明建设就是这样，因为他们做得好，得到了政府的奖励。在中国，生态文明建设要靠政府行为，要靠全社会响应。单靠个别人或个别非政府组织是做不好的。您是否同意这种看法？

柯布：我同意这种看法。生态文明建设的道路和方法，应当根据各国的国情选择恰当的方式。比如，不丹有自己的生态文明建设道路和方法，古巴则有古巴的生态文明建设道路和方法，中国也应当有适合自己国情的生态文明建设道路和方法。中国政府推行“以奖促治”的政策，是一个非常好的办法。在中国，生态文明建设单靠非政府组织，从目前的社会组织发展状况看肯定不行。我赞同由政府主导的生态文明建设之路。在任何现代国家和社会，单靠个人和非政府组织的力量进行生态文明建设都是不够的。因为生态文明建设是全社会的事，需要国家、政府、各种社会力量和个人全体认同和协同行动才有可能最终实现。

## 八　共同体与人类幸福的关系

杨富斌：您在座谈和讲演中反复强调在“面对面的共同体”中人类才有可能获得幸福。您为什么要反复强调这一观点呢？

柯布：现代工业文明导致了城市化，使人脱离了自然、脱离了原先生存于其中的直接共同体，这便使人失去了幸福的根基。因此，我主张现代人要创造条件，重新回到以自给自足为主要生产方式的社会共同体中。尤其是乡村共同体，更适合人类的生存和发展。我主张回到“面对面的共同体”中，只有这样，人们才有可能寻求真正的家园感和幸福感。而在现代大都市生活中，人们之间容易产生疏离感和陌生感，人们之间相互防范，与邻为壑，缺乏真诚和互信，就难以有真正的安逸和幸福感。

确实，我所强调的这种共同体类似于乡村的传统社区。而从长远看，城市社区也有可能实现这样的共同体。我反复强调的观点是：“幸福来源于共同体。”人类如果失去自己的共同体，就如同失去家园。而没有家园感，就没有安全感和亲密感，当然就不会有幸福感。

现在，世界上有一个国家已经充分认识到幸福比财富重要，因此它在致力于建立人类共同体，这个国家就是不丹。总之，只有把幸福建立在高于财富之上的社会共同体，才可能给人民幸福。而美国政府因为被大财团绑架，拼命地追求可持续的利润和财富，不可能给人民带来真正的幸福。

人确实有需求，但是，现代社会造成的许多需求是虚假的。实际上，人们的基本需求是非常有限的。已超过一定的界限，满足这些需求就是浪费。有一个调查表明，日本人并不幸福，尽管日本的社会财富很多。比如，冲绳在日本不是最富的，其平均收入低于日本的平均数，但该地区的幸福指数则高于日本其他地区。这表明，幸福与财富并不是成正比的。

杨富斌：在座谈中有人问道，每个政府都不会否认环境问题。美国在面对社会不平等、贫富悬殊、环境污染等问题时，似乎一开始并未关注环境问题，而是着力于解决民生问题。如今，美国政府强大了，国民富裕了，政府才开始关注环境问题。请问美国政府解决问题的顺序是否值得中国政府借鉴呢？

柯布：据我了解，美国政府并没有解决这些社会问题的顺序安排。中国政府因此也无从借鉴。在我看来，对社会问题的解决，应当考虑什么是善恶、什么是福祉。应当以此为目标，并采取可行的具体措施和步骤。也就是说，需要针对现实，制定具体的道路和标准。为此，需要进行社会管理创新。各个国家情况不同，需要创立自己的发展模式。

杨富斌：有一位中国教授在座谈中说，现在，中国广大贫困地区的儿童都想成为富翁。甚至中国十三亿人似乎都想成为富翁。他在西南贫困山区的调研中发现，那里的孩子通过电脑和网络对世界各种名牌奢侈品

（如 LV 皮包等）如数家珍，对西方著名歌星崇拜得五体投地，梦想发财致富的愿意非常强烈。在这种情况下，如何给这些孩子们讲述生态文明思想？如何能让他们安贫乐道呢？

柯布：这确实是一个难题。因此，建设生态文明首先要解决基本的温饱问题。由此可见，不能简单地否定工业文明和现代科技的积极作用。只有在解决了这些问题之后，才有可能建设更高级的生态文明。同时，在中国建设生态文明，进行生态文明教育，一定要注意利用中国传统的优秀思想。中国有许多优秀的传统思想，值得当今世界各国借鉴。当然，建设现代生态文明，不是哪一个国家的优秀思想传统就足够了，需要综合全人类的优秀思想。

## 九　建设性后现代思想与理性主义和科学主义的关系

杨富斌：在座谈中有学者说，柯布和格里芬等学者根据怀特海的过程哲学讨论问题，他们提出的建设性后现代哲学太理性化了、太科学主义了。对于这个评论或者说是批评，您怎么看？

柯布：首先，过程哲学和建设性后现代思想确实并不排斥理性，相反它们均主张理性精神，坚持理性主义。但是，不能由此而把过程哲学和建设性后现代思想归结为纯粹的理性主义，因为它们在坚持理性精神的前提下，强调理性不能没有界限，理性要受到经验的限制。理性精神的追求是美好的，是科学和哲学发展所必不可少的。但是，如果理性最终不符合经验的检验，它也是不可靠的。从这个意义上说，不能把过程哲学归结为单纯的理性主义。

其次，建设性后现代思想同激进的后现代思想的一个重要区别，就是它既反对现代科学的霸道，反对科学主义，同时又承认科学具有积极的社会作用；既承认科学能给人类造福，也承认科学会给人类带来灾难。正是在这个意义上，用格里芬的话说，就是按照现在这个样子运用现代科技，发展现代工业，用不了多久，人类就会面临灾难，甚至有毁灭人类的危险。这不是危言耸听，用世界银行公布的数据即可合理地推断出这一结论。建设性后现代思想家忧心忡忡的正是这一问题。但是同时，建设性后现代思想家又承认科学是有作用的，如果运用得好，也能给人类造福。简言之，建设性后现代思想坚持科学是一把双刃剑，既能给人类造福，也能给人类带来灾难。从这个意义上说，批评建设性后现代哲学是科学主义是不公允的，也不符合实际。

## 十　马克思主义与现代性的关系

杨富斌：有人说马克思主义与现代性具有内在的一致性。您怎么看待这个问题？

柯布：确实，马克思主义是现代工业革命和现代科学的产物，牛顿以来的近代自然科学和生物进化论等现代科学成果，对马克思主义的形成影响很大。马克思主义主张消灭资本主义，主张科学技术推动社会发展等思想，都与现代西方的科学主义思想和现代性思想是相一致的。但是，马克思主义反对人压迫人的社会制度，主张用社会主义代替资本主义，主张通过消除私有制来解决社会不公平等社会问题，这与某些资本主义学者的观点很不一样。马克思主张消灭私有制，实现人人平等的社会，这无疑有积极意义。但是，马克思主张通过社会革命的手段来消灭资本主义制度的设想，现在看来，人类社会历史的发展可能会有错综复杂的情况，会有不同的发展道路。

可喜的是，马克思主义是不断发展的。比如，西方近些年来出现了生态马克思主义学派。如美国的本·阿格尔、詹姆斯·奥康纳和约翰·贝拉米·福斯特等人倡导的生态学马克思主义，虽然其研究的具体内容和观点我不太了解，但是，这表明马克思主义者关注现实，随着时代的发展而不断前进，马克思主义也在不断地超越现代性，试图克服现代工业化的弊端，坚持生态文明建设道路。中国的马克思主义者开始关心西方生态马克思主义的进展，也是这方面的证明。我期待生态马克思主义研究在中国有重大发展，这对中国建设生态文明一定具有积极的促进作用。

# 走出现代性的雾霾

## ——对话美国过程哲学家斯蒂芬·劳尔教授

劳尔/樊美筠

樊美筠：很高兴您接受我的采访。柯布博士经常和我们提到您，称赞您是过程哲学研究领域中的楚翘。我发现，在美国学院里从事过程哲学研究和教学的人不少，但像您这样关注现实，直面现实，对现代性提出尖锐批评的并不多。怀特海在《科学与现代世界》中开了批判现代性或现代世界观和价值观的先河，你对西方现代性的批判可否看作是这一工作的继续？

劳尔：怀特海曾指出，真实的价值存在于实践之中！哲学如果不介入生活，本身将无法逃脱萎谢的命运。如果说怀特海侧重以过程思维方式为视角反思和批判了现代实体世界观、主客二分的思维模式以及价值中立的价值观的话，那么我的批判则侧重于美国这一我生活其中的社会本身的现代性。

樊美筠：您在自己的新著作《克服美国与美国克服：美国能从现代性之劫中存活下来吗?》中说："美国最好的部分已经被现代性最坏的部分所折损。"在您眼里，美国最好的部分是什么呢?

劳尔：在我看来，下列两点是美国最值得骄傲的部分：一是体现在博雅教育传统中的全人教育，就是对人进行全面的教化；二是大量存在的独立的具有非凡活力的民间公益组织和义工组织，通过这些组织，公民可以既为自身的利益也为全社会的共同福祉而奋斗。

樊美筠：那在您心目中，"现代性最坏的部分"又是什么呢?

劳尔：我理解，现代性最糟糕的部分是沉溺于物质主义的一己私利的"道德疾病"，对消费主义的过度迷恋以及凡事都绝对化的倾向。

樊美筠：我感觉您在很大程度是在否定意义上使用“现代性”一词的，而德国哲学家哈贝马斯则一直力挺现代性，坚称现代性是一个“未完成的工程”，力主把现代性进行到底。您为什么对现代性持如此批判的态度的呢？

劳尔：我理解哈贝马斯的思路，他所谈的现代性大概是作为第一次启蒙遗产的现代性，是他作为一个欧洲人的心目中理想的现代性。换言之，他关注的只是现代性积极的一面，对于现代性消极的一面特别是它的破坏性甚至毁灭性的一面，他显然失察了。如果他生活在美国这个最现代性的国家，我相信他一定会改变自己对现代性的看法。今天，整个世界，不论是发达国家还是发展中国家，都在遭受现代性的戕害。现代性是一种非常肤浅、非常危险的世界观和价值观。

樊美筠：在您看来，它的最大的问题是什么呢？

劳尔：现代性的最大问题是高分贝地讴歌物质生活而贬低精神生活，贬低我们的人性。用捷克前总统的话说，现代性使消费成为硬道理。一旦人类社会以消费为中心，就不愿或无力对其他价值观多看一眼。人们所关心的唯有自己的物质幸福，即便自己的道德幸福和精神幸福也无暇他顾。今天世界所发生的物质至上、精神空虚、信仰匮乏、道德颓败、人性堕落、人情冷漠、生态灾难等等丑陋，都与之有着密不可分的联系。

樊美筠：因此，美国需要被克服，因为作为当今世界最发达、最现代的国家，它也是受现代性毒害最深的国家。

劳尔：您说得很对。今天，在美国，现代性已威胁到毁灭或窒息所有与更高意义相联系的价值。现代性最坏的部分在于它极大地刺激了人们的物质欲望和感官欲望。温水煮青蛙，让人在物质主义和消费主义的狂欢中走向沉沦。正是由于现代性的影响，美国已成为世界上患“道德疾病”最严重的国家。

樊美筠：我们注意到您使用了“道德疾病”这个语词。这是一种怎样的病状呢？

劳尔：前面谈到的精神空虚、信仰匮乏，人性堕落以及与之相联系的极端个人主义、虚无主义、犬儒主义都可算作“道德疾病”的表征。我这里要指出的它的另一个常常被人们忽略的重要表征是，人们拒绝甚至蔑视“合情合理的讨论”。这被苏格拉底视为“一个人所能遭受的最坏的命运”。它是最糟糕的，因为这导致了人与人的关系的塌陷，导致了孤绝，使得我们失去了被别人校正和从他人身上得到启发的机会。今天的美国，互动被还原成意识形态冲突的激化和愤世嫉俗的虚无主义的独霸话语权。在这种虚无主义中，无所谓善恶，有的只是权力，这种权力关心的只是如何打垮他者而从未考虑过他者的利益和感受。“道德疾病”的结果是败坏了一种文化繁荣的最基本的品质：即人们参与创造性互动的能力，自我与他者相得益彰的能力，形成和保持人与人联系的能力。

樊美筠：您的意思是美国病了，而且很严重。但据我所知，许多美国人并不这么看，他们认为美国是世界上最健康、最先进的国家，是其他国家应该仿效的榜样。

劳尔：美国很难看到自己的“道德疾病”，因为他们就生活于其中。但其他国家的人却看得清清楚楚。今日的美国处于“现代晚期”，沉沦于日益破产的现代世界观的无效性中。中国人说：“旁观者清，当局者迷。”许多国家的人都渐渐意识到，美国的问题是现代性问题的典型体现，是现代性的核心价值观即科学理性、市场经济、个人主义和消费主义弊端的大暴露，其结果是灾难性的。

樊美筠：这是否跟现代性和第一次启蒙对传统的彻底抛弃有关？

劳尔：是的，与传统的彻底决裂是第一次启蒙的重要口号。以现代化的名义，人们抛弃了传统文化和传统价值观，在此过程中，他们把更深广的意义感和价值观也抛弃了。价值观被还原成生产和消费的价值，与此同时，价值观被相对化了，价值仅仅被等同于个人的偏好，一切关系都被等同于权力关系和竞争关系。换句话说，精神被流放了，人们失去了神圣感和归属感。

樊美筠：现在，在一些发展中国家，“哈美”成为一种相当流行的现象，不少年轻人认为美国所有的东西都是好的。作为一个美国学者，您如何看待这种现象？

劳尔：这的确是一个值得研究的文化现象。在我看来，年轻人（许多人其实并不年轻了）的这种“哈美”现象，一方面与许多人将美国直接等同于现代性的积极一面有关；另一方面与好莱坞、广告和大众传媒过度宣扬的美式个人主义的影响有关。

樊美筠：您是过程哲学家，从过程哲学的视角看，这种美式个人主义的主要弊端何在呢？

劳尔：在认识论上，美式个人主义最大的短板是对关系有意无意的忽视，或者说对个体与群体关系理解的错位。个人主义强调自然权利，现实的基本单位变成了孤立的原子式的个人。由于对个体的强调，社会被看作是第二位的、派生的，是一种人为的建构或由个人形成的契约。而个人则是自然的、第一位的。这无疑撕裂了个人与社会的和谐关系。在这个过程中，由于高扬个人主义，关系、共同体和公共性失落了。社会共同体只具有外在价值，是外在的，其价值在于服务于个体对自我利益的追求。也就是说，关系和社会只根据它们的外在价值而被理解，其价值的大小依赖于它们服务个人利益的追求而定。随着科学理性主义的高歌猛进，最大的失落是：抛弃了人是关系的存在、社会的存在的这种观念，忽视了关系的内在价值，遗忘了人是在关系中滋养、成长和繁荣的。正是在关系中，人们寻找到了生命的意义。个人主义与民主之间的张力在美国表现得十分明显。然而，个人主义却最终胜出了。

樊美筠：您的意思是说个人主义一开始在美国社会并没有占这么重要的地位，那它是何时成为美国文化的核心的呢？

劳尔：随着现代化及其相伴物——工业化、城市化、移民、对科学的崇拜、大众传媒和跨国公司的出现——的高歌猛进，个人主义在19—20世纪成为美国文化的核心。公司成了超人并被看作个人的自然权利的体现，于是民主的价值被公司的价值取代了。

樊美筠：在这个意义上可否说，现代大学也深受现代性和现代个人主义的影响呢？

劳尔：是的，大学由早期培养服务社会的人才的大学演变成了今天满足个人利益、为市场服务赢利的大学。这种以找到工作为目的的现代大学教育，最后注定将走向虚无主义。

樊美筠：为什么这么说呢？

劳尔：因为一旦毕业后工作没有找到，或者个人所期盼的个人利益没有得到满足，就会产生巨大的失落感，最后导致虚无感。现代性的大学教育摒弃了理想的教育。这就解释了为什么现代大学培养了如此之多的“空心人”，因为他们没有理想、信仰和梦想。所以，现代个人主义是自毁的，它导致的是虚无主义。

从过程哲学的角度看，现代个人主义的“虚妄”是显而易见的，这不仅因为它所大写的“个人”是一种“抽象”，一种“人为的建构”、人为的拔高；而且因为它对个体的高扬是建立在排斥和贬低群体基础之上的，它依然没有跳出个体与群体对立的二元思维方式。因此，它所提供的关于个人与社会关系的图景是失真的。

与美式个人主义强调个体高于群体、个人优于社会不同，过程哲学主张用“关系中的个人”取代“自我中心的个人”，它推崇的是一种个人与社会之间的有机的、互补的、内在的联系。这种新型的和谐关系也为个体与群体的真正和解与互滋并荣创造了可能。

樊美筠：您谈到了公司的巨大影响，这是否意味着早期的民主理念也受到公司这个“超人”的荼毒呢？

劳尔：在早期的民主中，民主仅仅被理解为“程序”民主（procedural not substantive），而非实质民主；仅仅被理解为政府的一个无足轻重的结构，为自由市场资本主义服务的设置，而非为共同体服务的。因此，问题是结构性的。毋庸置疑，公司里有许多好人，但现代公司的结构决定了他们必然把利益最大化作为其最高原则。因此，指望公司追求社会的长远利益和人的共同福祉是不现实的。正是在这个意义上，早期的民主理想是不现实的。

樊美筠：对科学的盲目崇拜应该也是现代性的一个内在构成部分吧？

劳尔：是的，科学主义已经牢牢地主宰了我们的生活。在西方，现代性的故事与科学在17世纪走上历史舞台的故事紧密相关。今天，分析哲学在西方哲学中占主导地位也源于对科学的崇拜。科学甚至被提高到世界观的高度，这要求生活的所有方面都需要被客观化和量化，社会科学就是在这样的背景下在19世纪出台的。其目的是把科学的领地扩张到人的世界，即用科学的方法来研究人类社会，用科学的定律来主宰人类生活，以确保确定性。

正是在现代性（第一次启蒙）的个人主义世界观和科学主义世界观的极度挤压下，不仅关系、共同体和公共性的存在空间极度萎缩，而且人文空间、精神空间更是极度萎缩。“道德疾病”的产生和蔓延与此不无关系。

樊美筠：在您看来，如何才能走出美国现代性的困境呢？

劳尔：首先要做的就是重估被急匆匆的现代性所弃置的传统价值观。这包括向其他文化传统开放，包括向中国文化学习。

樊美筠：为什么选择传统价值观呢？

劳尔：因为传统价值观可以更好地把人们系联起来，把人与世界系联起来，把我们从物质主义和消费主义的奴役中解放出来。

樊美筠：您认为饱受现代性荼毒的美国人可以从中国文化中学到什么呢？

劳尔：在我看来，中国文化中最基本和最有价值的部分是“诚”的理念，这应是美国文化最需要向中国文化学习的部分。此外，儒家文化注重教化和美德的培养，即通过持续的自省和完善自我这样一个过程来成为一个“仁”人，也是美国文化需要学习的。

樊美筠：作为一个比较哲学家，您多年来一直奔走在大洋两岸，致力于推动中美文化的深度交流与沟通。在这些学术和民间交往中，中国人给您的最深印象是什么？

劳尔：在我和中国人的接触中，我发现中国人认真，慷慨，好客，有激情，有热情，有活力，也许这来自自信和乐观主义。他们较少犬儒主义、怀疑主义。中国人也有一种宝贵的担当意识、淑世情怀，就是“家事国事天下事，事事关心”。这里面有一种自豪感，这种自豪感集中体现在这样一种说法中：“成为中国人是一种成就。”（To become Chinese is an accomplishment.）

樊美筠：您如此点赞中国，会不会受到“浪漫化中国”的指责？

劳尔：我无意浪漫化中国。中国的确有它的问题，一如美国有它的问题一样。我理解中国人民百年来遭受帝国主义压迫的感受，因此格外重视和珍惜中美两国的对话。在我看来，中美文化具有较强的互补性，我们真的可以相互学习。中美两国之间的友谊、合作和对话才是两国共同繁荣的所在，这可能是现今世界最重要的动力之一。

樊美筠：您在《克服美国与美国克服》中反复强调，中国传统文化特别是儒家文化可以帮助美国人重新评估自己的优秀传统。这种重估具体体现在哪些方面？

劳尔：例如，儒家文化可以帮助我们重估我们自己优秀的博雅教育传统，使我们把教育的重心放在人的转变上，而不是放在创造利润和信息与知识的灌输上。此外，儒家特别是宋明理学“万物一体”的有机世界观，可以帮助西方人理解我们自己机械的二元对立的世界观的局限，进而帮助我们欣赏我们内部涌现出的过程哲学、实用主义乃至女性主义。

樊美筠：毋庸置疑，中国传统文化也并非全然一片玫瑰色，它也有其糟粕。如何通过中西对话来达致对传统文化的改造，从而使其在新生态文明的时代大放异彩呢？

劳尔：我觉得你们提出的“第二次启蒙”不失为一个重要方向。与全然作别传统不同，“第二次启蒙”采取一种“语境化的态度”即历史的态度对待传统，这也包括历史地对待第一次启蒙，对其成败得失作出恰如其分的评估，在此基础上，通过吸纳和整合西方文化的精华发展出一种新的文化、新的文明。

樊美筠：格里芬在《后现代科学》中提出：中国可以通过了解西方世界所做的错事避免现代化带来的破坏影响，这样，中国实际上就“后现代化了”。他的这一观点连同我们提出的“第二次启蒙”被不少学者认为是“不现实的”，在他们看来，历史的发展只能一步一步来，中国需要先实现现代化，后现代化、生态文明是以后的事。

劳尔：这显然是一种僵硬的现代线性发展观的思路，站在过程思维或生成思维的角度看，结论大不一样，答案应该是肯定的。因为历史是生成的，历史是人创造的。对于中国这种后发国家，完全有可能变劣势为优势，利用后发优势，扬长避短，通过整合传统和现代以及中国和西方的优质资源，独辟蹊径，率先实现后现代化或生态文明。那将是人类历史上的一个壮举。

樊美筠：其实，倪培民先生在为您的《再看西方》一书所写的书评中也曾表达了类似观点。他说，随着现代化在中国的飞速发展，古老的东方文明面临被抛弃，被仅仅作为古董来欣赏或作为历史来凭吊和怀念的处境。而同时，西方现代文明带来的种种弊病也正以飞快的速度在中国蔓延扩展。如果说西方现代文明经过了几百年才发展到今天，因而他们有相对充裕的时间去寻求对策、消减这些痛苦的话，那么中国所面临的则是强烈迅速的剧痛。由于没有时间去消减，很可能造成不可逆转的恶果。但正是因为处于这样的时空条件，我们可以借鉴西方的经验教训，借助于西方的研究和探索，以避免西方已经走过的弯路。

劳尔：我非常同意和赞赏他的看法。

樊美筠：看来要实现变革，世界观和思维方式的变革非常重要。

劳尔：美国要活下去，中国要活下去，世界要活下去，有赖于我们是否意识到现代性亦即现代世界观和价值观的局限，进而选择一种更好的世界观。美国需要克服它输出到世界各地的现代性，告诉世界在消费生活之外，还有某种更深、更广的东西。海德格尔说："只有一个上帝能够拯救我们。"希伯来人说："没有远见，一个民族将消失。"我的理解是，如果真有这样一个上帝的话，那一定是以帮助我们发展一种新的世界观的形式发生的。这种新的世界观并非什么纯粹抽象的理论，而是一种洞见、一种生活方式。

樊美筠：今天看来，这真乃得道之言。您曾谈道：詹姆士曾预言一个新的时代即将来临。你理解这将是一个中西对话的时代，我们理解这也是第二次启蒙的时代。如果第一次启蒙是西方人主导的现代启蒙和西方文化的独奏的话，那么第二次启蒙就是后现代的，它应该是"中西文明合奏的交响乐"。

劳尔：我很欣赏你们的工作。我深信，不仅中国，而且美国，也会从第二次启蒙中受益良多，它将有助于世界走出现代性的雾霾。

过程哲学书评

# 《怀特海与中国哲学的第一次握手》序

［美］小约翰·B. 柯布

我们这些怀特海思想的西方研究者，因中国对怀特海思想的近来响应感到惊喜！以美国的经验，尽管怀特海在同时代的哲学家中享有盛誉，但随后的时代他却被排斥了。在怀特海的那个年代，哲学的自我理解开始变得狭隘起来。哲学系只教专门的学术训练，对科学基本预设的分析在其中难以立足。这股潮流把哲学变成了一种学术训练，而怀特海则把哲学看作卓越的智慧探索。

少数哲学家坚持抗拒这种潮流，并得到了一些神学家、教育哲学家、管理理论家及其他领域里的个别人物的支持。但整体看，怀特海在大学里被边缘化了。大学的工作被当作专业的学术训练来做，怀特海思想不能很好地融入其中的任何一种专业，他的追随者徒劳地反对知识的碎片化。而且，学术追求价值中立，绝大多数学术研究把人之经验排除在世界的因果作用之外，这种思想方式与怀特海及追随者格格不入。怀特海主义者已经习惯于边缘化的角色，甚至到达了怡然自得的地步，并认为只有在边缘才最能作出创造性的工作，因为主流容易变得自鸣得意和固步自封。当然，我们真心希望能改变主流，但结果仍是在潮流中艰难抗争。

在中国，所有的事似乎有所不同，王锟教授的《怀特海与中国哲学的第一次握手》这本书使我们明白了为什么。读了这本书使人得知，与怀特海的第一次相遇，中国人的反应比美国人通常更深刻。怀特海与中国思想相契性的说法，绝非空穴来风，是证据确凿的。当怀特海思想以建设性后现代主义的面貌第二次来到中国时，同样的相契性使人们更容易认识。在深层次上说，第二次相遇是以第一次相遇为基础的。

无论是在第一次相遇与第二次相遇期间，中国都受到了西方的影响。

哲学整体性思维的放弃不是首要的改变，中国与其说继承了资本主义国家的哲学发展，不如说继承了马克思的整体性思维。当中国对那些国家开放的时候，其大学无疑也受到了影响。中国对当前资本主义西方的复制并没有波及哲学领域，它对怀特海主义者所珍视的对“预设”的批判性分析持开放态度，而且对世界整体性思维也保持开放的态度。在中国，哲学仍然是对智慧的探索。

与此同时，中国面临着自己伟大传统智慧的再发现问题。怀特海思想能帮助和推进中国发现传统智慧，这将有助于恢复传统的中国思维，有助于培育在过去千年中已经得到巨大发展的中国智慧。通过怀特海，我们知道，古代中国人的洞见能使传统中国思维与人类的现代知识不相背离。

如果中国成功地发现了传统智慧，余下的便是我们要从中国那里学习怀特海思想所带来的改变。或许，怀特海思想能对中国趋向生态文明的努力作出贡献。

阅读本书，增强了我们对中国走向生态文明的希冀，也表明当前中国怀特海思想研究团体的兴起决非昙花一现。这源于本书给我们的两方面的认识：一是怀特海与中国文化深层次的相契性；一是怀特海如何与颇有成就的西方文化相契合。

# 现代化困境的破局之匙

## ——评王治河、樊美筠博士的《第二次启蒙》

闫　艳

现代化一直是百年多来中国人民的一个梦想。为实现这一梦想，无数仁人志士贡献了自己的辛劳、智慧、热血乃至生命。当我们额手称庆现代化如期而至，并由此领受了其所供给的一切关于幸福的感觉时，何曾料到，现代化对人类处境的系统化修改已经给人类带来一系列触目惊心的问题，比如环境污染、金融危机、经济战争、资源争夺、社会斗争乃至国际冲突和文化冲突……除了日益严重的生态危机、社会危机外，精神危机也正严重地威胁着人类社会的生存安全。卢梭曾一言成谶："现代生活给人一个破碎的灵魂，每一个现代人都在经历着精神分裂，人们无路可逃！"如果一个时代出了问题，一定是这个时代的哲学出了问题。因此，为了避免灾难的发生，对作为现代化思想理论基础的第一次启蒙及其背后的哲学进行追问，就成为一种逻辑的必然，也成为当代思想家的宿命。因为"操心"是哲学家本真的天职。由北京大学出版社 2011 年 1 月出版的著名旅美学者王治河博士与樊美筠博士"十年磨一剑"的扛鼎力作《第二次启蒙》，在一定意义上就是这种追求的产物。

该书作者带着一贯的谦逊、哲思、诚实，以世界和中国的远景为念，以对现代化困境的忧思为起点，从过程哲学和建设性后现代主义出发，对第一次启蒙进行了清理和反思。由于思想血脉的相承性，作者将发生在 17、18 世纪欧洲的高扬理性的思想运动及发生在 20 世纪 20 年代中国的呼唤德先生（民主）和赛先生（科学）的波澜壮阔的五四新文化运动统称为第一次启蒙。他们认为，波澜壮阔的第一次启蒙（包括中国的五四新文化运动）是人类历史上的一次"壮丽的日出"，在将人类从专制愚昧中解救出来，唤醒人们的自由意识和尊严意识方面，起到了不可估量的革命作用，其历史功绩怎么评价都不过分。然而，面对现代化今日所遭遇的困境，他们在追本溯源的过程中发现：第一次启蒙难辞其咎。因为正是第一次启蒙为现代化提供了直接的理论依据。因此，要破解现代化的困境，就要打破对现代化的迷信，就要对作为现代化理论基础的第一次启蒙进行一番彻底的清理、反思和超越。作者结合中国的第一次启蒙运动，将第一次启蒙的局限性初步概括为以下七点，即对自然的帝国主义态度，对他者的种族主义立场，对传统的虚无主义姿态，对科学的盲目崇拜，对理性的过分迷信，对自由的单向度阐释，对民主的均质化理解。正是由于长期以来对第一次启蒙这一带有病理性的路径依赖，正是缘于这种只专注于形而下层面的务实之理性、划一之思维，人们便只能局限于经验的世界而缺乏想象力，使得人性的光彩不能充分释放，不能展开进而发育成为促进人心向善的社会化精神因子，所以才很难突破其有限的物理边界，进行创造性的制度与文化更新。《第二次启蒙》的殊胜之处在于，它不仅着眼于解构，着力于对人的物理状态和生存环境作形而下的改造，而是釜底抽薪，从人性和人心的深层维度重新规划人类的社会伦理和精神蓝图。

该书作者特别强调，第二次启蒙就是后现代启蒙，它并非是对第一次启蒙（即现代启蒙）的全然拒斥，而是将许多或者大多数第一次启蒙的伟大成就整合起来，在第一次启蒙的基础上，呼唤“新的学习教育方式，新的经济发展思路，新的领导方法，新的管理概念以及新的更加复杂的思维方式”。第二次启蒙是对一种大智慧、大思路的呼唤，它呼唤一种高瞻远瞩的整合思维。与西方中心主义色彩浓郁的第一次启蒙一边倒、只拥抱西方文化不同，第二次启蒙既向东方开放，也向西方开放。因此，在本书中，我们看到了很多浸透着中西智慧的别开生面的概念，如“道义民主”、“厚道科学”、“深度自由”、“有机教育”、“和者生存”、“互补并茂”以及“建设性后现代女性主义”、“后现代法学”、“后现代农业”、“后现代商业”、“后现代人权”、“后现代绿色生活方式”，等等。正是这些概念为第二次启蒙的未来蓝图勾勒出主线，从而为人类摆脱低俗趣味、超越依赖血气斗智斗勇的丛林法则，最大限度地降低欲望催化而导致的破坏性道德与法理反叛，挽回被“科学至上论”、“物欲至上论”和“政治达尔文主义”等现代化遮蔽了的人性光彩指明了路径，使人在不可把持的命运感中活出方向感和意义来！

总体而言，该书是一部具有强烈震撼力的作品。它试图通过中国和西方、传统和现代的互动，实现中国传统文化和现代西方文化各自的创造性转化，它不只关涉人类可持续发展问题，更攸关整个星球能否存亡的问题。该书不读则罢，越读越使人感到，每个章节都体现了作者的睿智，全书蕴含着哲学家和知识分子的良知和社会责任感，浸透着他们对现代化困境或现代化陷阱的忧思，以及整个人类如何迈向共同福祉的超越情怀。例如，在“敬畏大地——走向建设性后现代农业”一章中，作者引用《泰坦尼克号》的悲剧暗喻，我们正面对地球生命系统的崩溃。本书还以鲜活的事例说明，貌似强大的现代农业其实是非常脆弱的。作者归纳了现代农业的八点弊端，即现代农业对土地的榨取，对健康的隐患，对石油的巨耗，对环境的污染，对生态的灾难，对经济的误读，对社会的破坏，对文化的侵蚀。我认为，作者对现代农业弊端的诊断是非常准确的。作为一个农业领域的门外汉，我通过作者的介绍确实感到现代农业危机四伏。作为一个地球人，我也深度认同作者的观点，即“没有可持续的农业，就没有可持续的社会”。令人欣慰的是，作者并没有一味地持悲观的论调。面对形势严峻的现代农业，他们开出的“药方”是发展一种建设性的后现代农业。这种农业是生态的、再生的、和谐的、多元的、感恩的、可持续的，是以共同福祉为旨归的，以小为美的。同时，作者还结合中国的农业现状，创造性地提出了在中国发展一种资源节约型、环境友好型、农民尊重型、社区繁荣型、审美欣赏型的后现代新农村。这些浸润着后现代因子的思路，不失为破解中国乃至世界现代农业弊端的良方。在“百年树人——走向一种后现代的有机教育”一章中，面对“为什么本来应该令人乐知、好知的‘百年树人’教育却演变成‘百般害人’的教育?”这一社会疑难问题时，作者从第二次启蒙的立场出发，诊断了建立在第一次启蒙基础之上的现代教育，在此基础上提出了一种后现代的有机教育。虽然这种有机教育的些许论点值得商榷，但它对现代教育弊端的全方位揭露和批判，以及在此基础上对一种有根的、整合的、和谐的、容他的、感恩的、创新的和审美的有机教育的憧憬和呼唤，对于推动全球化时代的教育改革，对于治疗中国现代教育的沉疴，乃至对于建构一种后现代的生态文明，无疑是一笔不可多得的宝贵思想资源。在“活出生命——走向后现代的绿色生活方式”一章中，作者力倡“尚清意识”、“尚和意识”，主张追求一种身心统合、与自然和谐的动态的绿色生活方式。诚然，本书作者所推崇的“开放的存在”、“踏实的存在”、“诗意的存在”、“创意的存在”等生活方式在某些现代人看来不乏乌托邦的色彩，但就像西方大哲哈贝马斯在回应那些指责他的交往理论为乌托邦言论的人时所指出的那样：即便这是一种乌托邦，也是必要的乌托邦！已故吉林大学教授高清海也曾指出：“人在人的思想行动中，不能不讲求‘科学精神’；人作为人的思想和行为，也需要讲点‘乌托邦精神’。”科学精神是面向实际的求实精神，乌托邦精神则是超越现实、追求理想的精神。在本来的意义上，它“就是人类对超越现存状况的价值理想不懈追求的那样一种精神”。这两种精神都源于人的本性，而且后者更为根本。更何况作者本人也用自己勇敢的践履证明了建设性后现代主义的一个朴素的真理，那就是：华山并非一条路，别一种生活方式是可能的。

最后，值得一提的是，本书吸收、反映了国内外学界在本领域的最新研究成果。在研究和写作的过程中，作者搜集并阅读了大量国内外文献，并以一种“批判—对话”的眼光借鉴其他学科理论，在思想的王国中漫步，从而使本书新意扑面，颇具可读性。此外，作者圆熟的文笔也构成了本书的一大亮点，该书表述不蔓不枝，隽永的文字戳疼着真实，同时亦点亮人的灵魂。如果文字的力量从灵魂处点亮，那么世界也会为之动容！

# 《科学与哲学论文集》校后记

曲跃厚

经过一年多的艰苦努力，我终于译校完英国著名哲学家阿尔弗雷德·诺斯·怀特海的这本《科学与哲学论文集》，可以喘口气了。

1982 年 2 月，我从南京大学哲学系毕业。在这前后，正是现代西方哲学在中国流行的时候。那时，无论是在西方学者的著作中，还是在中国学者的著作中，都很少有人谈到怀特海。印象中，我最早是从商务印书馆出版的《分析的时代》（1981 年版）一书中得知怀特海的。那时，我还在上海第二军医大学工作。那本书的编者是美国哲学家、曾任哈佛大学哲学系主任的莫尔顿·怀特（Molten White），译者是中国社会科学院哲学研究所的杜任之先生。后来我才知道，怀特海的思想早在 20 世纪三四十年代就已传入中国，老一辈哲学家方东美、程石泉等人都曾研究过怀特海。只是由于这些前辈后来大都到了台湾，加上大陆“文革”等因素的影响，在国内一直很少有人研究怀特海的思想。再后来，才见到复旦大学哲学系陈奎德博士的著作《怀特海哲学演化概论》。我把怀特海哲学作为自己的研究方向，得益于美国加州克莱蒙研究生大学过程研究中心中国部主任王治河博士的引导。1997 年，当时已调到天津军事交通学院工作的我去中国社会科学院《国外社会科学》杂志送稿件，时任该杂志副主编的王治河君热情接待了我。由于是同龄人，加上我是该杂志的老作者（我从 1986 年起就为它写稿译稿），攀谈中得知我和他祖籍都是山东，又都是北大哲学系系友，由于彼此投缘，没聊几句，他就拿出当代美国著名学者、怀特海哲学第三代传人小约翰·柯布（John Jr. B. Cobb）和大卫·格里芬（David R. Griffin）合写的《过程神学》一书要我翻译。从此，我便和怀特海哲学结下了不解之缘，对怀特海博大精深的思想体系开始有了更多的、越来越深的了解。2001 年，在王治河博士帮助下，我应柯布、格里芬邀请和赞助，赴美国过程研究中心访学。回国后，我在《哲学研究》《哲学动态》《世界哲学》《国外社会科学》等期刊上撰写和翻译了许多怀特海哲学方面的论文、译文，应该说对怀特海的思想是十分熟悉的。怀特海是大哲学家、大科学家、大教育家，这一点是毋庸置疑的。在哲学上，他的《过程与实在》一书堪与康德的《纯粹理性批判》、海德格尔的《存在与时间》相媲美；在科学上，他和罗素合写的《数学原理》堪与牛顿的《自然哲学之数学原理》相媲美；在教育上，B. 罗素、W. V. O. 奎因、J. M. 凯恩斯（J. M. Keynes）、S. 朗格（S. Langer）都曾是他的学生。正是由于他对宇宙和人类的深邃思想，才有了这本论文集，为我们的翻译提供了智慧的母本。因此，这本译著的出版，首先要感谢的就是怀特海这位伟大的哲学家、科学家和教育家。

其次，还要感谢我的恩师、北京大学哲学系赵光武教授。1984 年 9 月至 1986 年 7 月，我在北京大学哲学系助教进修班学习。赵先生当时是系副主任，后任北大研究生院副院长，在学业上给了我们许多指导。特别是这个班上包括我在内的十几名同学能够通过严格的考试，获得硕士学位，和赵先生的帮助更是有着直接的关系。每每回想起当年在北大，黄楠森、王太庆、楼宇烈、赵光武、赵家祥、施德福等老先生对我们的谆谆教诲，都会感到在中国作为一个学子能在北大度过一段美好而难忘的时光真是人生一大幸事。现如今，赵先生今年已经 80 多岁，是一个应该在家尽享甘福、颐养天年的耄耋老人。但退休以后，赵先生始终退而不休，在北大长期主持“复杂性科学”与“后现代主义”两个讲习班，鞠躬尽瘁，勤于奉献，仍在第一线为国家培养哲学人才。翻译怀特海的这部著作，就是由赵先生发起和组织的。在赵先生主持的“后现代主义”讲座中，有一个专题是“怀特海哲学”。他领着学生们研读怀特海的原著已经有十多年的时间了。这期间，大家一起读过《过程与实在》《科学与近代世界》《观念的冒险》《宗教的形成》（这些著作都已经有中译本）等著作。直到前两年，他又组织大家边读边译怀特海生前编写的最后一本论文集，即这本《科学与哲学论文集》的英文本。我因平时工作繁忙，每年除了两次去北大为讲习班讲授怀特海哲学以外，一开始并未参与这本书的翻译。初稿译出后，赵先生感到初译稿的质量离公开出版还有不少差距，找到我要我对照原文校对，并多次叮嘱我一定要精心仔细，抓紧完成。2006年，由于我调至北京，在后勤学院总后勤部干部轮训大队工作，工作性质发生了一些变化，更多的精力投入到了学院马克思主义理论学科硕士授权点的建设上，研究领域转向了马克思主义特别是东欧新马克思主义。加上家父病重病故，要尽忠尽孝，总感到精力不像年轻时那样充沛。但赵先生的重托始终不敢忘怀，忙里偷闲，见缝插针，总算是用了一年多时间认真译校完了这本书。可以说，没有赵先生的托付和催促，这本译著的出版也是不可能的，至少会拖些时日。

当然，我还要感谢参与本书翻译的各位译者提供的初稿，他们是北京大学外国语学院的王啓超（第一部分），深圳大学社会科学学院的郭小说（第二部分），北京航空航天大学人文学院的徐治立、董艳春（第三部分），北京科技大学文法学院的徐海琛和中国地质大学（北京）水资源与环境学院的张宝钢（第四部分）。应该说，这些译者是认真的，下了很大功夫的。但坦白地说，除个别部分外，这些初译稿的质量还不够高。这其中的原因是多方面的，既有治学精神方面的，也有学术功底方面的，还有语言文字方面的。这里，我只想简单地谈谈学术功底方面的原因，并借此机会谈谈我国教育方面存在的一些问题。哲学不好懂，这是众所周知的。当哲学涉及自然科学问题时，对缺乏自然科学功底的人来说，就会难上加难了。这就涉及我国教育中的一个大问题，即从中学就开始的所谓文理分科的问题。这个问题现在引起了人们的高度关注并有所改观，但对相当一部分人来说已经造成了难以挽回的影响。我不知道现在大学里的文科学生特别是哲学系的学生是否还学自然科学。如果不学，或者学得不扎实，做哲学研究就成了“跛子”。我之所以敢于允诺和承担这本书的译校工作（许多章节几乎是重译），真要感谢我的母校南京大学对我的扎实培养。我上大学的时候，哲学系的学生是数、理、化、天、地、生六大基础学科都要学。教我们高等数学的是数学系的黄正中先生，他是改革开放前我国大学工科院校《数学分析》一书的主编。黄先生个子不高，患有腿疾，但讲起课来一丝不苟，并没有因为我们是哲学系的学生而有丝毫的懈怠。印象最深的就是他在板书时，每个数学名词旁边一定会用括号同时写上它的英文。教我们数理逻辑的是莫绍揆先生，印象最深的就是他每每讲到“逻辑”这个词时有点口吃，我们只能在心里发出会心的笑声。所以，怀特海这本论文集里涉及的数学、数理逻辑和物理学知识，对我来说并不是太大的困难。更何况，这些知识现在早已应该成为常识。而我却明显地感到一些译者这方面的功底很不够，这或许是我国目前教育中存在的问题的一个缩影和折射。我总在想，哲学和自然科学的交融问题不解决（当然，这种交融应该是双向的），我们这个民族要想真正站在世界理论思维的最高峰恐怕也只是想想或说说而已。我们这一辈的学者现在已经老了，而且已经晚了。真寄希望于我们的后来人能够打好基础，占领前沿，少走弯路，登上巅峰。